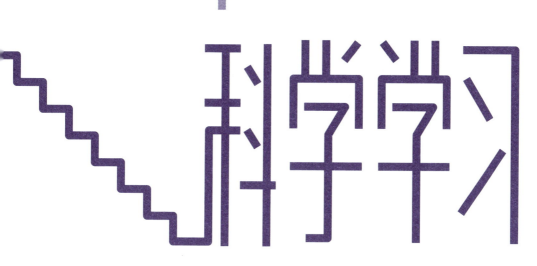

科学学习

斯坦福黄金学习法则

The ABCs of How We Learn

26 Scientifically Proven Approaches,
How They Work,
and When to Use Them

[美] 丹尼尔 L. 施瓦茨（Daniel L. Schwartz）
杰西卡 M. 曾（Jessica M. Tsang）
克里斯滕 P. 布莱尔（Kristen P. Blair）著

郭曼文 译

机械工业出版社
CHINA MACHINE PRESS

图书在版编目（CIP）数据

科学学习：斯坦福黄金学习法则 /（美）丹尼尔 L. 施瓦茨（Daniel L. Schwartz），（美）杰西卡 M. 曾（Jessica M. Tsang），（美）克里斯滕 P. 布莱尔（Kristen P. Blair）著；郭曼文译 . —北京：机械工业出版社，2018.5（2023.11 重印）

书名原文：The ABCs of How We Learn: 26 Scientifically Proven Approaches, How They Work, and When to Use Them

ISBN 978-7-111-59799-5

I. 科⋯ II. ①丹⋯ ②杰⋯ ③克⋯ ④郭⋯ III. 学习方法 IV.G791

中国版本图书馆 CIP 数据核字（2018）第 074635 号

北京市版权局著作权合同登记　图字：01-2018-1742 号。

Daniel L. Schwartz, Jessica M. Tsang, Kristen P. Blair. The ABCs of How We Learn: 26 Scientifically Proven Approaches, How They Work, and When to Use Them.

Copyright © 2016 Daniel L. Schwartz, Jessica M. Tsang, Kristen P. Blair.

Simplified Chinese Translation Copyright © 2018 by China Machine Press.

Simplified Chinese translation rights arranged with W. W. Norton & Company through Bardon-Chinese Media Agency. This edition is authorized for sale in the Chinese mainland (excluding Hong Kong SAR, Macao SAR and Taiwan).

No part of this book may be reproduced or transmitted in any form or by any means, electronic or mechanical, including photocopying, recording or any information storage and retrieval system, without permission, in writing, from the publisher.

All rights reserved.

本书中文简体字版由 W. W. Norton & Company 通过 Bardon-Chinese Media Agency 授权机械工业出版社在中国大陆地区（不包括香港、澳门特别行政区及台湾地区）独家出版发行。未经出版者书面许可，不得以任何方式抄袭、复制或节录本书中的任何部分。

科学学习：斯坦福黄金学习法则

出版发行：机械工业出版社（北京市西城区百万庄大街 22 号　邮政编码：100037）

责任编辑：王钦福　　　　　　　　　　　责任校对：李秋荣

印　　刷：保定市中画美凯印刷有限公司　版　　次：2023 年 11 月第 1 版第 18 次印刷

开　　本：170mm×230mm　1/16　　　　 印　　张：27.25

书　　号：ISBN 978-7-111-59799-5　　　 定　　价：79.00 元

客服电话：（010）88361066　68326294

版权所有 · 侵权必究
封底无防伪标均为盗版

推荐序

我们当今处在互联网时代，信息化、数字化、智能化必然会促使教育产生重大的变革。这种变革主要体现在从过去传统的老师教到学生自由学的过程。教师不再是唯一的知识载体，也不是知识的权威。学生可以在泛学习中获取信息。但信息不是知识，更不是智慧。培养适应时代的具有创新精神和创新能力的人才，仍需要教师的引导。教师应帮助学生设计适合他们兴趣爱好的个性化学习方案，指导他们获取有益信息，帮助他们解决困惑。教师要成为学生的"引路人"，成为与学生共同学习的伙伴。美国斯坦福大学教育学院丹尼尔·施瓦茨教授所著《科学学习》一书正适合这种转变，给教师提供了经过科学验证的 26 种学习法则，可以用于设计个性化学习方案，激发学生的兴趣和动机，提升学生的自主学习能力，为面向未来的成长发展打下坚实的基础。

在这场教育变革中，每一位教师都需要重新学习、转变观念，把学生放在主体地位，充分估计学生的能力，引导他们掌握正确的学习方法。《科学学习》可以是每一位教师与家长的必读书籍。

2018 年 4 月 27 日

译者序

致不同背景、不同年龄、不同学习目的，
却同样热爱学习的你

请仔细观察这幅图，你看到了哪些信息呢？

根据我们过去的经验，大部分人会不假思索地回答：玫瑰、花瓶、光影、小南瓜、窗户、木桌子，等等。但是如果我们再继续追问：再仔细看看，还能看出更多的信息吗？大家通常都会纳闷一下，然后眉头紧锁地思索着，差点不相信自己的眼睛，眼睛滴溜溜地转了又转也没看出什么新情况。

但如果此时，我们在图的旁边放另外一幅图与之对比（见下图），你是否从图中看出更多的信息了呢？

不比不知道，一比全知道。两幅图放一起对比，原图中隐藏的信息也浮出了水面，大家仿佛看到了一个全新的世界：花瓶的形状是纺锤形的，瓶中有同种、同色的玫瑰花，玫瑰枝数繁密，保留了玫瑰花束的枝叶，等等。而这些信息就在一秒钟前，还是完完全全被人们所忽略的。如果不经对比（见本书章节C"对比组合"），即便眼睛看到了，大脑也没有看到，一样没有效果。

这就是学习方法的重要性。运用科学的方法，能让学习事半功倍。

你需要科学学习

谈及学习，想必每个人都不觉得陌生。但是对于大多数人来说，学习几乎可谓是"最熟悉的陌生人"。熟悉是因为人们耗费多年光阴与书籍墨香相伴成长，陌生是因为常常不得要领而在学习中处处碰壁。为什么有人一学就会，有人却一窍不通？为什么有人一听就懂，有人却云里雾里？为什么有人一做就成，有人却屡屡失败？大家都是人，为什么就差那么多呢？

事实上，那些成功地实现了目标的人很可能只是因为懂得三个字——"会学习"。他们运用了正确的学习方法、起步早，于是每天就比身边的人多收获一点、多成长一点。正所谓磨刀不误砍柴工，不积跬步无以至千里。千万不要小瞧这日积月累、由量变到质变的过程，这就好比滚雪球般的复利，走得更早、走得更快、走得更稳，自然也就走得更高、更远。

科学家开始对不同的学习行为进行深入的研究，逐渐形成一个跨学科的研究领域"学习科学"，旨在帮助人们对学习行为建立更科学的理解，并指导创新学习方法的设计与实施。学习科学在全球范围内已越来越受到各国政府、科学家、企业家等最具影响力人群的高度重视。美国国家科学基金会先后投入 5 亿美元专门用于学习科学的相关研究，使得近 15 年来该领域飞速发展。2018 年，中国国家自然科学基金委员会首次设立了专门针对学习科学的资助门类，彰显了国家对这一领域前所未有的重视。

本书要带给你的正是学习的正道、科学的学习方法。

你需要终身学习

终身学习是一种与科学学习相辅相成的思维方式。

从个体的微观层面来看，终身学习能够帮助人们更有效地应对生活中出现的各种挑战。未来已来，各种改变和未知已经悄无声息地潜入了我们的日常生活，传统的一次性静态学习很可能已经无法招架即将要应对的挑战。如果再单纯地把学习丢给父母、学校、领导，而不主动为自己的学习负责，那么残酷的现实会成为你的老师。只有秉承着终身学习的态度并结合科学的学习方法，在生活和工作中利用一切机会开展多元的、动态的自主学习，才是新时代的人生赢家之道。

从社会发展的宏观层面来看，掌握单一技能的铁饭碗时代已经一去不复返了，未来所需的人才必须具备极强的适应能力与跨学科的综合能力。科技引领创新，推动生产力进入一个飞速发展的新时代，劳动形态和劳动关系也会发生巨大的改变，个人创造的价值会被重新定义，全新的岗位也会大量涌现。产业必须将个人的学习能力与企业的蓬勃发展紧密联系在一起，积极地培养、吸纳各种杰出人才来实现可持续创新。

终身学习的态度与科学学习的能力还能够激发新时代的幸福感。除了对于物质的基本需求以外，如果人们想追求高层次的精神富足，比如享受工作、保持身心健康、具备有效的思维习惯等，这两种与时俱进的品质就能够帮助人们在工作、学习中发掘潜能，萃取生活中蕴藏的幸福感。正所谓，学习创造财富，成长收获幸福。

这正是本书希望带给你的。

《科学学习》让你受益匪浅

斯坦福大学教育学院院长丹尼尔·施瓦茨教授作为领衔作者撰写了本书。施瓦茨教授是教育学领域的重量级人物，在学习科学基础理论与创新教学方面的研究中取得了很多重大成就，至今发表重要学术论文及专著60余篇（部）。他先后指导的20余位博士及博士后，大多进入美国顶尖高校就任教授，或成功创办具有广泛社会影响力的教育企业。本书中涉及的学习方法，包括知识获取、记忆塑造、技能提升、问题解决等，完全可以应用到生活中的各个方面。

作为译者的我与本书的缘分始于一门名为"核心学习机制"（the Core Mechanics of Learning）的研究生课程。这门课虽然开在斯坦福大学教育学院，却吸引了来自不同背景的人才，包括本科生、研究生、博士生，还有律师、物理学家、工程师、商业管理者、教师、教育科技工作者等各界人士。大家对这门课表现出的浓厚兴趣，正充分说明了人们希望更加深入地了解人类的学习机制，从而更加科学地学习。

2016年，经过施瓦茨教授及其团队多年的精心撰写，由该课程延伸出的

《科学学习》一书终于出版。他的团队从数十年来学术界积淀的文献中，精心挑选出了从心理学、教育学、社会学、自然科学、艺术等众多领域和不同视角对学习过程的研究结论、经验成果和实践方法，将其有序整合后，全面透彻地呈现在读者面前。这些内容极具代表性和实用性，且经实践验证卓有成效。它们从学习者的角度出发，详尽地解读学习过程中的技巧，并辅以具体案例，可谓深入浅出。

运用科学的学习方法来学习正是本书的核心理念。当以科学的眼光来看待学习问题时，哪种方式有效，哪种方式无效，就都能够分辨清楚，从而节省大量的时间与精力，效率自然也就能得到提升。我翻译本书的初心很简单：希望将这本书分享给更多的读者，帮助更多人科学地学习。

如何使用《科学学习》

建议你结合具体的学习问题，选择最感兴趣的章节作为切入点开始阅读，不需要按照从开头到最后的顺序。同时强烈建议你在阅读的时候，认真思考每个章节之间的关系，因为学习是一件复杂的事情，单一的方法效果有限，只有综合的方法才能解决综合的问题。本书内容以统一的结构组织成为A～Z的26个章，每章都会覆盖以下内容：学习机制是什么，学习机制的工作原理，如何通过学习机制来促进学习，利用学习机制所带来的好处，在实践学习机制过程中的常见问题，利用学习机制的值得借鉴的例子和错误示范，以及本章小结，提炼全章的核心思想和概要，以便读者在漫漫时间长河中回看本书时可以快速地定位精读的内容。

在此基础之上，中文版译者团队在翻译过程中又倾注了大量的心血，保留原书既轻松诙谐又科学严谨的内容。上下文之间的逻辑都经过仔细考量，尽量做到信达雅。同时，译者还进行了一定程度的本土化工作，使之更符合中国读者的阅读习惯。这也是本书的翻译工作持续了两年之久的原因，当然，同任何细腻的手工制品一样，精雕细琢之中难免会有不足之处，也请读者不吝赐教。

对于抱着不同学习目的的读者来说，本书也能做到兼容并收。

如果你是职场人，希望在与同事讨论不同的营销方案时，能够更有效地表达自己的见解，争取让大家支持你的想法，那么通过归纳类比（A章）和可视化（V章）表达，再借助倾听与共享（L章）的技巧，就能动之以情、晓之以理地说服大家，顺利开展自己的计划。

如果你身为父母，希望孩子自觉放下手机，准时完成作业，那么可以尝试鼓励孩子自己去为其他小朋友或者家长讲解作业中的题目（通过教授别人的责任激发学习动力，T章），然后自己也在一旁认真读书（营造热爱学习的家庭氛围，N章），并在孩子完成作业后，偶尔准备一份神秘小礼物（给予出乎意料的奖励，R章），在无形之中改变孩子的学习习惯。

如果你是一位教育工作者，希望自己的课程既受学生欢迎，又能多向学生传授知识。通过本书了解不同学习方法背后的原理及应用模式，就可以结合上述课程设计目标，运用多维度技巧和策略，自由组合使用。比如，理想的课堂可以融合M、E、T三个章节的内容：动手创造、详细阐释、以教促学等。

因此，这26个学习方法可以组合搭配起来灵活使用，来应对千奇百怪的学习问题。无论你是职场人士、管理者、决策者，还是身为学生、教师、父母，本书所介绍的学习精华都会对你大有裨益。

《科学学习》助你打开学习新世界的大门

本书是市面上有关学习方法的书籍中最科学、最全面、最友好的一本。不少学习类书籍可以拿来励志，但难以从中检索知识要点，且个人色彩浓重，无法适用于其他人；有些书精确严谨，但专注某一方面、语言晦涩，难以同其他技巧融会贯通、配合运用。所以不妨好好利用本书，充分发挥其覆盖面广、操作性强的优势，凡是遇到什么学习问题就拿起本书，找到适合的方法，再拓展阅读其他书籍，打一套组合拳。如果你已经看过不少学习类书籍，那么本书同样可以与其互为补充，为你的知识网络再添一层密切的联系，梳理学习的工具箱。

在阅读本书的同时，我们也推荐你关注我们陆续推出的练习手册、移动端 App、线下工作坊、研讨会、课程等，并将其中的精髓应用到自己的生活和工作中去。细细品读本书，提升自己的学习元认知。毕竟，不断地学习才是令我们人类文明如此璀璨的独特之处啊！

学习新境界，人生新高度。希望本书可以成为你成功之路上的伙伴与明灯，能够时常被你捧起来翻一翻。生命不息，学习不止，让我们科学学习，一步一个脚印走出属于自己的成功之路。

如有任何问题与建议，欢迎发邮件至：ivy@ifflearn.com。非常感谢你的大力支持！

目录

推荐序
译者序

A 归纳类比
Analogy——
发现蕴含的共通原理 / 001

B 归属感
Belonging——
消除焦虑，融入集体 / 016

C 对比组合
Contrasting Cases——
辨别关键信息 / 031

D 精修勤练
Deliberate Practice——
专家的养成之路 / 046

E 详细阐释
Elaboration——
让记忆更有意义 / 062

F 反馈
Feedback——
自我提升的明镜 / 078

G 自我生成
Generation——
创建持久的记忆 / 095

H 实践体验
Hands On——
"动"用身体的智慧 / 109

I 想象玩耍
Imaginative Play——
锻炼认知控制 / 125

J 适时讲解
Just-in-Time Telling——
通过铺垫体验，让讲解更具意义 / 140

K 知识与创新
Knowledge——
论述知识学习中的高效与创新 / 155

L 倾听与共享
Listening and Sharing——
协作学习效果好 / 168

M 动手创造
Making——
在创造中培养兴趣，在实践中获得真知 / 185

N 规范
Norms——
培养学习"游戏规则" / 200

O 观察
Observation——
外摹于形，内感于心 / 217

P 参与
Participation——
加入游戏，算我一个 / 233

Q 问题驱动
Question Driven——
为求知创造一个理由 / 250

R 奖励
Reward——
塑造学习行为 / 266

S 自我解读
Self-Explanation——
拨云见日，参透字间含义 / 283

T 以教促学
Teaching——
为他人的学习负责 / 301

U 纠正误解
Undoing——
消除错误认知，修复正确逻辑 / 313

V 可视化
Visualization——
梳理复杂信息的空间结构 / 333

W 参考样例
Worked Examples——
师傅示范领进门 / 354

X 激动兴奋
eXcitement——
调动情绪，聚精会神 / 369

Y 我能行！
Yes I Can——
提高自我胜任感 / 383

Z 睡上一觉
Zzz——
巩固一天的记忆 / 400

附录一　学习问题章节索引 / 414
附录二　动物索引 / 417
致谢 / 419
参考文献[1]

---

1. 参考文献请到 www.hzbook.com 搜索书名后下载。

归纳类比
Analogy——
发现蕴含的共通原理

归纳类比[1]指的是探寻各种事例之间内在相似性的学习方法。运用类比不仅能帮助学习者理解其中蕴含的规律原理，还能提升在新情境中运用这些规律的灵活性。

在标准化考试中（如 GRE[2]），"逻辑类比"这类题目属于经典题型之一，我们不妨来尝试一下。

洪水之于水滴，好比：

（a）沙滩之于海浪

---

1. 类比（analogy）：根据两种事物之间性质的异同，用一种特定事物的性质来说明另一种特定事物，即借助前者理解后者的认知过程。
2. GRE，全称 Graduate Record Examination，中文名称为美国研究生入学考试，适用于除法律与商业外的各专业，由美国教育考试服务处（Educational Testing Service，ETS）主办。GRE 是世界各地的大学各类研究生院（除管理类学院、法学院）要求申请者所必须具备的一个考试成绩，也是教授对申请者是否授予奖学金所依据的最重要的标准。——译者注

（b）沙漠之于绿洲

（c）暴雪之于冰柱

（d）泥石流之于砾石

（e）倾盆大雨之于水洼

类比推理常被演绎成各种形式，广泛用于测量学习者的各项能力，尤其是词汇量、知识面、创造力等方面。除了用作测试之外，类比推理本身也是一种极为有效的学习方法，主要体现在三个方面。

- 可以加深学习者对事物之间蕴含的共通原理的理解。
- 在学习之后碰到类似情况时，更有可能主动运用之前学到的原理。
- 能够有意识地利用类比推理来引导自己思考学习。

I. 类比的原理

让我们回到上面这个"**洪水**之于**水滴**"的例子。首先，(a)和(e)选项看上去都很像正确答案。这是为什么呢？其原因是它们与原词组有着共同的"**表面特征**"（surface features），即"水"。所谓表面特征，指的是那些一眼就能看出来的特征。不过实际上，这道题中与原词组的逻辑类比更为接近的是(d)选项，这是因为它们有着共通的"**深层结构**"（deep structures），即"本身无害的事物，随着数量的积累会发生质的变化而引发大灾难"。这里所说的深层结构是指元素之间存在的内在关系。因此即便原词组说的是水，(d)选项说的是石头，两组事物的本质关系依然是相似的。由此可见，利用类比来学习的关键在于，要从外表看似迥异的事物中找到它们的内在共通原理。图A.1中的文氏图总结了这个关键点，同时也应验了一条关于学习的普世真理：**两个例子要比一个例子的学习效果更好**。

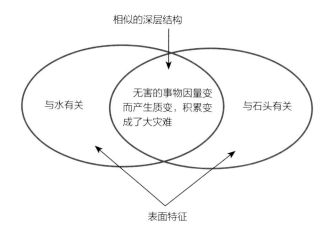

图 A.1 能否成功构建出类比关系，取决于人们是否能从表象特征迥异的事物中发掘出其中相似的深层结构

II. 如何运用类比来促进学习

在学习情境中运用类比的方法主要有两种（见图 A.2）。

（1）在解释新的事物或观点时，把它类比成一个人们熟悉的例子；
（2）提供两个或更多的类比事例，让学习者探索其中共存的深层结构。

举个具体的例子，人们常常把血管类比为高速公路来辅助理解，或者把地球地层的结构类比为桃子的结构来进行阐释，等等。同样，在科研领域的最前沿，人们也常会用已知事物来类比新发现。科学史上最令人印象深刻的例子莫过于开普勒[1]对重力早期概念的完善，并用以解释行星距离太阳远近不同时的运动规律。(Gentner et al., 1997)。他从太阳光芒强弱程度变化的类比中获得启发：光线照得越远，强度就会越弱，以此类推，引力亦是如此。虽然这个思路现在看来非常容易理解，但在当时可不是一拍脑袋灵光乍现得来的。事实上，开普勒经过多年研究才逐渐将光线与引力之间的类比关

---

1. 约翰尼斯·开普勒（Johannes Kepler，1571—1630），德国杰出的天文学家、物理学家、数学家。开普勒发现了行星运动的三大定律，分别是轨道定律、面积定律和周期定律。这三大定律可分别描述为：所有行星分别是在大小不同的椭圆轨道上运行；在同样的时间里行星向径在轨道平面上所扫过的面积相等；行星公转周期的平方与它同太阳距离的立方成正比。——译者注

系勾勒出来,用来解释行星的椭圆轨道。由此可见,一个好的类比需要经过设计者仔细推敲,从而让学习者能够由已知事物出发,自然地构建起通向新事物的桥梁。

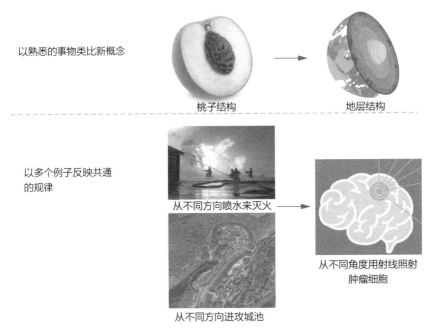

图 A.2　两种用类比辅助学习的方法

类比的第二种应用方法是为学习者提供至少两个类比事例,然后要求他们从其中推理出共通的深层结构。研究证明这种方法的学习效果极佳。让学习者自行发现其中的规律,远比提供现成的、"喂到嘴边的"规律说明,外加一个实例要有效得多!这一点需要特别注意,因为作为学习的组织者或是知识的传授者,我们很容易忍不住提前揭晓谜底,心急火燎地把其中的奥义和盘托出,结果就是很遗憾无法为学习者留下充足的探索空间与思考时间。比方说,美国的中小学中,"先展示一个例子再讲解其原理"就是一种极为常见的教学方法(Richland, Zur, & Holyoak, 2007)。但是如果我们从学习效果的角度出发,老师们可能就需要在教学方式上进行一些积极的调整。从下面这项经典的研究中我们就可以明显地看出,学习者自行总结类比规律的优势显著。在该研究中,研究人员希望了解人们思考解决邓克(Duncker)放射治疗问题的过程(Gick & Holyoak,1983)。该问题如下:

> 一位肿瘤病人需要进行放射治疗。如果医生要想消灭深藏在体内的肿瘤细胞,就需要使用高强度射线,但是被射线穿透的健康细胞也会被一同杀死。而如果为了保护健康细胞而减弱射线强度,却又杀不死肿瘤细胞。请问医生该怎么办呢?

为了探究如何辅助参与者依靠自己的力量得出答案,研究人员为该问题设计了几个不同的类比案例作为参考。例如,其中一个例子是:

> 一位将军要率领军队攻下一座城池,他必须兵分几路从不同方向进攻,因为如果让全部兵力从一个方向进攻,就会压垮护城河上的大桥。

另一个用来类比的例子则与救火有关:

> 消防员们想要扑灭一场大火,如果让所有水枪都从同一个方向喷射,那么水枪巨大的反作用力会使消防员难以控制;因此消防队员们用好几把水枪从不同方向喷水,保证灭火水量的同时又把反作用力控制在了合理的范围之内。

除了提供类比案例,研究人员还将其中的规律总结出来写成原理描述:

> 先分散力量,再集中解决目标。

看到这里,想必你一定知道问题的答案了:医生可以从几个不同的角度同时用几束强度较弱的射线集中照射肿瘤细胞。

基于上述两个例子和一段原理描述的素材,研究人员搭配出 6 种不同的条件组合,希望了解其中哪种组合最有利于参与者自己解答出放射治疗的问题(见图 A.3)。首先,参与研究的大学生都会拿到一本资料册。每个人的资料册最后一页都会印着放射治疗问题，但并不会提示该问题与资料册中的其他内容有关。各条件组的不同之处在于资料册里面的内容，其中"例子"有三种可能性：没有类比案例、一个类比案例、两个类比案例（攻打堡垒和灭火问题），同时"原理讲解"有包含和不包含两种搭配。下表展示了一共6种不同的条件，以及各条件组中能自己解答出放射治疗问题的学生数比例。

通过两个类比例子进行推理而得出答案的学生人数（62%，52%），要比没有参考任何类比的学生数（28%，18%）高出一倍多；同时，参考了两个类比例子却没有读到规律讲解的学生数（52%），也比读过规律外加一个类比例子的学生表现得好（32%）。这有点让人摸不着头脑，毕竟讲解原理再搭配一个例子是大家普遍采用的学习和教学方法，然而实际效果却并不那么理想。这是为什么呢？

资料包内容	解答出放射治疗问题的百分比	
	有原理描述	无原理描述
无类比例子	28%	18%
一个类比例子	32%	29%
两个类比例子	62%	52%

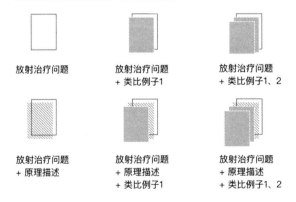

图A.3 不同实验条件组中，例子与规律描述的组合方式及相应条件组中自己解答出放射治疗问题的学生比例

问题出在学会了某个概念并不代表真正懂得该何时应用它。之所以原理加单一例子的组合效果不尽如人意，是因为学习者并没有领悟到该原理适用

场景的多样性。例如，那些读到兵分几路攻打堡垒案例的学生，虽然学习了相应的规律原理，但是却无法举一反三地将这一原理应用于其他情境，反而是看过两个不同情境例子的学生更能切身体会这一点。因此，我们要尽可能展示出某一原理应用场景在表面特征上的多样性，来帮助学习者打开思路，提升应用的灵活性。

Ⅲ. 运用类比能产生什么效果

类比推理可以帮助学习者透过现象看本质。这就好比从麸皮中筛出麦粒（请允许我们在此用了个略显夸张的类比）。然而，很多时候人们还是会过度依赖表面特征来做判断，却忽略了事物中蕴含的深层结构。下面这项研究充分体现了这一点（Ross，1984），参与实验的大学生学习计算概率的公式，如排列和组合的计算公式等[1]。作为研究的一部分，学生们会结合一种物品来学习组合数的计算（例如借助小汽车模型），学习排列数的计算时则会借助另一种物品（例如骰子）。在实验后测中，如果测试题目讨论的物品与学习案例中的一致（即学的时候计算小汽车的组合排列，后测题目也围绕小汽车来讨论），学生们的表现就都还基本令人满意。至此，一切顺利。

然而当测试题目中的物品互换时，问题出现了（见图 A.4）。例如当组合数题目用的不再是小汽车而是骰子时，测试结果就会很糟糕，甚至还不如用一个在讲解时没出现过的全新物品（既不用小汽车也不用骰子，比如用小星星）。或许我们可以这样理解这一现象：由于学生并没有透彻理解排列和组合计算中的深层原理，于是在选择要用哪个计算公式时，判断依据是题目所涉及的物品这一表面现象，而非问题的本质。比如说，学生们会错误地认为，

---

1. 为了理解排列数和组合数的概念，你可以想象一个装有红色卡片和蓝色卡片的袋子。从中拿出两张卡片，可能出现的组合有如下三种：2个红色、2个蓝色、1红1蓝。计算可能出现的排列数则需进一步考虑取出卡片的顺序，所以会出现如下四种情况：红-红，蓝-蓝，红-蓝，蓝-红。——译者注

"与骰子相关的计算都是要算排列数,这道题和骰子有关,所以是排列问题。"我们把这类错误称为**负迁移**[1]:人们把学到的东西用在了错误的地方。这种情况之所以出现,主要是因为人们尚未辨识出问题的深层结构,所以只能借助显而易见的表面特征作为线索来处理问题。

类比则可以帮助学习者进行**正迁移**[2]。在放射治疗的问题中,参考过两个类比例子的学生就成功实现了正迁移,他们能够在新情境中合理地运用所学知识。如果我们希望帮助上述研究中那些没学好排列组合的学生的话,就应该在讲解排列和组合的时候,同时用上小汽车和骰子的例子,并让他们思考题目之间的共通之处,随后再讲解公式与原理。

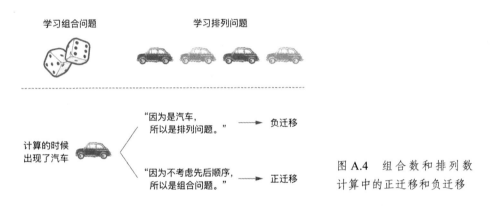

图 A.4　组合数和排列数计算中的正迁移和负迁移

读到这里你可能不禁会问,"那么我们该如何判断通过类比的学习是有效的呢?"这是个好问题。比方说,一种思路是给学习者布置一个深层结构相同,但表面特征不同的"迁移任务"。这个任务最好是设定在全新的情境下,而且不要提示它与之前所学的哪部分内容相关。如果学习者能自主使用之前从类比例子中学到的知识点,那就说明他们确实掌握了问题的深层结构。例如,在一项研究中,一群高二学生需要探究密度与速度之间的类比关系(Schwartz, Chase, Oppezzo, & Chin, 2011)(可能你也会想,密度和速度

---

1. 负迁移 (negative transfer):一种学习对另一种学习产生的干扰或阻碍作用。
2. 正迁移 (positive transfer):一种学习对另一种学习产生的促进作用。

之间能有什么类比关系呢？其实二者的共通点是它们都运用到了比例：密度 = 质量／体积，速度 = 距离／时间）。随后，学生们要解答一个与弹簧弹性系数有关的问题（也是一个用比例计算的物理量，弹性系数 = 质量／距离）。结果这些学生还真的倾向于主动借助比例的概念来解题。

通过类比学习所获得的关键成果在于，学习者将核心概念应用于新情境的能力。这个结果意味深远，因为我们希望学习者在独立解决问题的时候，能够依靠自己的力量判断问题的本质，从而选择正确的应对方式。

IV. 如何培养类比的能力

人们可以自己学会用类比的方式去思考并辅助学习过程。一项在 3～4 岁儿童中开展的研究（Brown & Kane，1988）极好地证明了这一点。这项研究通过一组一组的小话剧来教学。在第一组话剧的上半场，一位农场伯伯想取一瓶放在高处的杀虫剂却够不到货架的最上层。小朋友们会被问到农场伯伯该怎么办。之后，小朋友们要首先尝试自己解决问题，然后再观看研究人员展示一种办法：用稻草垛一层层地叠起来，然后再爬上去拿东西。在第一组话剧的下半场，修理车间的一位师傅想要拿货架上面的润滑油，也是够不着。孩子们同样先尝试自己解决，如果想不出办法，研究人员就会将答案展示给他们：机械师把轮胎堆起来再爬上去。之后孩子们还要观看几组围绕其他类似问题的话剧。例如有一组话剧都是围绕用长杆去够东西这个问题。

在第一组话剧中，孩子们还不会把从上半场学到的方法（堆叠草垛）运用到下半场的问题中（堆叠轮胎）。然而到了第三组话剧中，这些学龄前儿童就已经学会去思考上半场与下半场之间的类比关系。他们不再把两场话剧中的问题看作不相关的两个情境，而是学会了从两个问题中寻找共通的类比关系。理想情况下，帮助孩子们学会寻找类比关系，可以提高他们在不同事例中深度思考的学习能力。

V. 运用类比容易出现的问题

　　运用类比的学习过程中容易出现两类问题，需要我们格外注意。首先，学习者可能无法从类比中总结出蕴含其中的深层结构，或是干脆读出了目标内容之外的东西。比如，学生们类比了原子结构与太阳系结构之后，可能会得出"这里面所有的东西都是球"这一规律，却忽视了按轨道运行、质量集中在核心、组成元素散布在相对较大的空间中等关键特征。当然了，客观来说这类问题可能只是美中不足，因为即便学习者没能一下子看出来我们想让他们看出来的类比关系，努力思考深层结构和共通原理的过程，也足以作为构建更通透理解的良好铺垫（请参考本书章节 J）。

　　而更为严重的问题是，为目标特征选择的类比不恰当，类比关系无法准确反映问题。例如，随着科学技术的飞速发展，当今人们对原子的了解越来越精准，原子结构与行星轨道的概念类比已经不再适用（见图 A.5）。若是要举一个生活中更常见的例子，那么最耳熟能详的莫过于电流与水流的类比。人们常用水管中的水流来类比电线中的电流。这确实能帮助人们直观地理解电流的概念，但同时也引入了一个错误概念：如果根据这个类比来推理，那么点亮一串彩灯时小灯泡应当是按顺序逐个亮起，因为电流（水流）要流经导线（水管）。这里出现的问题并非类比推理的逻辑有误，而是类比本身就不严谨！更准确的类比描述应当是，水管中已经充满水，打开水龙头后管子里的水会同时流动起来。总而言之，在利用类比的时候，务必要选择合适准确的例子，谨防误人子弟。当然，刚开始学习的时候，可以先用一个简单的例子进行类比，随着学习者的理解不断加深，再用更准确的类比例子取而代之。但这里还要再提醒一句，如果一开始学习时的理解有误，早期形成的误解在之后可能很难消除（请参考本书章节 U）。

　　说过了两种常见的问题，我们再结合实践中的情况进行讨论。乍看上去，要求学习者自己为学习内容选择类比例子应该是个不错的主意。但这又会带来另一个问题，因为人们总会不由自主地在已知的范围内寻找类比对象，而很难从全新的角度来思考问题的本质。比如，如果我们邀请你找一个用来类比 DNA[1] 的例子，你可能会想到工程蓝图（二者都是复杂系统的核心指南）、一串编程指令（二者都是用简单而有限的代码进行组合，创造出无限可能），或是一条麻绳（二者都是螺旋缠绕的形态）。虽然这些例子都很棒，但都只从一个我们已经熟悉的角度来体现 DNA 的某一特征，因此这些类比并没有带来多少额外的价值。因此，如果我们想要发挥出类比案例所能带来的更大学习价值，则应邀请更多人一起加入构思类比的过程，然后再一起分享讨论，看看哪个类比对于表达目标内容更为贴切。这既能帮助学习者了解挑选优质类比的标准，又能促进对目标概念本身的深入理解。

太阳系的结构示意图

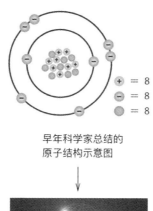

早年科学家总结的原子结构示意图

近年演变出的原子结构示意图（已经不能再用太阳系结构示意图来进行类比了）

图 A.5　太阳系和原子结构模型的类比已经过时了，人们对原子结构的最新理解已与太阳系的结构不同

---

1. 脱氧核糖核酸（Deoxyribonucleic acid，DNA），可组成遗传指令，以引导生物发育与生命机能运作。

VI. 好例子，坏例子

假如我们邀请你来讲解与大脑神经通路有关的内容，需要用到下面这个类比：

（基础类比组合）高速公路系统　　：　　汽车

好比是

（目标类比组合）白质纤维束　　：　　神经信号

优点

- 基础类比组合描述了人们非常熟悉的事物之间的关系。
- 目标类比组合与基础类比组合有诸多相似之处：
  - 两组关系都可以总结为"……是……用来通行的长长的路径"。
  - 两组关系中，路径上运行的实体，都经由岔路进入或离开主干路。
  - 两组关系中，路径出入口的位置都是确定的，不是随便从哪儿都能进入或离开路径。

缺点

有时人们对基础类比组合**太过**了解，以至于会一不小心误把一些不应进行类比的细节错误地代入目标类比组合的关系中去。例如，在这个例子中，高速路是可以由**其他**道路进出的**一条**道路。但白质纤维束则是由一捆相互平行的、被称为神经轴突的通路构成的。神经信号从起点到达终点只会经过一条轴突。如果按照高速路的类比来学习有关大脑的知识，人们可能会误认为神经信号可以从一条轴突跳跃到另一条轴突（就像高速路上变换车道一样），想走哪条道就走哪条道。

如果理解中遗留下了不准确的地方，人们就可能会按照自己对类比例子的理解去误解目标内容。整体上讲，准确的类比是我们的理想选择，当然也不用因噎废食，学习的时候如果遇到了不那么准确的类比例子，只要搞明白其中不准确、有误导性的地方就行。

归纳类比
Analogy

核心的学习原理是什么

从两个或两个以上、外表看似迥异的例子之间找到共通的规律。

- 为了解释全新的事物或观点，用学习者熟悉的东西做类比。
- 为了让学习者探索并总结出事物中蕴含的深层结构，给出至少两个类比事例。

对学习什么有帮助，举个例子

请问**树干上长得像枯树枝的竹节虫**与**非洲金黄草丛中的金毛狮王**之间有什么相似点（见图 A.6）？让学习者寻找其中的类比关系，可以帮助他们理解知识重点（如伪装），而如果只给出其中一个例子，学习者很可能会将注意力放到其中一些无关紧要的细节上，比如狮子的样子多么伟岸，长得像不像《狮子王》里的辛巴，等等。

类比可以促进学习者对于事物中蕴含原理的理解，并更有可能让学习者在新的问题情境中合理运用原理。这也是教育的最高目标之一，让学生把校内习得的知识技能，应用于校外真实场景中的实际问题，做到学以致用。

图 A.6　图中能看出什么共通的深层结构？你能看出右上图中隐藏在碎石里的小螃蟹吗？

为什么会有用

类比可以帮助学习者通过自己熟悉的、已知的内容来理解新概念。类比是一种极为强大的学习方法，因为它可以帮助人们学到"换汤不换药"中的"药"。（请问聪明的读者，这个类比使用得恰当吗？）

能解决什么样的学习问题

- 学习者理解一个新概念有些困难。
  - 学生无法想象地球与太阳之间的相对大小。
- 学习者似乎只关注表面细节,却忽略了核心概念或原理。
  - 在一节讲解动物保护色的课上,一位小朋友开心地比较着各种动物不同的表皮颜色,而不去关心动物的颜色都能与周围环境融为一体这个关键点。
- 学习者无法将学到的知识应用到新的情境中。
  - 学生在课堂测验中做得很好,但在期末考试中却考砸了。
  - 学生知道用线性斜率来计算速度(d/t),但却不会将斜率用在计算密度(m/v)的新问题中。

使用的范例

- 用一个熟悉的例子来解释一个相对抽象的新概念。
  - 电流就像充满于水管中的水。
- 让学习者比较不同事物之间的相似性。
  - 蝴蝶、海蜇、花粉在远距离移动时的相似点是什么?
  - 从罐子中拿弹珠和掷骰子有什么相似的地方?

容易出现的问题

- 类比可能会引入误解或错误概念:例如把神经元上的神经信号比作道路上的汽车,但要指出神经信号(汽车)可没法停在神经元上(路上)。
- 学习者有可能抓不住类比中的关键点,尤其是在类比关系不直观,或是对于类比对象本身也理解得不扎实的时候。

归属感
Belonging——
消除焦虑，融入集体

归属感是一种在团体中被接纳、被重视、被包容的感觉。对于学习而言，归属感可以让人全身心投入、不受负面情绪干扰，从而提升学习效果。

下面这个场景在校园生活中并不少见：班里一名学生上课时开始神游八方。他坐在最后一排，整个身子瘫在椅子上，表现出一副生无可恋的样子……是感觉讲的东西太无聊了？还是因为完全不知所云，为了保住面子而假装不感兴趣？虽然以上可能性都存在，但事实上一个经常容易被忽略的原因是，这名学生对课堂没有归属感。他可能因为种种原因认为自己无法参与到讨论中来，或者觉得和其他同学根本就不是一路人。哈佛大学知名社会心理学教授埃米·卡迪（Amy Cuddy）讲述了这样一个故事，曾经有一名学生在她课上从不参与讨论，考试也几乎要挂科。

在一般人看来，这名学生之所以如此，要么是因为没好好预习，要么就是单纯对学习不感兴趣。然而卡迪教授却十分用心，把她叫到了办公室一探究竟。结果学生向卡迪教授诚挚地坦白："我觉得我就不该坐在这里。"事实上，卡迪教授本人在求学阶段也曾有段时间感觉自己才疏学浅，导致研究生期间差点儿退学。因此当她听到学生这么说的时候，立刻意识到问题出在归属感上。洞察到这一点之后，卡迪教授给学生提了一些建设性的意见，指明了今后学习的道路。在这类情况中，教学者面临的最大挑战是，要能识别出学习者归属感的缺失才是各种学习问题的症结所在。

归属感是人类最基础的需求之一。每个人在日常点滴中都有所体会：和同事一起筹备新年联欢时的快乐，或是众人交谈时自己被晾在一旁时的失落。一个人无论年幼年长，其归属感都会对学习产生极为显著的影响。从积极的方面来说，对一个学习组织形成归属感，会提升学习者的积极性、参与度，以及面对困难时的坚持力。而从反面来看，在学习组织中指出某位成员的固有刻板印象[1]（如性别或是收入水平等），会使其归属感降低、增加其焦虑感，并且抑制学习和考试的表现水平。不过幸运的是，一些简单易用的妙招可以帮助人们提升归属感，削弱负面想法带来的干扰。

I. 归属感的原理

学习是一种社会化活动。首先从学习场景上来说，学习发生在社交情景中，比如教室或者办公场所等。即使是一个人在家里静静地读书也是社会化的，因为书也是由人所写，它或多或少呈现了社会所倡导的价值观，例如，在社会中谁是受人尊敬的知识生产者等微妙的信息。另外，阅读的目的也通常包含很多社会意义，比如为了在学校中争取优异表现，或者增加聊天的谈资，等等。

人类活动的一大特征就是各式各样社会群体的存在，小到家庭，大到国家，甚至是喜欢开快车的人，都可以构成一个社会群体。只要有人关注，几乎任何事都可以成为构成社会群体的依据。卡夫食品（Kraft Foods）曾开展

---

1. 刻板印象（stereotype）：有关特定社会群体特征和倾向的信念。

过一次非常成功的营销活动，叫作"你是奇妙酱达人吗？"让人们把自己归为喜爱或不喜爱奇妙酱的人。当然了，你是否属于喜爱奇妙酱的那类人，对生活应该不会有什么影响。而人们对其他群体参与感的强弱，则会给学习带来更深远的影响。我们可以利用一些心理学的技巧，提高人们在学习环境中的归属感，帮助减轻负面情绪、强化积极效果。

社会群体一旦出现，随之而来的就是"我是否属于该群体"这个问题。群体身份的构建通常依赖于成员的社会属性。人们据此为自己或他人贴上标签，形成身份归属，而这也是某种形式的身份认同。这个过程有两种不同的方式：其一是自我归属——"我是一名篮球运动员"；另一种是他人对你身份的归属——"你是一名篮球运动员"。

有些时候人们会不认同自己所处的学习群体。例如，一名学生不认为自己归属于学校，没心思听讲，却只想着如何开公司做生意；银行职员不认为自己该在银行上班，没心思学习新的出纳流程，却只想着自己在舞台上一展歌喉。这种想法有时还会被他人强化，比如一位不善于鼓励他人的老师批评这名学生不够聪明，部门经理批评职员粗心大意，等等。有些更微妙的情况下，学习者身边不乏支持和鼓励，只不过周围的人没有意识到问题出在归属感上。如果自己没体会过不合群的感觉，也就很难切身感受到他人因缺少归属感而产生的焦虑，同时也永远不知道什么时候会伤害到别人的感情。一个人如果缺少归属感，他的参与感就会降低，焦虑的心情肆意蔓延，消极回避各种问题。

另一个令人担忧的问题藏得更深，因为它涉及刻板印象。有时候我们认为一个人一旦属于了某个群体，就不能再属于另一个群体。举个例子，你可以想象有这么两类群体，一类是"好妈妈"，另一类是"好老板"。然而好妈妈感觉都是时刻陪着孩子的，好老板则与这个印象格格不入。人们如果这样认定，就会产生刻板印象（固有观念）的威胁。虽然这种刻板印象没有事实根据，却会让这名女性在选择自己未来成长方向时感到困惑。这种焦虑有时容易被察觉到，有时则隐藏在日常之中暗流涌动，而无论如何它都会令人分心，侵蚀人们的认知资源。结果这么一分心，老板的角色还真做不好了。现在我们知道，真正造成问题的是社会身份认同感的缺失，而非她自身能力的不足。

引发人们刻板印象的导火索可能非常微妙、难以预测。在一项经典的研究中，斯蒂尔和阿伦森（Steele & Aronson, 1995）发现，在美国大学的考试中，单是让学生在个人信息中填上种族这一项，就会导致美籍非裔学生成绩的下降。由此可见，正是因为引发刻板印象的导火索无处不在、千变万化，所以很难将它们彻底清除。因此最有效的办法是直接改变人们的观念，让人不要随便就被这些观念影响。从本质上改变了，就能以不变应万变，不必一个接一个地改造各种环境因素[1]。为了改变人们的观念，一种有效的解决方案是帮助人们构建归属感：别担心，我们是一家人。

II. 如何通过提高归属感来促进学习

学习环境中能提升归属感的干预方法主要有两种。第一种方法侧重于改变学习者对归属感的认知，发挥作用的时间一般较短但却非常有效；第二种方法则涉及对环境和社会结构的改造，从而提升社交关联和归属感。

两种干预策略能发挥出最佳效果的时机都是在人们面临挑战的时刻，比如解决棘手问题时、克服挫折时，或是完成高风险高回报的任务时。

需要强调的一点是，任何归属感干预措施都不要求一个人只能属于一类群体，也不要求为了培养对某类群体的归属感而放弃另一个群体（比如你不需要为了树立对"好老板"群体的归属感而牺牲自己对"好妈妈"群体的归属感）。

改变对问题本质的认知

提升归属感的方法之一是帮助人们重新理解自己在社群中的位置，尤其

---

[1]. 能够改变环境的时候改变环境，不能改变环境的时候改变自己。——译者注

是正在经历挫折的时候。人们常会因短暂的失败而误认为自己不属于这类群体，而实际上就算对于这群人而言，失败也乃兵家常事。因此，帮助人们重新认识失败可以在心理层面带来强大的积极影响，切莫以某次成败论英雄。

沃尔顿和科恩（Walton & Cohen，2011）在大一新生中做过一个实验，其中包含两个条件组。实验组的学生完成的是一套提升归属感的活动。首先，实验中虚构了一项对高年级学生所做的问卷调查，并将虚构的调查结果提供给实验参与者阅读，从而提升他们的归属感。这份虚构的结果传递给参与者一个信息：大多数高年级学生在大一时都曾怀疑过自己能否适应大学学习，但随着时间的推移，他们对自己越来越有自信，归属感也日益增强。接下来，实验组学生会阅读虚构调查中的几段访谈记录，之后撰写一篇短文来描述自己的亲身经历是如何印证这一调查结果的，并将短文对着摄像机读出来，以便继续帮助他们的学弟学妹们。对照组的大一新生们则要完成一组中性的活动，其中虚构的问卷调查、撰写文章的主题都与归属感无关。研究人员预期，实验组中的归属感提升活动会对美籍非裔的学生们特别有效。因为这些学生更容易怀疑自己对大学的归属感，而且当他们缺乏归属感时，也更容易受到负面影响。

图 B.1 通过学生学分绩点（GPA）展示了这项干预实验的结果。一般学生到大四时的学分绩点都会比刚入学时高，对照组正是如此。但美籍非裔学生的数据却呈现出有趣的现象。刚入学时，实验组和对照组中美籍非裔学生的学分绩点都低于美籍欧裔学生。3 年之后，对照组条件下参与中性活动的美籍非裔学生与美籍欧裔学生之间还有差距，而相比之下，实验组中参与归属感干预练习的美籍非裔学生则取得了显著的进步，并将他们与美籍欧裔学生之间的差距缩小了 79%。随后的跟踪调查发现，当初一个小时左右的干预练习，对美籍非裔学生重新认识自己进入大学时的逆境颇有帮助，他们不再把逆境看作是自己不合群的信号，而是客观地看待每次遇到的挫折。"干预实验帮助美籍非裔学生去除了逆境的那层象征意义，将他们从归属感的困境中解脱了出来"（Walton & Cohen，2011，p.1449）。值得注意的是，干预实验并没有对美籍欧裔学生产生什么效果。大体是因为他们已经找到了在大学中的归属感，也并没有把先前遇到的困难看作是他们不属于这个地方的证据。

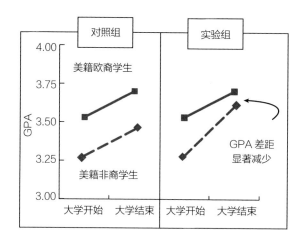

图 B.1 大学本科第一个学期和最后一个学期的学分绩点。参与学生在刚入学时通过简短的干预练习来建立归属感。参与过该练习的美籍非裔学生，能够认识到自己的确可以适应大学学习，大学四年中比没参与过练习的美籍非裔学生释放出了更大的潜力。干预练习则没有显著影响美籍欧裔学生的归属感，这或许是因为他们已经具备对大学的归属感。基于沃尔顿和科恩的研究数据

除了挫折，面对一些模棱两可的情形时，人们常常会根据以往的经历来进行解读。图 B.2 展示的是学生在面对诸如"建设性批评"这种既可正面接受、又可负面解读的信息时，自己以往的经历是如何影响对事情的看法的（Aguilar, Walton & Wieman, 2014）。学生们可能会把批评看作是对自己改进提升的善意指导（正面理解），或者是对自己不擅长某个学科的论断（负面理解）。这些不同的初始认知或是把学生带入一个良性循环，促使他们持续努力，最终取得成功；或是把他们带入一个恶性循环，使他们压力倍增，感到焦虑不安，最终以失败告终。这些结果都可能进而影响到学生在未来认识新情境时的态度。在心理层面进行归属感干预，就是帮助学习者重新从积极的角度解读这些模棱两可的情境，避免不小心掉入恶性循环的漩涡之中。

有很多办法可以帮助人们重塑或改变自己的看法，从而缓解对归属感缺失的担忧。在一组研究中，第一组女性在应对一套挑战度较高的数学测验时，表现得比男性要差一些。第二组女性在测试之前得知，完成这套测试的能力与性别无关，只单纯取决于一个人的数学水平。于是这组女性的表现与男性相差

无几（Spencer，Steele，& Quinn，1999）。其他研究则发现，让人们认识到自己可以同时归属于几个不同的群体、关注做好一件事本身所需要的特质，而非其他无关的特征，能够有效提升容易受刻板印象影响的人群的表现。例如，要关注自己作为学生该如何学好专业知识，而不要纠结自己作为插班生能否适应新的专业；或者关注自己作为司机该如何做到安全驾驶，而不要怀疑自己作为女性能否掌握驾车技巧。

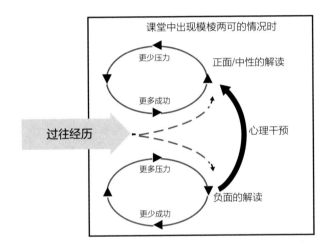

图 B.2　归属感循环

改变环境

第二种方法关注对整体学习环境和氛围的改进。这种改进可以作用于整个组织的文化氛围、上下级互动、同事同辈之间的互动等多个层面。在组织层面，建立共同的目标、规则和价值观能起到很大的帮助作用（请参考章 N）。同时我们还要牢记，只有当人们真正去执行这些目标和规则时才会产生归属感。因此不要觉得制定好完善的目标和规则就万事大吉了。如果是所有人一起讨论出的目标和规则，或许大家会更乐于践行，同时讨论的过程也能增进感情与交流。

在学校中，高年级学生在与老师共同制定规则时，还应更多尝试从彼此的出发点思考问题，得出大家都认可的结果。尤其是当学生和老师刚刚进入新的学习环境，不由自主地秉承着各自的价值观时，更需要加强相互理解。为了帮助师生共同讨论课堂规则和价值观，我们设计了一个叫作"评测和关联"的在线平台（见图 B.3）。老师提出一个问题并给出五个相关答案，然后师生分别匿名对答案进行排序，并猜测对方排序的结果。随后系统会显示对方猜测的结果。这一平台创造了一个双方换位思考的机会，帮助人们针对各类行为及其缘由进行开放式的讨论。

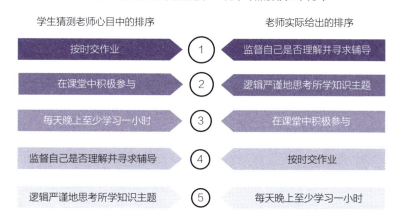

图 B.3 "评测与关联"在线平台，让老师和学生分别对各项行为活动和观念的重要性进行排序，并预测对方给出的排序结果

研究显示，人与人之间的关系在课堂环境中非常重要（Goodenow，1993；Osterman，2000）。师生之间相互关心的状态能够提高归属感，尤其是那些既为学生提供帮助，又注重培养学生独立自主意识的老师，能够最大限度地提升学生的学习动力。而在学生之中，还可以通过合作式学习、讨论、为共同目标努力等方式进一步提升归属感（请参考 L 章）。

在一些学习情境中，人与人之间受物理空间阻隔，学习者更需要激发自己坚持的意志。因此打造一套能让人产生归属感的环境变得尤为重要。例如在线课程中，建立社群观念的一种方法是在课程论坛中强调对话与讨论，比如将讨论互动的参与度作为学生成绩的重要一部分。另外，授课教师也要尽可能表现得积极并富有存在感，比如尽可能提供详细具体的反馈、参与课程论坛的讨论并给予指导，等等。另一种促进学生建立互信的方法则是鼓励同学之间进行坦诚的反馈和讨论。

Ⅲ. 归属感干预练习能产生什么效果

有归属感的时候人的状态好极了，没有归属感的时候则糟透了。归属感干预带来的最重要的结果就是让一个人加倍努力，在困难面前树立更强大的坚持意志，同时更少纠结于自己合不合群的问题。这些眼前的直接影响会不断积累，产生更为长期的效果，例如更出色的学习表现等。

有关归属感的早期研究表明，对学校有较强归属感的学生其学习动力更强、更努力、成绩也更好（Goodenow，1993）。归属感能促使人坚持不懈这一点尤其重要，因为人们往往会在任务变得艰难时开始怀疑自己。在孩子还很小的时候，归属感对于塑造坚韧不拔精神的重要性就已经有所体现。举个例子，在一项研究中（Master & Walton，2013），独处于房间中的学前班儿童需要完成一个很有挑战性的拼图。在一个实验组条件下，孩子们只拿到拼图。另一组中，孩子们则穿着写有数字3的衬衫，同时得知"你是3号小朋友，你的任务是做拼图"。在第三组中，孩子们穿着蓝色衬衫，并得知"你属于蓝色组，蓝色组的任务是做拼图"。虽然所有孩子都是独自完成的，但穿蓝色衬衫、知道自己是拼图组的孩子比其他两组孩子坚持的时间长40%。即便孩子们并没有看到小组的其他成员，但仅仅是知道自己属于"蓝色拼图组"，就可以提高他们坚持"拼"下去的意志。在另一项研究中（Butler & Walton，2013），学前班儿童（同样独自在一个房间里）拿到了一套已经拼了一部分的拼图，并得知这是由另一个房间里的一名小朋友完成的。一组孩子得知他们会和这位小朋友**轮流**完成拼图，其余孩子则得知他们会和这位小朋友**合作**完成拼图。相比于认为要轮流拼图的孩子，认为要一起完成拼图的孩子不仅坚持的时间更长，还表现得对拼图游戏更为喜爱。对成年人开展的类似实验也显示出相同的效果。比如，成年人拿到一道很有挑战性的数学题，然后他们胸前会贴上表明身份的贴纸。在一组条件下，贴纸写着他们是"解题组"。另一组条件下则写着他们是"解题人"。结果自认为是解题组的人会坚持更长时间（Walton, Cohen, Cwir, & Spencer, 2012）。感受到社会关联或是对群体的归属，会让人即便在独自面对挑战时也能不断坚持下去（因为你知道自己不是一个人在战斗）。

IV. 如何培养归属感

大部分有关归属感的研究都要求人们进行特定的思维练习，或是对人们所处的环境进行改造。因此，我们还不清楚人们是否能够靠自己的力量来完成对归属感的改变，或是减少刻板印象对自己的威胁。不过，有时人们也会主动做出一些促进归属感的行为，例如打造专门的学习空间，张贴出充满正能量、能减轻刻板印象威胁的海报（例如，张贴成功女科学家的海报）。此外，人们还可以学着以多种形式肯定自我价值[1]。一项在中学生中开展的研究表明，美籍非裔学生在学期伊始写下自己最看重的价值观，可以起到肯定自我价值的目的，降低刻板印象对他们的威胁。完成这项练习的学生，不仅在要求写下价值观的那门课上成绩有所提高，在其他课上的表现也有了改善（Cohen, Garcia, Apfel, & Master, 2006）（更多技巧请参考章节 Y）。归属感循环（图B.2）表明，良性循环效应能不断促进更强归属感的形成。然而在一些情形下，人们实在难以重新树立归属感，导致不断退缩，这时就有必要通过外部的社会力量和环境的改变来进行干预。

---

1. 价值观越多样，归属感就会越稳定。——译者注

V. 培养归属感容易出现的问题

归属感干预如果执行不当，可能会产生不良的副作用。第一个问题是，人们推崇的榜样不给力。例如，女性榜样能够帮助女性在那些通常由男性主导的领域（如计算科学）中找到归属感，但如果作为榜样的女性表现出自己的实力不足，就会妨碍那些以她为榜样的女性出色发挥（Marx & Roman, 2002）。另一方面，榜样还可能不经意间传递出不该有的刻板印象。研究人员发现，幼儿园女教师表现出对数学的焦虑，会强化小女孩们心目中男生比女生数学好这一错误观念，也会使她们的数学成绩出现下滑，而男孩们则不会受到影响（Beilock, Gunderson, Ramirez, & Levine, 2010）。

第二个问题是，归属感干预有时会显得不太诚恳，目的性太明显，进而引起更大的隔阂。这是因为当人们感到自己被人操纵或被人设计时，就会开启防御机制。因此在进行归属感干预时，还要考虑是否会产生严重的连带影响。哈佛大学商学院曾施行过一项倡导性别平等的计划，成功地提升了女性学生的成绩以及女性在顶尖学科项目中的参与度，这些都是非常好的结果。然而，这一计划却带来了新的挑战，一些男性学生对该干预计划产生了强烈的抵触，他们认为该计划太强制、太突兀了（Kantor, 2013）。

第三个问题是，针对特定文化群体的归属感干预反而会引发人们对负面刻板印象的关注，让人们"另眼相待"。这会不经意间降低学习者的归属感，让他们感觉自己由于文化背景的不同而需要特别关照。

最后一点，人们可能根本就不想被归为某一群体。例如，有些学生可能不愿意被贴上"听话好学生"的标签，这可能是因为他们并不想成为这类人，或者觉得这种身份会和其他想要的身份发生冲突。出现这种情况可能是因为一些复杂的社交问题，因此解决起来并不那么容易。但是我们还是应该尝试让学生不要狭隘地理解某一群体，合理营造出归属感。举个例子，博勒和格里诺（Boaler & Greeno, 2010）发现，有些数学成绩好的孩子，竟然会认为数学天赋与富有创造性思维相矛盾，而他们自己又想成为富有创造力的人。

而事实上，有创造力和数学好其实并不冲突，那只不过是学生自己凭空想象出来的而已。

VI. 好例子，坏例子

在关于归属感的研究中，人们大多采用简短的干预手段来预防学习者产生被排除在外的感觉。但在一个充满敌意的环境中，学习者再强的归属感也会消失。这种情况下老师就要负起责任来。下面举的几个例子就说明了不同做法对归属感所起到的不同程度的支持作用。

坏例子：想象有一家汽车经销商开展业务评比，每个月都会评出业绩最佳的销售员和业绩最差的销售员。部门经理会通过各种手段奖励最佳销售员，同时单独组织业绩标兵集体旅游，却不带业绩差的销售员出游。虽然最差销售员在表现提升后依然可能入围最佳员工，但这种做法会让大家不愿意与业绩差的销售员为伍，更不用说和他们分享销售经验、帮助他们提升业绩了。

坏例子：想象在一个学生背景复杂的班级中，班主任想培养大家的归属感。他认为这在某种程度上就意味着，要让群体中每个人的感受都尽可能相同。为了帮助他的学生建立这种感觉，在开学的第一天，他对全班做了如下演讲："我叫贾聪明，是你们的班主任，我了解你们每个人。但我不在乎你们家里是比较穷还是不差钱，不在乎你是外地来的还是本地的，也不在乎你是个小胖子还是个瘦猴儿。你们都是我这个班里的学生……"然而事与愿违，他的"锦囊妙计"罔顾了一个事实：学生们早已形成了各自的小团体，并已对各自的团体产生了归属感。所以问题的关键不在于消灭每个人身上的差异，而在于帮人们理解每个个体客观存在的这些差异，既不妨碍他们归属于同一个集体，也不妨碍他们成功。孩子的个体差异是最容易被忽视的，也是最应当被改进的。

好例子：想象某公司的研发部门：研发总监明确建立了一个相互尊重的集体氛围，认真聆听并认可每位工程师和研究员的观点。同事们也对部门规范达成了共识，并懂得与其他同事合作来共同解决问题。尽管创造这样一个能够促进归属感的环境并不容易，需要花费时间和精力来建立彼此的信任，影响每个人建立归属感的因素也不尽相同。但无论如何，归属感作为一个强有力的学习工具，都值得投入精力去悉心经营。

归属感
Belonging

核心的学习原理是什么

归属感让学习者更加投入，减少对行为是否得当、自己是否合群等问题的困扰。

对学习什么有帮助，举个例子

想象一下，你刚刚来到新任职的公司，第一天报到。这时你脑海中会想些什么呢？"我能否融入新的集体？我和同事会相处得愉快吗？我会不会不小心犯了禁忌冒犯领导？"如果有人不断努力让你融入进来，那么你肯定也会更积极地参与进来、努力学习。例如，你的上司会替你疏导，"每位新员工在刚来的时候都会觉得工作任务有些棘手，不是只有你有这种感觉"。这样你就能意识到你所碰到的困难并不是因为你与群体中的其他人不同，而其他与你状况相似的人也都能成功克服困难。

为什么有用

人们会在有归属感的时候加倍努力，不受孤立感的干扰。有时人们之所以不能融入群体，是因为他们已属于一些有着负面刻板印象的群体。加强学习者在学习群体中的归属感，能缓和刻板印象的负面影响。

能解决什么样的学习问题

- 学习者不再参与学习活动。
    - 学生可能感觉自己不属于这个群体，不能全身心参与进来。
    - 学习者可能不愿意被归为某个特定群体或具有某种特征。
- 学生在考试中的发挥不如课堂上的表现。
    - 一名美籍非裔学生可能受到他人对自己种群刻板印象的影响，过度焦虑、在考试时无法全神贯注。
- 学习者感觉没来对地方。
    - 电机工程系一名女生明明成绩很不错，却在考虑换专业，认为自己学不好工科。

使用的范例

- 帮助学习者重塑归属感。
    - 给员工各种机会，了解不同特点的榜样示范，看他们如何能够融入群体之中。
    - 让孩子们从不同角度理解他们是如何成功融入已有群体的。

- 通过改变环境来让人更容易树立归属感。
  - 在课堂中，建立共同的行为规范并鼓励通过团队合作来解决问题。
  - 在线平台上，鼓励学生在论坛中了解其他同学。

容易出现的问题

- 学习者可能认为归属于不同的群体会有冲突，他们担心新的身份会与现有的身份相矛盾（如计算科学家认为自己成不了一个好画家）。
- 归属感干预可能会在不经意间增加学习者的疏离感，或反而激起人们对差异的关注，让原本不是问题的事情变成问题。
- 归属感干预可能会给学习者造成不必要的负担（比如，"你就不能改变一下你的态度吗"，或者"你就不能再努力努力成为我们的一员吗"）。

对比组合
Contrasting Cases——
辨别关键信息

对比组合是一组能帮助人们观察到细微差别的极为相似的例子。通过对比组合的练习，我们可以提高对知识理解的精度，增强知识的可用性。

下面我们来看一组由布兰斯福德和麦克雷（Bransford & McCarrel, 1974）提供的例子：图C.1展示了一把剪刀。你可能已经注意到了构成剪刀的基础特征：两片刀刃、两个手柄、中间有一个连接刀刃的螺钉。同时也不难想象出使用剪刀时一开一合的样子——咔嚓咔嚓。不过，以上这些内容也只是"外行看热闹"所能达到的极限了（如果只是讨论剪刀的话）。

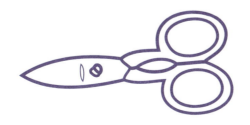

图 C.1　一把剪刀

接下来，如果将这把剪刀与其他几款放在一起对比，会产生怎样的效果呢？（图C.2）请花大概60秒的时间仔细看一下这些剪刀，带着这个问题思考：为什么剪刀D特别适合剪脚指甲？

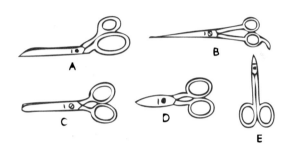

图C.2　不同类型剪刀的对比例子

通过对比这组款式相似但细节不同的剪刀，你会发现剪刀D的一些特征是为施加较大的力而设计的：厚厚的刀刃可以剪断较硬的脚指甲；手柄较大可以多个手指一起施力；刀刃较短，有利于充分发挥手柄的力量；等等。让我们再看看其他款式，这时你就能明白每一款的特别之处了：剪刀A是用来剪裁布料的，它的水平刀背可以贴在桌面上；剪刀C是为儿童设计的，它的圆形刀头能防止意外戳伤；剪刀B是理发师精修发型时用的，手柄上的小钩子能让小拇指抵住，从而进行更精确的操作；剪刀E则是用来剪皮肤角质的，长柄短刃的特征非常有利于精确修剪坚硬的角质。

对比组合中的例子通常看上去都很相似，但通过对比就可以体现每个例子的独特之处。红酒鉴赏会上一杯杯对比品尝各款红酒就是个经典的例子。可见，对比组合能够帮助人们意识到原先不曾留意、容易被忽视的细节。提升学习者对特征的感受力和敏感度，全方位提升学习者的"战斗力"，比如辨别何为重中之重，更好地理解抽象概念，以及提高在实际问题中恰当应用知识的意识。

I. 对比组合的原理

人们通常认为，专家只是比普通人了解更多专业的、抽象的知识。然而，专家在自己的专业领域内还能感知捕获更多的信息细节。举例来说，新手或是外行对周围世界的理解一般停留在**基础类别（basic-level categories）**这个层面——猫猫，狗狗。但是专家就会进一步、更深入的观察到类别中的细分领域——这只是挪威森林猫，那只是比利时牧羊犬。这一特质适用于各行各业的专家：品酒师可以辨别出西拉葡萄（Syrah）和仙粉黛葡萄（Zinfandel）所酿制的红酒，而大多数人只知道它们都是"红酒"（Solomon，1990）；考古学家可以分辨出不同种类的土壤，而新手则可能完全看不出差异（Goodwin，1994）。对于成年人来说，字母"b"和"d"的区别显而易见，而小孩子却很容易将它们混淆。所以从某种意义上来讲，专不专业就体现在是否具备留意或辨认出重要内容的能力。而相同情况下，新手们则是一扫而过，"不留下一片云彩"。

说来不易，专家这样精准的辨识力，也是通过多年的对比经验修炼而成的。若是通过精心设计的对比组合来练习，学习的时间是可以被有效缩短的。举个例子，凯尔曼等人（Kellman，Massey & Son，2010）设计了一个简短的在线学习练习，来促进数学中的知觉学习[1]。学生需要在很短的时间内完成120道公式与图像配对的选择题（见图C.3）。请注意，这些题目中函数公式里的系数都是相似的，所以通过系数来判断正确答案基本上没任何帮助，学生们只能通过辨别公式的结构关系来匹配图像，即"看图找公式"。选好之后，学生们只能快速看一眼正确答案，没有其他解释说明。这套练习的目的非常明确，是希望学生可以看到公式中的结构关系，而不须进一步解释。（学生们也会遇到反过来的题目：从三幅函数图像中选出一个匹配公式，即"看公式

---

1. 知觉学习（perceptual learning）：通过经验的积累或不断的练习，个体改变感觉信息的加工方式，提高感知、辨别感觉信息能力的过程。

找图")。高三年级的学生虽然早就学过代数，但在完成了这个练习后，对应图像与公式的能力几乎提高了3倍。由此可见，对比组合的练习优化了学习专业知识的过程。

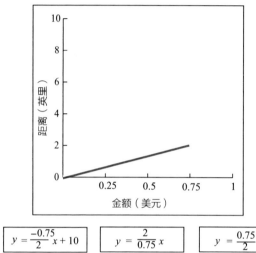

图 C.3　帮助学生分辨公式结构的对比组合

$$y = \frac{-0.75}{2}x + 10 \qquad y = \frac{2}{0.75}x \qquad y = \frac{0.75}{2}x$$

对比的目的是帮助人们注意到何为重点，理想情况下每组对比应当只突显一个特征。例如图 C.4 中，左边画了一个典型的房子。通过与汽车的对比，该图展示出了房子的基本特征。现在，请注意右图中更为微妙的差异对比，一步步突显出图 C.4 中房子的各个细节特点：对比 1，门把手在门的左侧，且门稍微高于地面；对比 2，屋顶没有屋檐；对比 3，烟囱顶低于房顶（这是一个不利于烟尘上升的糟糕设计）。从事物的基本构成到具体的细节、从宏观到微观的对比，通常都需要一定的过程。所以想把每个细节都看透并不是一件容易的事情。

对于学习者来说，利用对比组合的目的就是为了分辨出例子间的重要特征。图 C.5 下方的文氏图总结了这其中的核心原理，同时再次印证了学习的奥义：利用两个例子学习的效果要优于用一个例子。还记得章节 A 中介绍的类比组合方法吗？配合着图 C.5 上方的类比原理图可以看出，在类比中，例子的差异越大越好，这样学习者就可以排除细节，尝试找到其抽象层面的共同点。而对于对比组合而言，例子则是越相似越好，这样就可以突出细节差异，训练学习者的辨别能力。

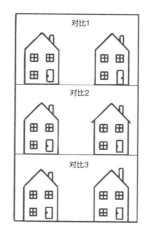

图 C.4 不同的对比组合帮助展现不同的特征。先看看左图中与汽车进行比较的这个房子，接下来再把这个房子与右边每幅图中的房子进行比较。注意三组对比分别凸显了这个房子的哪些不同特征

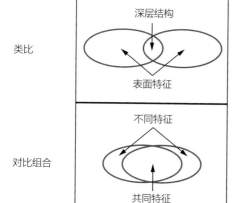

图 C.5 运用多个例子的两种方式

II. 如何设计对比组合来促进学习

对比组合源自对知觉学习的研究[1]（Gibson & Gibson，1955）。知觉[2]不同于感觉[3]。我们的感觉接收器在从环境中捕捉到能量时会产生**感觉**。例如，人的眼睛捕捉光能产生视觉；皮肤捕捉热能产生温度感觉。而龙虾就厉害了，它们的感觉接收器中含有铁，因此可以捕捉到地球的磁场，然后这种感觉信号就不断地从接收器传递到大脑，变身"超级导航"。**知觉**则是对这些信号的意义进行解读。试想，如果一个人无法解析感觉中的规律，自然也就无法形成有效认知。因此对于人们来说，感觉能力或许不需要学习，但知觉能力却是需要后天培养的。精心设计的对比组合可以帮助学习者在众多感觉中，敏锐地捕捉到与自己有关的信号。

对比组合的操作方法非常直观：在期望突出的目标特征上选择存在差异的事例，然后让学习者来辨别这些差异。不过令人惊讶的是，对比组合这样超级好用的学习方法在日常教学中却很少用到。常见的观点多半是，"想让学习者记住啥，就给他们一遍遍重复啥。"然而，这种逻辑的缺陷也显而易见，即**"学习一件事是什么的同时，也要学习它不是什么"**。举个例子，试想一位老师希望学生学会如何辨认多边形。传统的方法是展示出多个风格迥异的多边形，如图 C.6 中的左图。那么请问，只靠这些例子，学习者能够分辨出右边的图形是否为多边形吗？

多边形的正面例子　　　　　　　这个是多边形吗　　　图 C.6　多边形

---

1. 按 E. S. Gibson 的理论，指在环境提供的一连串刺激的作用下，机体通过练习提高从环境中获得信息的能力的过程。
2. 知觉（perception）：个体对感觉信息的加工和解释的过程。是对事物整体特性的反映。
3. 感觉（sensation）：个体对直接作用于自身的客观事物个别属性的反映。

其实对于已经熟知多边形概念的读者来说，他们会指出多边形不能有中间那条穿过图形的线；而对于刚开始学习这个概念的学生来说，他们可并不了解这条规则。于是，当学生看到右边的例子时，他们会认为这只不过是左面例子中没有涉及的另一种多边形而已。图 C.7 展示了一组学习效果更好的对比组合。配合着这些例子，学生们就更有可能注意到多边形的一些关键特征：不能带曲线、不能带分割线、二维图形，等等。当然，给出的非多边形的例子还可以进一步改进，比如补充一个不封闭的图形作为例子（即图形中的线条首尾不相连）。

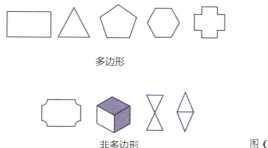

图 C.7　多边形和非多边形

如果不使用对比组合，常见的替代做法就是同时提供正面例子（即"是什么"）和概念的准确定义。如果应用在上文多边形的例子中，学生们可以借助正面的例子来判断新图形，同时可以利用概念定义来排除非多边形。可如果依靠定义就可以做出准确判断、排除非多边形的话，还提供例子作甚？所以人们还是需要从"是什么"和"不是什么"这两个方向来构建准确的理解。

上文说过，设计对比组合时有个简单的方法：先选择希望学习者关注到的目标特征，然后再根据该特征挑选合适的对比事例。举个例子，你或许读过一些介绍花卉的书籍，其中有诸多"分辨不清"的雏菊插图。若想帮助读者分辨出每种菊花的特殊之处，应该把某种特征单独拿出来，找不同例子放到一起进行对比，比如，可以拿出叶子的形状或是花瓣的数量等特征来对比（见图 C.8）。

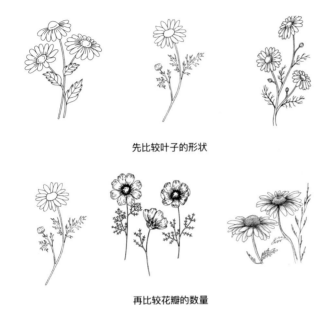

先比较叶子的形状

再比较花瓣的数量

图 C.8 通过对比组合来突出雏菊的两大不同特征

Ⅲ. 运用对比组合能产生什么效果

对比组合方法带来的最显著的效果是提升学习者注意细节的精度。人们之所以聘请专家，就是因为他们可以观察到关键的细节，比如深山老林里的当地人在采蘑菇时能分辨出毒蘑菇和可食用蘑菇，学习理论专家能对孩子的学习行为做细致评估，设计师能从概念设计到实施细节进行具体指导，等等。有个简单的方法可以快速判断学习者对细节观察的精度：先展示一幅著名的风景画或肖像画，过几分钟再要求观看者靠记忆重新画出这幅画。这样一来，我们就可以通过他们的"再创作"来看出他们到底留心了哪些地方。比方说，如果在学习图 C.2 之前要求大家把图 C.1 中的这款剪刀重画一遍，很多人可能画不出刀刃比手柄短、刀刃较厚这些特征。

对比组合还能帮助学习者了解抽象知识的适用范围（请参考章节 J），并通过情景线索来调用合适的知识概念。这里我们先举个反例，也许大学生都有这样的经历：开开心心带着参考资料去参加开卷考试，但解题时却尴尬地发现不知道这道题该用哪个公式！这明显不是记忆力出了问题，而是因为他们没有学会如何分辨公式的应用场景，这才导致公式都落得毫无用武之地。而对比组合可以帮助学习者分辨不同公式的"势力范围"。举个简单的例子，思考一下如何描述下面表格中两个城市的房屋价格，这会帮助学生们看出中位数和平均数各自的特点，明白为什么有时中位数更适合用来反映平均水平（有的时候，一两个特别大或特别小的数据，会拉高或者拉低整个平均水平，使平均数不能很好地反映大多数的数据点所处的水平，请参考图C.9）。

愉悦谷房屋售价	阳光城房屋售价
$150,000	$200,000
$225,000	$2,600,000
$300,000	$210,000
$275,000	$170,000
$170,000	$115,000

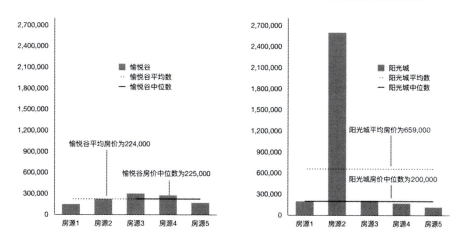

图 C.9　两座城市不同住宅价格以及各自平均水平的对比

愉悦谷（Pleasantville）的住宅价格普遍较高且差异不大，最便宜的15万美元和最贵的30万美元相差一倍。阳光城（Sunnyside）的住宅价格则普遍更低，但有一套房产达到了260万美元，是最便宜的11.5万美元的20多倍。因此我们能说阳光城的住宅比愉悦谷更贵吗？

IV. 如何培养运用对比组合的能力

霍华德·加德纳（Howard Gardner，1982）描述过这样一个精心筹划的特殊展览。在一个艺术博物馆中，仿制品和原作被并排摆放在一起展出。这样参观者就能识别出原作中那些令人惊叹的独特之处。然而身边若没有专家相伴，我们该如何设计出这样的对比体验呢？

首先，要树立"对比组合是极为有价值的学习方法"的学习意识。举个例子，当学习中文汉字的时候，与其一遍遍抄写同一个字，不如把外形相似的字放到一起对比，这会帮助我们更精准地理解汉字的特征，避免字与字之间发生混淆。例如将"幕""暮""慕""募"几个字放在一起对比。

更进一步讨论，人们能否自主学会如何设计对比组合呢？这看似为一个问题，实则由两个问题构成：（1）人们会很自然地相信眼前看到的就是全部，如何让他们意识到自己看到的可能只是"冰山一角"？（2）假设人们确实认识到了知觉的局限性，那他们又怎样选择合适的对比组合来突出自己尚不了解的事情呢？（请参考图C.10）这与美诺悖论（Meno's Paradox）有异曲同工之妙：若不知道自己要找什么，又要从何找起呢？对于这两个问题我们并没有现成的好办法，因此设计对比组合可能还是要找有经验的人。

然而，当学习者明白要问什么问题的时候，就可以学会自行设计对比组合。比如一种较为典型的情形：我们需要判断某种特征的出现或某个参数的变化是否会对整体产生影响。比如，"车轮胎的气压，是否会影响到车的油耗？"那么这时就可以用胎压较低和胎压较高的两辆车进行对比试验。在理想的情况下，实验中与胎压不相关的参数，诸如车型、车上乘客的数量、行驶道路的路况等可能影响实验效果的变量都应保持相同。总而言之，设计出有效的对比组合是成功开展科学实验的关键。

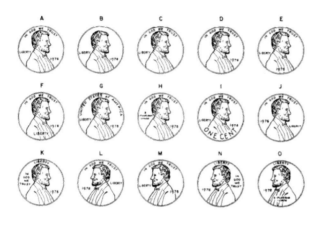

图 C.10 你能分辨出哪张图是正确的吗？人们可以轻松将一元钱硬币与其他面额的硬币分辨开，因此也从来没有意识到自己平时在一元钱上所"看到"并记住的信息只不过是"冰山一角"

V. 运用对比组合容易出现的问题

导致对比组合不能发挥作用的原因主要来自两个方面：糟糕的组合和糟糕的指导。糟糕的对比组合不利于学习者辨识目标特征。举个通俗的例子，就是拿苹果和橘子比较，这两者之间的不同实在太多了，以至于很难搞清楚哪项特征的对比最为重要。而对比的事例越接近、细节化程度越一致，学习者才越容易注意到目标特征上的变化。

糟糕的指导指的是那些重点模糊，不能将学习者的注意力导向关键对比特征的指导。仅仅是口头上要求学习者"要比较，要对比"并不能提供足够的指导。学习者会在过程中发现太多无足轻重的差别，而不去思考更深层的含义。他们需要一个能起到指引效果的框架体系。例如在图 C.2 中，单纯让人们去观察几款剪刀的区别可能效果不佳，因为他们可能会留意到一些无关紧要的细节，比如剪刀的图片出现在页面上的不同位置、简笔画图形中线条的粗细，等等。对于这个例子来说，更好的方式是要求学习者关注剪刀的不同功能属性。整体来说，如果出于某些原因，一项特征是值得注意的，那么指导的方向就应该帮助学习者做好期望值的管理，理解这些特征的重要性（感兴趣的读者还可以参考几个在统计学中运用对比组合的简明案例，参见施瓦茨（Schwartz）和马丁（Martin）的研究，2004）。

VI. 好例子，坏例子

对比组合不一定是微妙的视觉差异，我们也可以对比其他维度。假想我们拿话费套餐来让学习者进行对比，以此介绍数学中斜率和截距的概念。例如，一个套餐只收取通话费（截距 y 为 0，斜率为 0.25 元/分钟），另一个套餐只收取包月费用（截距 y 为 150 元，斜率为 0），其他几种套餐则介于两者之间（比如 500 分钟内包月，超出部分每分钟 0.1 元，即截距 y 是 100 元，前 500 分钟斜率是 0，之后斜率是 0.1 元/分钟）。你决定根据这个情境设计 4 种对比案例，像营业厅里的宣传手册那样展示出各个套餐的使用成本。

坏例子：这四种套餐在一张纸上正面印了两个，背面印了另两个。这是一个糟糕的做法，因为人们翻来翻去不好对比，翻页的时候还需要记住他们在前一页看到的套餐信息，如果他们连对比的关键部分都没注意到，又怎么可能记住这些关键信息呢？

改进后：对比组合在列出后能够使我们一眼看去将所有信息尽收眼底，这种状况下进行的比较效果会更好。

坏例子：套餐内容又细分出了几部分：通话时长、4G 上网流量、短信数量，等等。对于这 4 个套餐来说，这就出现了太多可以对比的维度。人们就会迷失在繁杂的信息中，而忽视最应关注的维度，即月租费用（截距）加上额外的电话使用费（斜率）的总成本是多少（似乎运营商的套餐就是专门这样设计的）。

改进后：控制变量的数量，这样学习者就可以看出月租费和使用费这个关键维度上的对比。在第一组对比中只强调一两个特点。然后在下一组对比中用其他例子来强调其他特点，以此类推。用分组的方式轮流去对比不同的特征，要比一上来就对比一大堆变量的效果更好。

坏例子：要求学习者对比话费套餐。学习者会倾向于列出一对对零散的相似点和不同点，而你真正想让学习者关注的是如何在截距和斜率之间进行取舍。

改进后：你提供给学习者一些典型用户的描述，然后问学习者各类典型用户分别选哪个套餐最合适。这样就能引导他们注意到截距和斜率所扮演的不同角色[1]。

最好的例子：让学习者设计出一些可视化工具来帮助用户进行比较，方便用户找出更符合他们各自使用习惯的套餐。这样我们就能制造一个"适时讲解"的时机（请参考章节J），在学习者自己探索一段时间之后，我们再对最优的方法进行讲解。当学习者尝试过各种可视化表达方法后，他们就会迫不及待地竖起耳朵听你的讲解。这时你就可以展示出一个非常有效的工具——笛卡尔直角坐标系。

对比组合
Contrasting Cases

核心的学习原理是什么

通过对比两个或多个看似相同的例子来找到其中的细微差别。

---

1. 比如哪个套餐更适合较频繁打电话的商务人士，哪个更适合喜欢在地铁上看视频的通勤族，等等。——译者注

对学习什么有帮助，举个例子

把平结和外行平结（祖母结）放到一起对比（见图 C.11）。这组非常相似的对比组合可以让人们看到两者的区别，进而帮助人们理解为什么方形结要比祖母结更牢。对比组合可以帮助人们注意到那些细小的、容易被忽略的，但却极为关键的细节。这些细节反过来帮助人们辨识事物，也辅助人们理解差异的重要性。因为通过对比组合人们可以学会识别情景中的线索，也进一步提升了人们在正确时间应用正确知识的概率。

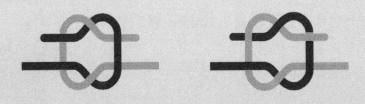

平结　　　　　　　外行平结（祖母结）

图 C.11　两种绳结的形式（图没有放错，两种结的差异的确不易辨别，再仔细看看）

为什么会有用

在区别事物的过程中，人们学会从"感觉"（视觉、味觉、嗅觉）中"感知"规律。对比组合把几乎分辨不出来的事物并排放在一起，帮助学习者练就"火眼金睛"的知觉能力。

能解决什么样的学习问题

- 学习者分辨不清概念，从而把不同的事物混为一谈。
  - 有人认为蘑菇是植物。

- 有人认为蜘蛛是昆虫。
- 学习者无法精准理解概念说明。
  - 学生区分不了物理中的力和功。
- 学习者无法判断什么情景适合运用所学的哪些知识。
  - 一位银行职员能够熟练背出培训手册上的各种业务流程，在接待一位想用定期存款购买国债的阿姨时却不知该如何办理。

使用的范例

- 提供"几乎分辨不清"的例子来强调事物是什么，以及不是什么。
  - 让英语语言学习者对比"pa"和"ba"的发音。
- 提供一套可以展示目标维度中不同变化的例子。
  - 展示描绘同一个场景，却来自于四个不同年代的画作。
  - 对比不同类型墨水在同一种纸张上、用同一种钢笔写字时，墨汁在纸张上扩散的速度。

容易出现的问题

- 对比组合可能会因为太复杂而使学习者抓不到关键特征。
- 学习者不理解拿来做对比的特征为何特别重要。

精修勤练
Deliberate Practice——
专家的养成之路

  精修勤练（又称为刻意练习）指的是为了超越现状，而在某一项特定的技能或者概念上集中精力练习的学习方法。精修勤练可以大幅提高某项技能的局部水平，进而带动整体水平的显著提升。

  精修勤练不同于在参与活动或从事职业中出现的一般性练习。比如说，想要提升打篮球的水平，一种理所当然的方法就是多打篮球。然而，正如每逢周末球场见的"周末战士"的亲身感受一样，如果只是一直打比赛，自己很快会达到一个瓶颈期，水平就是不见长。那么为了突破瓶颈期，就必须"以退为进"：暂时告别赛场，转而把精力投入到更具体的技能训练上，比如提高投篮命中率、改善步伐、加强体能，等等。

  一项针对各领域专家的研究表明，要想在现有的水平上实现质的飞跃，真正需要的是科学的分析以及用心的努力，而不是单纯的机械式重复。研究人员分析了各行各业的专家，包括医生、物理学家、艺术家、国际象棋大师、雪茄卷烟师，甚至还有雏鸡性别辨认师。虽然各行业修炼之路所需的技能点不尽相同，但有两点是共通的。

第一，出色的专业才能大约需要 10 000 小时的参与投入。著名科学家和艺术家在取得举世瞩目的成就前，无不是长期从事一项事业，经过漫长岁月磨炼后才成大器的。欲成专家，必专注于一项事业，积累大量的相关经验。说到这里，几年前有位职业摄影师曾誓言要亲身践行"一万小时理论"：辞掉工作从零开始练习高尔夫球，以期通过 10 000 小时的努力练习，取得 PGA 锦标赛的资格[1]。对于他的决心与毅力，我们向科学和他对科学的信念致敬。

第二，练习的效果不仅取决于投入时间的数量，还包括投入精力的质量。拿国际象棋来说，新手一般会通过不断下棋来提高水平，而大师则深入推敲经典的棋局来实现登峰造极。精修勤练要的是不断突破现有水平，而不是维持现状、在已有水平上变得更加"熟练"。

精修勤练并非轻轻松松，而需要投入大量的精力。埃里克森等人（Ericsson, Krampe, & Tesch-Römer, 1993）比较了柏林一所著名音乐学院中小提琴学生的情况。其中一部分学生未来准备去当音乐老师，而另一部分则要努力成为职业小提琴家。这些以职业音乐家为目标的学生，每周独自进行共约 24 小时的严肃练习（即非自娱自乐的练习），而以音乐老师为目标的学生每周则练习 9 个小时。多年之后，二者在练习时长上的差别累积到数千小时，正所谓"不积跬步，无以至千里"。然而故事还没完，质量的差别又体现在哪里呢？事实上，虽然这两类人每次的练习均持续约 80 分钟，但是那些以职业小提琴家为目标的学生在练习告一段落后都累得不行，必须打个盹儿休息一下。可见他们在练习中是多么全神贯注！真正的精修勤练是非常耗费精力的，所以如果学生们一鼓作气练了两个小时，那么几乎可以断定他们多半并没有在精修勤练，而是在偷懒摸鱼。

人们常常认为专家能够取得不凡的成就，依靠的都是与生俱来的天赋。

---

1. 这位摄影师叫作 Dan McLaughlin。他在 2010 年 4 月 5 日开始第一天练习生涯，并将整个过程写成一个长博客（http://thedanplan.com/countdown/）。可惜在 2017 年 8 月，Dan 最终放弃了该计划。——译者注

然而事实上，一代宗师和普通人之间的距离，不过是将大把大把的时间用在日积月累的精修勤练上，正可谓"以大多数人的努力程度之低，根本还轮不到拼天赋"[1]。因此我们认为，**天赋对一个人的影响无论大小，与后天努力的影响相比，都只是非常小的一部分**（Ericsson et al., 1993）。如果今后再听到"哎，我就是天赋不够……"之类的言论，你可以积极地帮对方换一种心态："我只是目前还练习得不够，不足以成为……"

能证明专长源自于精修勤练而非与生俱来的证据还有一点：在本身不熟悉的领域，专家也很难有过人表现。例如，国际象棋大师可以非常准确地记住棋子在棋盘上的位置，但如果棋子是随机摆放的话，记忆的效果便会让人大失所望（Chase & Simon, 1973）。可见他们的超强记忆力也只是针对有逻辑关系的棋局，而非任何情况下都惊为天人。而那些在比赛中获得冠军的珠算大师，则对数字有着超强的记忆力（Hatano & Osawa, 1983）。他们可以在不借助算盘的情况下，每2.5秒听一个新数字，并在脑海中实时计算下面的式子。

```
28,596 + 847,351,654 − 166,291 − 324,008,909 + 74,886,215
− 8,672,214 + 54,221 − 91,834 − 103,682,588 + 17,274 −
212,974,008 + 4,081,123 − 56,315,444 + 897,294 − 380,941,248
```

图 D.1　珠算大师能够轻松计算出的式子

不过值得注意的是，如果是记一串水果的名字或一列词语，珠算大师并不见得比普通人更为擅长。这也说明他们不可思议的珠算能力并非因为记忆力的底子好，而是通过专门练习珠算所需的特定技能来实现的，比如在脑海中模拟出算盘来记忆并计算数字（即通过在脑海中拨动虚拟算盘上的珠子来实现）。而要想在这个虚拟算盘上增加一列（即多算一位数），大概要花一年的时间进行精修练习。

---

1. 出自袁牧 2004 年 12 月 5 日在水木 BBS 上的文章《规划你一生的学术历程》。——译者注

I. 精修勤练的原理

精修勤练借助两种认知原理来促进学习、提升水平：①组块化[1]，②知识重组。

组块化

```
1 4 3 4 7 2 8 9 6 9 8 ⟶ 143 4728 9698

6 2 2 0 1 7 6 6 8 8 4 8 0 0 ⟶ 6220 1766 8848 00 ⟶ 62 2017 6688 4800

3.1415926535897932384626 ⟶ 3.1415926 535 897 932 384 626
```

图 D.2 把零散数字组成组块从而减少需要记忆的组块的数量

顾名思义，组块化就是把零散的小块信息组合成大块的信息单元（请参考章节 E）。假设你要记住心仪女孩的 11 位手机号码（上图中的第一段数字），在这个关键时刻不掉链子还是有难度的，因为人们的工作记忆[2]空间有限。一般情况下，人能同时记住并处理的信息大约是 7 条。但是通过组块化把零散的信息逐渐聚合在一起，在保证要记住的信息块数量不超过 7 条的情况下，人们同时处理的信息总量就可以更多。

组块化通常会经历两个阶段：流程化和自动化。在流程化的阶段，人们借助语言控制和外显记忆[3]来逐步执行任务。举个例子，在学习开手动挡车的时候，刚开始你可能还要将一系列操作步骤大声说出来或是在脑海中默念出来，引导自己手脚配合的动作："右脚松开油门，同时左脚快速踩离合，右手

---

1. 组块（chunk）：由多个刺激联合而成较大的信息单位。
2. 工作记忆（working memory）：临时储存和操作信息的认知结构和过程。可从外界接受或从长时记忆中提取信息并对此进行操作。
3. 外显记忆（explicit memory）：对过去经验有意识的记忆过程。与之相对的是内隐记忆（implicit memory），对过去经验无意识的记忆过程。（例如，上一次去驾校学习驾车练习过起步换挡的回忆是外显记忆，而通过数次学车经历而学会了起步换挡的驾车技巧，则是内隐记忆。）

把挡位从 1 挡摘到空挡,再挂入 2 挡,左脚再慢慢松开离合,同时右脚缓缓踩下油门。"随着反复操练整套动作,最终不再需要刻意思考,更不用借助语言来指导了,"油离配合"的几个子步骤已经浑然一体,形成组块。在自动化的阶段,组块关联起来形成一个相继自动触发的序列。老司机只需想到"换挡",就能不假思索地完成一系列动作了。

有趣的是,流程一旦被自动化,当初的一个个具体步骤就很难再还原了。比如在键盘上噼里啪啦敲字敲到要飞起来的时候,已经很难还原当年吭哧吭哧找字母的时光了。这就是为何我们平时总说,"我也不知道怎么做到的,反正就是做到了"。因此,专家虽然才艺过人,但却不见得擅长解构并解释他们擅长事物中的原理。专家并不代表善于教别人,也许这从另一个侧面解释了为何大学里有些课程听上去特别晦涩难懂。

组块化的原理同样适用于理论概念。对于一位心理学家来说,"被试内交叉对照设计"这个术语简洁地概括了这种设计方式中关于实验条件和经验假设的诸多细节,而新手则需要费好大工夫才能理解这种实验设计的逻辑。这是因为对专家来说,含义丰富的概念是作为一个整体来理解的。

问题 1.

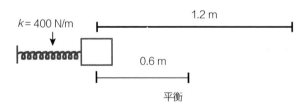

平衡

问题 2.

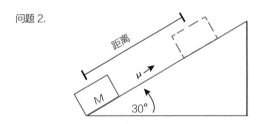

图 D.3 展示了两道物理题。初学者会把两个情况归为不同类别,然而专家却对它们一视同仁,因为都涉及了能量守恒(Chi, Feltovich & Glaser, 1981)

知识重组

随着人们在一个领域不断精进，新问题也会不断出现。这便需要我们重新组合知识来应对新挑战。举个例子，请看图 D.3 的两幅图（请放心，不用真去解题），直观上看它们分别是与弹簧和斜面有关的问题。然而专业的物理学家却另具视角：这两种情形分明是一回事，因为它们都涉及了能量守恒的问题（Chi, Feltovich & Glaser, 1981）。由于能量守恒是物理学中的核心原理之一，因此专家们会根据这一原理对世间万物重新归类。

随着时间的积累，精修勤练会改变人们的知识结构，从而更专业地应对常见任务。比如在一项研究中（Loftus & Loftus, 1974），实验志愿者会得到两条提示：①他与心理学的分支精神分析学有关，②他的名字以"F"开头。志愿者以不同顺序听到上述两条提示后，要迅速说出符合条件的心理学家（答案是弗洛伊德，Freud）。对于刚涉猎心理学的初学者来说，先听到名字的提示能比先听到分支学科更快地想到答案。而对于教授来说正好相反，分支学科的提示更为有效。这是因为初学者的记忆中，著名心理学家的名字是根据字母顺序整理的，而教授们则根据学科对他们进行了重新分类，所以分支学科能帮助他们更有效地调取记忆（见图 D.4）。

精修勤练的过程中，那些特别重要的、困难的任务可以被人们从整件事的执行流程中抽离出来，进行单独训练。这就为组块化和知识重组提供了更多的练习时间与认知资源。

II. 如何设计精修勤练的学习机会

精修勤练对于那些已经正式参与到活动中的职业选手或兴趣爱好者来说，是一种理想的学习策略。（至于如何促使人们正式参与到一项活动中，请参考章节 P）。在设计精修练习时，往往强调"功夫在诗外"[1]，即不要只关注一项

---

1. 出自陆游《示子遹》："……汝果欲学诗，功夫在诗外。"这是陆游逝世前一年在诗中写给儿子的谆谆教诲。——译者注

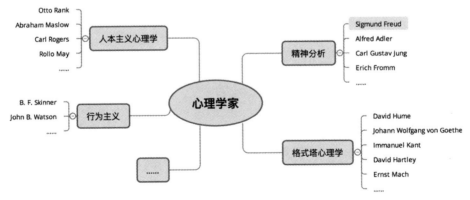

图 D.4 不同心理学家名字在学生和教授脑海里的不同排布分组方式。如果让你找到 Freud，你更倾向于用哪张图来辅助呢

活动中最需要参与者去做的事，很多时候可以尝试"弯道超车"。比如篮球比赛中真正得分的动作是投篮，但只训练投篮这一项并不能让运动员达到巅峰状态。同时，精修勤练既要聚焦到一项活动中最难以驾驭的部分，还要规避失败的风险，避免导致无法挽回的后果。例如对于刚才那位学习油离配合的司机来说，找个上坡来练习坡道起步的确是个不错的想法，但一定要确保后方没车（啊——嘭！）。另外，一个人是否能抓住机会开展精修勤练，还取决于在完成任务之外是否有时间和精力去关注技能的提高。这一点对于那些希望员工或孩子进行终身学习的企业或家庭来说，很有借鉴意义[1]。

精修勤练的过程几乎可以用到本书各个章节中所涉及的学习技巧。它在宏观层面定义了实现有效练习的条件，而不是微观层面上的具体方法。支持精修勤练的条件包括：①选取恰当的目标与任务，②建立完善的反馈机制，③劳逸结合，④保持充沛的学习动力。下面将具体讨论。

设定目标和选取任务

专业知识需要通过专业的方式获取（Bransford & Schwartz, 2009）。专业的老师和教练对于选择正确的任务至关重要。如果任务过于简单或者复杂，练习都不会奏效。指导老师同时也扮演了学习过程中至关重要的角色——找出弱点并监督练习，比如在体育运动领域，短跑教练会指出顶尖运动员在步伐节奏方面的问题。当然，正所谓知易行难，有些时候甚至行家自己都不易察觉。另一方面，对于知识结构更为明确的学科，比如编程或者数学，学习助教的角色可以由电脑来扮演（Anderson, Corbett, Koedinger & Pelletier, 1995）：它不仅可以记录学生的表现，还可以识别出未被组块化的认知过程，然后再针对这些薄弱环节提供专门的训练。

---

1. 留白的艺术。——译者注

建立完善的反馈机制

人们必须通过观察自己付出努力所产出的实际结果,才能进一步做出评估和改进(老师通过考查学生对知识的掌握程度,来调整自己的授课方式;设计师根据客户提出的意见,再进行新一轮的改进,等等)。这些反馈都可以有效地帮助学习者调整、精进自己的表现。而来自经验丰富、知识渊博的教练或前辈的反馈同样十分宝贵,因为他们既能从全局出发提出宏观建议,又能点出容易被常人忽视的微观细节(关于如何利用反馈来提高学习表现,请参考章节F)。

劳逸结合

你很可能有过那种绞尽脑汁思考问题或尝试读懂晦涩文字的经历(或者想象另一个极端,比如体育老师要求课上至少跑两千米,于是你就硬着头皮晃晃悠悠地跑了整整一节课!虽然跑了很长时间,但其质量如何显而易见)。真正的精修勤练耗费精力,是不可能持续太久的(上文提到过,小提琴演奏家每练习80分钟就要停下来打个盹儿休息一下)。因此通常来说时长较短的高强度练习更为理想。如果学校每天给学生布置3～5个小时的作业,那么学生一定做不到自始至终都保质保量地完成,达不到精修勤练的标准。相比之下,少而精的训练才能带来更好的效果。

学习动力

精修勤练不可能总是妙趣横生。对于已经精通某个领域的人来说,能够感知到自己的进步就是最好的嘉奖,也许这就是他们的全部动力。而对于其他人,如何获取动力可能就是个问号。一种解决办法是,不仅要奖励正确答案,也要对精修勤练的过程给予表彰。例如在数学课上,如果奖励那些"不动脑子照搬公式"的做法，则会导致学生照葫芦画瓢，知其然而不知其所以然。因此我们应当想办法专门鼓励那些坚持不懈、深入思考的学习行为，例如对挑战高难度附加题的**尝试**给予嘉奖（而不是只奖励成功做出附加题的人）。从心理学层面提升人们学习动力的方法则是，帮助学习者培养"成长型思维"（growth mindset），让人们相信练习可以带来进步（Blackwell, Trzesniewski & Dweck, 2007）。如果人们持有的是"才能与生俱来，不可后天培养"的固定型思维，他们很可能会认为自己智商不够而破罐破摔；或是反过来认为越是勤学苦练越说明天资不够（关于对学习的自我归因请参考章节Y）。

Ⅲ. 运用精修勤练能产生什么效果

通过精修勤练，复杂的任务也可以完美地执行，其过程也会更为高效、更不容易受到遗忘或其他事务的干扰。例如，经验丰富的主厨可以一边切洋葱一边谈天说地，但初学者就不要模仿了（泪流满面）。这是因为在已形成组块化的层面执行任务时，更多工作记忆可以被释放出来，自然也就为分析事物之间的关系、选择不同解决思路等"烧脑"的事情提供了认知资源。主厨可以一边吊着高汤一边构思下一步如何新颖地用汤来烧菜，而新手则必须埋头照着食谱一步步地尝试。再举个例子：老司机开车，起步换挡变道早已一气呵成，因此工作记忆就被释放出来去思考走哪条路更通畅，哪条路可能会拥堵。但新手上路则是能开到目的地不熄火就不错了。另外，精修勤练还能帮助人们根据当前任务的重点来优化知识结构。比如，主厨在准备一顿精美晚宴时深知该如何平衡"海陆空"不同的食材，而新手只是满心想着努力做好自己最喜欢吃的那道菜。

精修勤练的另一个重要作用是帮助人们突破瓶颈，更上一层楼。图D.5展示了几乎可以应用到各种活动中的练习指数定律（术语"指数"描述的是曲线的形状）。在任何新的领域，刚开始都是一片空白，有着广阔的提升空间，人们的水平可以在非常短的时间内得到大幅提升。然而，这样的学习红利期会逐渐消失，因为可提升的空间越来越小，低效率的水分越挤越干。这一指数定律带来了著名的二八法则：一个人可以利用 20% 的时间掌握 80% 的内容。利用这个法则，人们往往可以快速成为某个领域里的业余爱好者，或者"半瓶子醋晃荡"。

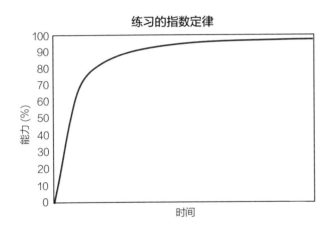

图 D.5　练习的指数定律。人们在初期会进步神速，但这样的速度很快就会放缓

图 D.6 展示了获得一项专长的完整发展阶段，以及精修勤练在其中发挥的作用。阶段 I 主要是整体的兴趣培养。阶段 II 人们开始进行练习，表现水平以指数趋势提升。阶段 III 中人们开始精修勤练，可以看到人们被带出了阶段 II 中指数成长末端的瓶颈期。

精修勤练对提高实践技能的价值可能最为直观，如打篮球或演奏小提琴，等等。但实际上，它可以被应用到各个领域。举个著名的例子，本杰明·富兰克林（美国著名政治家、物理学家、作家）在自传中就曾描述过自己精修勤练的经历（Franklin, Woolman, & Penn, 1909）。练习写作的时候，富兰克林并不是单纯地"码字"，他会有目的有计划地练习自己的写作技能。例如，他会为自己欣赏的文章记下简要的笔记，之后再尝试根据这些笔记撰写出自己的版本，尽可能模仿原作风格。写完后他会拿自己的版本和原作进行对比，找出缺陷并加以改正。经过不懈努力，富兰克林成了当时最具影响力的作家之一。

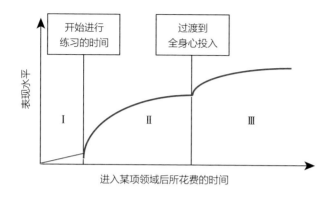

图 D.6 专长发展的全生命周期

IV. 如何培养精修勤练的能力

具备足够的专业知识后，人们就可以自发地引导自己进行精修勤练（实际上人们也正是这样做的）。例如职业音乐家每天都会独自练习。他们知道哪些技巧还需要多加修炼，如何为自己制定合理的目标，以及如何执行练习计划。

对于初出茅庐的新手来说，独自进行精修勤练相对会困难些。因为他们往往经验不足，即不知道该练哪些技能，也不晓得该如何切实可行地开展练习。如果用错误的方式练习，很可能会因为错误的"打开方式"而形成难以纠正的不良习惯。因此，我们可以先从老师或是教练那里获得指导，然后认领一些任务回家，再独自反复练习。某种程度上说，作业应该是学生精修勤练的指导，课堂上"师傅领进门"，下课后"修行在个人"。

V. 运用精修勤练容易出现的问题

精修勤练难就难在它需要人们暂时告别自己擅长的事物，因此练习过程往往会失去它所带来的愉悦和享受。人们要能从思想上明白这样做的意义，能从心理上接受这样的落差。例如，"我喜欢的是打篮球，为啥要让我练折返跑！""我想画田园美景，为啥让我练习画鸡蛋！""我想看美剧不带字幕，为啥让我背单词！"因此学习者很有可能面临两种结局：要么想方设法在精修练习中偷奸耍滑、躲避难点，要么就是热情耗尽、撂挑子不干。

另一个容易出现的问题与舒适区这一概念有关。人们很可能在专长发展初见成效的时候安于现状、不再成长。例如，一名交互设计师非常擅长设计手机移动端的应用，但是如果项目涉及电脑或是浏览器环境，他就会拒绝整个设计任务。再如学英语的孩子，好不容易把一篇课文中的单词都记住，甚至能一字不差地背诵下来，就开始偷懒，把书撂在一边跑去打游戏了。面对已经取得的成功，人们常不由自主地驻足不前，因为接受新的挑战意味着走出自己的舒适区，也就会暴露出不足和弱点，尽管这些不足和弱点可能只是暂时的。

VI. 好例子，坏例子

好例子：一位篮球运动员练习 100 个罚球。每次投球，她都会集中精力调整身体平衡性和膝盖的弯曲度，力求实现最好的技术动作。

坏例子：一位篮球运动员一边和朋友聊天一边练习 200 个罚球，也没有留意自己的技术动作。虽然这名运动员练习罚球的次数更多，但这种练习没有付出真正的努力，也并不专注，这种质量的练习基本上毫无效果。

好例子：一位老师认真地思考如何给他的学生们讲解整数和分数。他事先判断学生们会如何应对他布置的学习任务、哪些概念会更具挑战性等问题。上课的时候收集了学生的回答，然后简单地评估了一下学生上课的状态。课后他依据这些内容修改了教学计划，并为下一年写下改进要点。

坏例子：一位老师拿他去年讲解分数概念的教案来教今年的课，尽管有些地方一直让学生产生疑惑，他也不修改。

好例子：物理课上，一位学生把不同章节的问题混在一起，做每一道题时，先尝试判断题目涉及的是哪个知识点，以及该用哪个公式。

坏例子：一名学生做大量的练习题，但只是简单地把数代到已经提供好的公式里去。虽然这名学生题做了不少，但论练习的质量而言，不如上一位学生的解题过程更有价值。

好例子：一位吉他手一遍又一遍地集中练习某支曲子中她弹得最别扭的那部分。

坏例子：一位吉他手只弹那些她最熟悉的和最简单的曲子。虽然这样很有趣，但这可并不是一个精修勤练的好例子。

精修勤练
Deliberate Practice

核心的学习原理是什么

针对某个具体的技能或是概念进行专注而努力的练习，从而超越自身的现有水平。

对学习什么有帮助，举个例子

一位篮球运动员练习100个罚球。每次投球，她都将注意力集中在她的平衡性和膝盖的弯曲上，力求实现最好的技术动作。对于想实现出色成就的人来说，精修勤练不可或缺。哪怕不是为了成为世界第一，精修勤练也是可以助你一臂之力的。例如，在物理课上，我们的学生就可能在运用精修勤练：他把不同章节的问题打乱混在一起，每做一道题时，他会先思考题目涉及哪个知识点、该用哪个公式，以及为什么用这个公式。相比之下，另一位学生只是一味代入公式解题。虽然他做的习题量更多，但学习效果却远不及上一位学生。

为什么会有用

精修勤练将技巧和概念自动化，执行起来可以更快、更准、更稳定，花费更少精力。这可以让人们看到活动中的新规律，释放出更多认知资源来尝试更复杂的任务。另外，精修勤练可以重组一个领域的知识。例如，根据概念之间的逻辑关系而非表象相似性，来将物理概念进行重新分类。

能解决什么样的学习问题

- 学习者进入瓶颈期，原地踏步。
  - 一遍一遍地重复做题，但并没有算得更快更准确。
- 练习了好几个小时，既没形成更深的理解，水平也没提高。
  - 一位学生虽然做了很多道题，但只是机械式地算和写，并没有集中注意力思考。

使用的范例

- 要以目标为导向，集中练习某项特定的技能。
  - 对于想提高写作水平的作家来说，找出之前作品中使用被动语气的句子，尝试将它们都转化为主动语气的句子。

- 突破现有水平。
  - 对一位吉他手来说,练习一首曲子中感觉最别扭的部分,而不是弹得最顺的部分。

容易出现的问题
- 精修勤练是困难且需要付出努力的,初学者可能不太容易投入,或者热情很快被耗尽。
- 学习者可能停留在舒适区,不愿继续学习并适应新的情况。

详细阐释
Elaboration——
让记忆更有意义

详细阐释[1]是将新信息与已知信息关联起来,从而提升记忆效果的学习方法。

首先让我们来想象一个情景:沈德琳在逛商场的时候结识了一位朋友,她想把对方发展成自己的客户。畅谈之后,两人道别时对方说:"记得给我打电话哦——67332046。"然后小沈一边在包里翻找纸和笔,一边嘴里念叨着这串号码,这时正好过来一位路人向她询问洗手间的位置。指完路后,当她回过神来准备写下电话号码时,才意识到刚刚还在嘴边的电话号码已经忘记了!

真郁闷!号码刚刚还记得怎么转眼就忘了呢?这是因为号码虽然在嘴里念叨着,但只是把它储存在了短期记忆(工作记忆)中,并没有存入长时记

---

1. 详细阐释(elaborate):利用已有的熟悉、生动经验,对要学习的新材料进行人为的、有意义的主动添加的一种学习策略。可参考精细加工策略(elaboration strategy)。

忆，因此就很容易被刷新掉（例如热心指路的事情）。如果小沈借助一些更机智的方法就很容易记住号码。比如赋予这些数字某种意义："本地号码都是6开头，对方刚好是我这个月的第7位顾客，两个3相加刚好是第一位的6，2046是王家卫的一部电影……嗯，67332046。"这样的"详细阐释"可以建立起一座桥梁，把新信息与长时记忆中的信息关联起来，形成更为牢固的记忆。说到这里，我们不得不提一条有关记忆的黄金定律：**一遍遍地重复只能让信息在脑海中短暂停留，但如果将它与已知信息关联起来，就能创造出记忆！**那么，我们又该如何牢记这条真理呢？

I. 详细阐释的原理

人类的身体拥有多种不同的记忆系统[1]，分别负责不同类型的信息。比如，免疫系统也有记忆，负责记住进入过体内的病毒等外来物的信息。医生在实施骨髓移植手术时，会先破坏掉病人原有的骨髓，让免疫系统"忘记"所有曾经经历过的疾病。当移植完新的骨髓后，再从（疾病的）痛苦经历中重新学习。免疫系统是典型的智慧体，相比每次都要搞明白对方是敌是友，直接记住对方的身份就高效得多。此外，免疫系统也让我们意识到，为了应对不断变化的环境，仅凭记忆出招是不够的，因为我们还会不断遇到全新的问题（例如新型病毒）。

详细阐述非常适合记忆陈述型信息[2]，即那些可以让我们展开话题谈天说地的事物。人们脑海中所容纳的陈述型信息数量惊人：微信好友、电影评论、小学二年级时经常欺负人的同学、各种各样的数学知识、父母的喜好、字母表、前任最爱吃的菜，等等。好在人们不需要同时回忆起这些信息！记忆系

---

1. 在这里指存储信息的结构。——译者注
2. 陈述型信息（declarative information）：又称"描述性知识"，反映事物的性质、内容、状态及变化发展原因的知识，可以是抽象符号，也可以是表象。可参考陈述性知识（declarative knowledge）。

统最精妙的一点就在于，在合适的时间回忆起合适的事情。详细阐释就能辅助这一过程。

为了理解详细阐释的工作原理，我们需要考虑两种记忆系统。一种被称为工作记忆（working memory），它可以帮助我们对信息进行有意识的处理，例如思考解决一个问题。不过，工作记忆的信息储存能力只是临时性的，它会根据当前处理的问题来调取或排除信息。由于工作记忆无法长时间储存信息，因此人们需要靠不断地重复来保持信息的存在感，就像本章开篇的例子一样。虽然这种方法可以让信息在工作记忆中随时待命，但对于长期使用显然不是个好办法。所以为了方便日后使用，我们需要把信息编录到长时记忆[1]中去，信息在那里会无限期地保持下去。至此，目测已经万事大吉了！然而，事情到这里只进行了一半。要想运用这些信息来解答疑问、解决问题，我们还需要能将它们从长时记忆中调回到工作记忆中（见图 E.1）。

图 E.1 解决问题时大脑调用不同类型记忆的方式

图 E.2 展示了编录记忆和调取记忆之间的区别。左边是一个极简化的大脑原理图，展示了一个人如何利用详细阐释来记住他在中国银行的账号密码。利用特殊的年份和领土面积这些相关概念，通过"详细阐释"这一技巧把银行账号的密码同银行名称里的"中国"联系在一起（1949 年新中国成立和

---

1. 长时记忆（long-term memory，LTM）：有巨大容量可长时期保持信息的记忆。

960万平方公里领土面积)。

右图展示了利用详细阐释技巧带来的好处。找回记忆是一个触发线索、逐渐激活记忆的过程:工作记忆向长时记忆发出一个请求,比如"我的中国银行账号密码是什么?"这会触发长时记忆中与"中国"一词有关的概念,延伸出几条线索,最终到达目标记忆,使其处于足够活跃的状态,再由工作记忆调取使用。

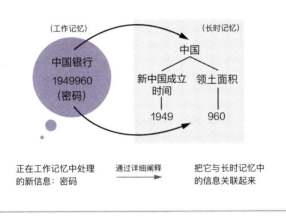

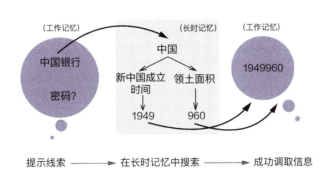

图 E.2 使用"详细阐释"来编录与调用信息的好处。详细阐释为工作记忆与长时记忆中的信息建立起更多的联系。在调用信息的过程中,更多的联系增加了找到目标记忆的机会

图 E.3 展示的是人们在记忆新信息时没有借助详细阐释的情况。虽然信息也被储存到了长时记忆中，但它没有和其他信息建立任何关联，所以想找到它就会很困难。做个类比，在整理有序的档案中找文件，要远比在堆积如山的资料中找文件容易得多。

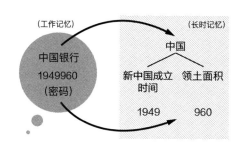

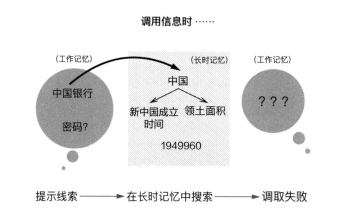

图 E.3 展示了人们没有使用"详细阐释"时的情况。在编录阶段，新信息（新中国成立时间和领土面积）没有和长时记忆中的其他信息建立联系，在调用阶段也就没有可以找回信息的路径，这串记忆也就石沉大海了

真实的记忆网络是非常复杂的，但是其基本原理却非常简单：连接在一起的信息相互触发，相互触发的信息连接在一起[1]。详细阐释就是利用这一原

---

1. 我中有你，你中有我。——译者注

理来提高目标记忆被触发的概率的。

II. 如何运用详细阐释来促进学习

详细阐释在记住那些本身具有一定含义的事物上效果显著，包括新词汇、句子、人名、路线甚至电话号码，等等。然而，详细阐释不那么"详尽"也能发挥作用。在特雷斯特（Tresselt）和梅哲内（Mayzner）1960年做的一项研究中[1]，研究人员利用100个单词对比了三种不同的记忆方法：①去掉元音只记辅音，②抄写单词，③判断单词与"经济"领域的相关度（比如，"诗歌"较低，"信用"较高）。实验结果是："判断"组参与者的表现要比"抄写"组好2倍，比"去元音"组好4倍。

其次，如果我们只是为了记住某条信息，那么其详细阐释的逻辑不见得需要多么正确。举个例子，我们该如何让小朋友们记住"门"的量词是"扇"呢？比如可以通过给这句话加上"因为"来解释："门论扇，因为……开门关门的时候带起风，像扇子一样。"真正的原因是不是这样并不重要，因为单靠建立起的因果关系就能促进记忆，"因为"的准确度可以被适当牺牲。当然，阐释的内容最好还是符合事实，以防形成误解。（门论扇的真正原因是："门两旁如羽翼也"[2]，又是一户之出入口，因此成会意字，为扇）

总之，强化记忆的基本策略是建立新信息与已知内容之间的关联。这里有三种相辅相成的方法：①准确且相关的阐释，②组块化，③与结构清晰的知识相融合。

准确且相关

借助准确且相关的阐释可以创造更好的调取记忆的路径。例如在一项实

---

1. M. E. Tresselt, Mark Mayzner. A Study of Incidental Learning, The Journal of Psychology Interdisciplinary and Applied 50(2): 339-347, 1960.10. ——译者注
2. 东汉·许慎《说文解字》。——译者注

验中，参与者被分为四个条件组，任务都是阅读并记忆一些内容，但是每组阅读的内容和方式有所不同（Stein & Bransford，1979）。下面列出了各组参与者分别读到的内容及其阅读方式。

（a）第一组："高个子男人买了一袋饼干。"（不要求参与者详细阐释。）

（b）第二组："高个子男人买了一袋饼干。"（要求参与者自己动脑筋阐释句子。）

（c）第三组："高个子男人买了一袋正在打折的饼干。"（句子中加入了无关的阐释。）

（d）第四组："高个子男人买了一袋放在货架顶层的饼干。"（句子中加入了相关的阐释。）

每组参与者都会阅读10句类似的内容。在随后进行的记忆测验中，参与者需要填出每句话中缺少的形容词，例如：一个_____的男人买了一袋饼干。

各组参与者回忆的准确率如下：

（a）第一组：42%（不要求参与者详细阐释。）
（b）第二组：58%（参与者自己动脑筋阐释。）
（c）第三组：22%（句子中加入了无关的阐释。）
（d）第四组：74%（句子中加入了相关的阐释。）

"身高特征"与"够得着货架顶层的饼干"之间建立了极为精准的逻辑关系，正如相关的阐释所描述的那样。平均水平来看，给出的相关阐释可能比自己想出来的更为有效，这可能是因为大多数情况下人们想出的关联都是无效的。但是，如果人们靠自己想出了既准确、又相关的阐释，那么准确回忆的概率会高达91%（Stein & Bransford，1979）。

相关的详细阐释也有助于提高对图像的记忆。我们拿图E.4举个例子，这几幅图乍看上去是一些扭曲的线条，形状非常难记。但是如果把它们与你熟悉的事物联系起来，就小菜一碟了。提示一下：左上图是不是很像一名橄榄球运动员呢？剩下的三幅图就交给你啦（答案稍后揭晓）。记人名的时候，围绕视觉信息进行详细阐释也是一个简单易行的好方法，比如说见面的时候，默默地把对方的名字与其面部特征联系起来，在下次见面时就更容易回忆起他的名字。随便举个例子，王大志，可以用他额头上的一枚痣来帮助记忆。

图 E.4　有意义的详细阐释有助于记忆图像。那么，你会如何阐释这些图像呢

组块化

　　组块化是把分散的信息组合在一起的过程（请参考章节 D）。举个例子，为了记住 ２６２４２２２０ 这些数字，你可以把它们组成 26，24，22 和 20。虽然还是这 8 个数字，但是记住 4 个两位数要比记住 8 个一位数简单（继续阐释的话：每组数都比上一组少 2，这样就只需记住"第一个数是 26"和"逐个递减 2"这两条信息）。组块化的过程需要依赖详细阐释，正是因为我们已经了解个位、十位等相关知识，所以才能把两个单独的数字合并为一个两位数（并同时注意到以 2 递减的规律）。再举个例子：房子、狗、汽车、飞奔、

春天——去年春天一个阳光明媚的午后,我的狗从房子里飞奔出来追逐一辆飞驰的汽车。这个详细阐释的过程中,我们把5个词语组块化为一个句子,并与以往的经历联系了起来。

与结构清晰的知识相融合

第三个详细阐释的技巧是把新信息与结构清晰的知识关联起来。地点记忆法（method of loci）就是经典的例子之一。当人们需要记住一系列操作步骤、一篇演讲稿的各段内容，或是其他顺序性信息时，可以想一想自己平时从家到单位的路线以及沿途的地标（或者任何熟悉的路径），再把每个步骤或各段内容对应到这些地标上。一旦把记忆"放到"了相应的位置上，想要找回记忆的时候，只要想想自己去上班的路线即可。举个例子：把年终总结演讲稿对应到我国自北向南的几大城市上：开篇（首都北京），回顾一年的成果（历史名城南京），新一年目标（飞速发展的深圳）。

例如：

"申办20XX年奥运会的8分钟陈述"

玄关——开场白
浴室——绿色办奥运
餐厅——借奥运传递全民健康理念
客厅——热情好客的人文氛围
露台——优美的自然环境
卧室——完善的基础设施
书房——强大的科技创新团队
茶室——传统文化与现代体育交融

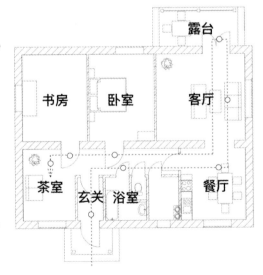

图 E.5　将抽象的知识结构对应于生活中具象的地点

层级结构（hierarchy）也是一种清晰的结构体系。在一项著名的研究中（Ericsson，Chase & Faloon，1980），一名参与者需要背下一个很长的数列。而他正好又是一名马拉松运动员，因此他把需要记忆的数列与自己的比赛成绩联系起来。例如，3 5 9 1 2 变成了 3 小时 59 分 12 秒。然后他把这些具有一定意义的组块整理到一个层级结构中去，比如他职业生涯中从早期到后期的比赛成绩。这样，他只需记住"我早年的比赛成绩"，然后就能联系到时间所代表的组块及其中的数字。虽然这个方法对于不跑马拉松的读者可能不那么直观，甚至需要花费更多精力去理解；但是对于职业马拉松运动员来说，比赛成绩的数字实在太常见、太熟悉，很容易记住。人们可以结合自己熟悉的领域来充分发挥该方法辅助记忆的效果。

回到前文图 E.4 中的其他 3 个图形，相应的详细阐释分别是一个戴着礼帽叼着烟斗的特工（左下方），一个女人（右上方），和一位圣诞老人（右下方）（Schwartz，1999）。

Ⅲ. 运用详细阐释能产生什么效果

详细阐释能够促进对陈述型信息的记忆效果，尤其是当人们进行线索回忆[1]的时候。人们回忆时所处的情景多有不同。例如，某种情况下我们只需要运用辨识记忆（recognition memory）："我记得我见过这幅画。"而在进行线索回忆时，某个想法或是眼前的某个信息刺激会激发脑海中的相关记忆，例如："这幅画的作者是……"大多数学校中的考试利用的都是线索回忆的原理：写出该术语的定义、写出 12 的质因子，或是列举生物链顶端的例子，等等。上述情况中，如果潜在的线索与要回忆的内容之间关联越多，就越容易找到答案。

---

1. 线索回忆（cued recall）：借助提取线索而进行回忆的过程。

IV. 如何培养详细阐释的能力

从上文可以看出,详细阐释主要是为了辅助记忆的过程(若想加深对内容本身的理解,可能需要更为严格的阐释形式,比如"自我解读",具体请参考章节 S)。详细阐释这一方法对于教授别人或者自我学习都比较直观。在一项实验中(Weinstein, 1982),研究人员将几种详细阐释的策略教给一群青少年,包括在脑海中构建图像、编撰故事或句子,以及与已知事实进行比较,等等。随后的 5 周内,学生每周会接受一次辅导。在第 6 周的时候,他们与另一批没有接受过训练的学生一同测试:在无人指导的情况下,阅读一篇文章并尝试记住其内容。一个月后进行的测试结果显示,接受过详细阐释训练的学生记忆效果更好。

此外,详细阐释这个方法不只适用于成人,5 岁大的小朋友也可以掌握简单的技巧(Yuille & Catchpole, 1973)。研究人员与小朋友们一起做游戏,其中小朋友们的任务是记住哪两个物品属于一对。实验中共有 3 个条件组,研究人员对其中一组小朋友进行了想象力阐释培训,训练他们自行想象物品之间的互动方式。研究人员首先给孩子们展示了 10 对物品,每次都会演示两者之间的关系,比如帽子和鸭子,把帽子戴在玩具鸭子的头上;石头和勺子,把石头放在勺子里,等等。10 组训练之后,研究人员告诉孩子们他们将得到一些新的物品,并鼓励他们像之前演示的一样,自己想出每对物品的互动玩法。随后,实验人员将 20 对物品逐对摆在孩子们面前,让他们自行探索。

研究人员把这组小朋友与其他两组未被培训的小朋友进行了比较。在"排排放"条件组中,孩子们只会观察到 20 对物品每对并列摆放在面前,并得知"这些物品两两成对儿"。在"展示玩法"的条件组中,研究人员会演示每对物品的玩法,即孩子们会观察到别人提供的阐释样例。最后,所有孩子都要完成线索型记忆测试:看到一个物品(例如,石头),选出与之成对的另一个物品(例如,勺子)。

物品展示方式	详细阐释培训	无培训	
	排排放	排排放	展示玩法
通过线索能成功回忆出的物品个数之均值	11.6	6.1	12.2

表 E.1　五六岁孩子完成一项记忆任务时的表现（Yuille & Catchpole，1973）

表 E.1 展示了孩子对 20 组物品进行线索回忆的表现。其中有两组比较与我们的讨论内容密切相关。首先是接受培训的条件组与未接受培训的"排排放"条件组进行比较，前者成功回忆出物品的平均个数（11.6）几乎是后者（6.1）的两倍。第二组比较是接受培训的条件组与未接受培训的"展示玩法"条件组进行比较，11.6 与 12.2 旗鼓相当。这说明孩子们虽然没有看到研究人员展示 20 对物品的玩法，但却已经学会详细阐释了。虽然我们不知道参与实验的孩子们今后是否还会主动应用详细阐释的方法（目测不太可能主动去用），但该研究还是提供了一个帮助儿童学习详细阐释的参考。

V. 运用详细阐释容易出现的问题

认知过载（cognitive overload）可能会让人们错失详细阐释的良机。例如你刚刚结识了一位新朋友，结果一转身就把人家的名字给忘了。这是因为在彼此相互介绍的时候，你可能把大部分的认知资源（cognitive resources）都用在了社交礼仪上（比如，表现得绅士一些，观察对方举止，等待对方的信号，等等），结果错过了详细阐释对方芳名的最佳时机，于是就真的给忘记了。

工作记忆有个特性，就是只能同时处理几条信息。因此当同时有太多信息涌入的时候，人们就会感受到强烈的认知负荷[1]（cognitive load），根本顾不上详细阐释！毕竟，能把所有的信息保留在工作记忆中就已经挺不容易了。

---

1. 认知负荷（cognitive load）：单位时间内人体承受的心理工作量。可参照心理负荷（mental workload）。

大学的数学课和化学课是出了名的"硬课",这是因为老师在课上接连出招,一个个新公式和新概念让人应接不暇,就更谈不上详细阐释了。显然,教授们已然忘却了自己当年学习之路的艰辛,如今时过境迁,早已风轻云淡。因此,"连环出击"的教学方法更适合于同行之间的切磋,并不适合给学生们讲课。若是换成教授的朋友们坐在台下,那听起来便轻松多了,因为他们对内容多有了解,且自身早已具备相关的知识结构,因此也可以很快地把新内容融会贯通。

第二个容易出现的问题是,人们很可能会搞混需要记忆的内容。假如你现在需要记住下列词语:面包、肉丝、水牛、野猪、韭菜、公鸡。你会怎么做呢?合理的策略是用详细阐释把它们分为食物和生物两类。但如果还要记住词语的顺序呢?那么字钩记忆法[1]或许更为适合:八-面包,四-肉丝,六-水牛,五-野猪,九-韭菜,七-公鸡。这样,只要记住846597,再分别根据数字的押韵回想对应的词语,就能将词语及其顺序全部回忆出来[2]。所以,在详细阐释之前,确定记忆的目标很重要。

VI. 好例子,坏例子

还记得学生时代,我们常做的词语造句题吗?如果句子造得漂亮,就会将详细阐释的作用发挥出来,促进对词语的记忆效果。如果句子糟糕,就是白费功夫。下面列出了用薄暮(夕阳西下,夜幕降临前的最后一道光)造的句子,从最糟到最好排列:
- 薄暮的拼音是 bó mù。
    - 完全没有信息量。

---

1. 字钩记忆法(peg-word),用来记忆顺序,把目标对象按照押韵对应到数字,并记住数字的顺序。——译者注
2. 专为认真阅读脚注的你准备了另一个更有趣的例子:你该如何记住十二生肖呢?子鼠丑牛寅虎卯兔……嗯,紫薯、臭妞、银狐、毛兔……——译者注

- 薄暮的意思是黄昏时分。
  - 单纯重复含义,并非详细阐释。
- 薄暮可以是我家狗的名字。"坐下,薄暮,坐下。"
  - 与已知信息无关的详细阐释。
- 薄暮指的是,我上次登山露营时,大蚊子们开始活动那会儿。
  - 与之前经历有关的详细阐释。
- 薄暮时,一对情侣趁着夜幕降临彼此亲吻,喜悦之情让他们容光焕发。
  - 精准,发音与含义的双重阐释。

详细阐释
Elaboration

核心学习原理是什么

详细阐释的过程就是在新信息与已知事物之间建立明确的关系。详细阐释过的内容在过了一段时间后也更容易被回忆起来。

对学习什么有帮助,举个例子

在学习的时候,学习者可能需要记住"问题求解闭环"所包含的几个步骤:识别问题(identify problems)、定义目标(define goals)、探求策略(explore strategies)、预测结果（anticipate outcomes）、回顾学习（look back to learn）。利用详细阐释策略来记忆的话，我们可以设法建立这些步骤与已知事物的联系。比如利用 IDEAL（完美的）这个单词来记忆五个步骤的首字母，并将它与解决问题的"完美"思路联系在一起。

为什么会有用

人类记忆的容量如宇宙般浩渺。而所谓回忆指的是在正确时间找到正确的记忆内容。在学习的过程中，详细阐释能让学习的新内容与记忆中的已知事物产生关联，于是就更容易回忆起新内容。例如，当被问及一个好的问题解决思路是什么时，可以通过如下思路来回忆：好的思路→完美→IDEAL→识别问题（identify problems）、定义目标（define goals）……

能解决什么样的学习问题

- 学习者记不住学习内容，太健忘。
  - 学生记不住文艺复兴时期最伟大的画家都有哪几位。
  - 员工记不住公司的采购审批流程。
- 老师记不住学生的名字（老师又读了一遍学生花名册，却依然对不上谁是谁）。

使用的范例

- 学习生词的含义。
  - 造一个可以准确表达其含义的句子。
- 需要记住一篇长演讲或者一长串步骤。
  - 把每一段落/步骤与熟悉路线上的地标联系起来。
- 希望记忆一组规律。

- 关于二十四节气，古人编了一段歌谣来帮助我们记忆：春雨惊春清谷天，夏满芒夏暑相连，秋处露秋寒霜降，冬雪雪冬小大寒。

容易出现的问题

- 老师（或者课程视频）讲得节奏太快，学习者顾不上详细阐释。
- 人们可能无法发现需要记忆并加以阐释的目标内容。

反馈
Feedback——
自我提升的明镜[1]

你是否曾对自己当前所处的状况感到迷茫？不断重复同一个错误？或是即便知道自己做得不对，也依然无法改善而停滞不前？如果你有上述问题，认真阅读本章的内容可以助你一臂之力。

"衷心希望您对我们的服务给予反馈"——这是我们常听到的一句话。究其本质，反馈[2]是一种返回给行为主体的信息，反映了相关行为的质量或是影响，可以被用于进一步地调整迭代。

这里我们先插播一个小故事：我们有位在幼儿园当老师的好朋友，有天他给我们出了一道填空题：

熟能生_____？

---

1. 以铜为镜，可以正衣冠；以史为镜，可以知兴替；以人为镜，可以明得失。——译者注
2. 反馈（feedback）：过去事件或活动的结果所提供的信息。

我们异口同声地答道"巧"（怎么可能这么简单，明显是中了圈套）。果然，他得意扬扬地说，"错了！熟能生'固'！只有加上反馈才是'熟能生巧'哦。"

这位好友所言极是，如果只顾着练习而无视反馈，就好比盲目射箭却从不关注箭落何处。这种练法怎么可能让人进步呢？道理都懂，但很多学习环境或工作流程中却并未纳入反馈机制。例如，掌勺 30 年的食堂大师傅，不见得比初出茅庐的特色餐厅主厨更擅长烹饪出可口的菜肴。这是因为食堂的工作流程中并不包含获取可靠而客观反馈的途径，大师傅自然无法了解食客的真实想法。这种情况下，大师傅就只能"跟着感觉走"，而这种感觉又常常以主观意念为中心，很难做到不偏不倚，比如会过度关注自己的长项而忽视自己的短板。

反馈的适用范围非常广，可以在个人、团体、机构等不同层面提高学习效果。在这一章中，我们主要讨论信息型反馈，即能反映当前情况与理想目标之间的距离，为下一步行动指明方向的反馈。本书还会详细讨论的另一种反馈是强化型反馈，即通过奖励或惩罚的方式来促进或避免行为的发生，具体请参考章节 R。

I. 反馈的原理

反馈的表现形式多种多样，比如说，可能是在纠正行为时来自他人的口头提示，也可能是意识到自己说错话时脑海中出现的细小声音，等等。控制论阐述了反馈的机制原理（Power，1973），并借助垒球外场接球手的例子进行了类比：比赛中，接球手聚精会神地盯着球在空中的飞行轨迹，同时不断调整手的位置，确保球会落入手中。接球手眼手间的协调就是在不断收集并利用反馈的过程。按照控制论的定义，信息型反馈必定是**负反馈**，因为只有负反馈能表明现状与目标之间的差距，才具有信息量（请注意，负反馈并不代表惩罚）。另一方面，**正反馈**则表明一切进展顺利，没什么需要改变的，自然也就不需要学习新事物或改变现有行为。在上面接球手的例子中，正反馈就意味着球会稳稳地落入手中，手保持不动即可。

然而事实上，人类大部分的行为都更为复杂，因此对于学习来说，正反馈或负反馈都能提供建设性的指导。比如在准备演讲的时候，如果能事先了解观众喜欢哪些段落，那么就可以投其所好，围绕这部分的强项做全篇修改。总之，重点是无论正反馈还是负反馈，能提供含金量信息的就是好反馈。

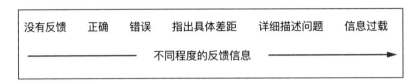

图 F.1　反馈信息量的程度表。对于学习来说，理想的反馈应该介于匮乏与过量之间，做到刚刚好

图 F.1 展示了反馈所含不同程度的信息量。最左边是"没有反馈"，对学习者来说毫无信息量。随后，提示"正确"的反馈则稍微具备一点信息量，意味着人们可以按照当前的方式继续执行。接下来，提示"错误"的反馈信息量又多了一些，表明之前的做法不灵了，需要加入新的东西。再往右是"指出具体差距"的反馈：例如当朋友针对你的衣着搭配提出建议时，给出"上衣和裤子的颜色不搭"这样的评语，就比"穿得不好看"之类的评论有用得多。接下来是"详细描述问题"，到了这一级别，反馈会包括对"错在哪儿"，甚至问题源头"为什么会出错"的讲解："这个场合穿蓝上衣配红裤子的对比太强烈，要亮瞎双眼了……建议搭配同一色系的衣服。"最后，最右边的是信息量过载的反馈，它反而会让学习者一脸茫然、不知所云："我发现你选的这件蓝色上衣的 HEX-RGB 值是 0664C4，下身红色裤子的 HEX-RGB 值是 D0021B；且不说色系不搭，单说它们不同的材质、颜色所表现出的明度和纯度就不太一样，搭配也就不一样。而且，嗯……你不能忽视不同文化环境下色彩的不同含义啊，红色是警示色，要注意他人的感受……"

所以话说回来，到底哪种反馈才最合理呢？这个不能一刀切，反馈的信息含量应根据学习者自身的知识水平而定。在执行相关任务时，经验知识成熟的人只需知道"正确／错误"即可。至于哪里出错，如何改正等问题都可以自行解决。而对于新手来说，反馈的信息量最好介于"指出具体差距"和"详细描述问题"之间。我们在下文会提供几个例子供读者参考。另外还有一点需要注意，是否为"指出具体差距"的反馈提供详细解释说明，取决于解释说明本身的干扰程度。比如游戏中突然前方一大波僵尸向你飞奔涌来的时候，突然弹出一个对话框：生存的第一天应该伐木头做出一个工作台，再做出其他工具快速造一个房子，就能防止夜晚被僵尸骚扰。虽然这样的提示挺有价值……但显然破坏了游戏的流畅体验。因此我们可以发现，大部分游戏中的反馈都只停留在"指出具体差异"这个层面，剩下的则留给玩家自己探索！

Ⅱ. 如何运用反馈来促进学习

在学习场景中，无论学习什么内容，课程设计多么精妙，授课老师多么风趣，总会有一些学生掌握不到精髓，总是出错。面对这种情况，授课老师该如何处理呢？据观察，通常情况下老师们的办法就是"再重复一遍"：用更慢的语速、更高的音量再讲一遍，期待着所有人能听明白。然而大多数情况下，单纯重复的效果并不理想。还有些老师会改变授课思路，换一种教学方法来讲解：当用第一种方法讲学生们听不懂时，兴许第二种会奏效。然而这种做法的成本颇高，毕竟一堂课就要准备两种不同的教法！那么更高明的老师会怎么做呢？他们会采用反馈法，关注自己提供给学生的反馈信息，通过有效的反馈信息帮助学生自主改正错误。当然，现实与理想之间还是存在差距的，**多少培养方案和教学体系都为讲解部分做了精心设计和巧妙构思，但却没能为学习者提供有效的反馈环节，实在值得人们深思……**

要想设计出有效反馈，其核心在于帮助学习者找到错误的源头。请想象正在学习国际象棋的人工智能（AI），该程序不断试图从自己的错误中学习。一旦输掉一局，程序就会追根溯源，回顾之前所有步骤，看看到底是哪步棋下错导致了最终的败局。为此，要想找到错误的源头，就需要我们辨识出导致最终不理想结果的具体条件、行为或想法。而具有以下特征的反馈信息会有利于学习者解决上述"追根溯源"的问题：具体准确（Specific）、时机恰当（Timely）、易于理解（Understandable）、不丢面子（Nonthreatening）。此外我们还要再加上一条：人们需要一个改进的契机或理由，即存在改进空间（Revisable）。这些特征合在一起，就变成了一个充满力量的首字母缩略词"STUN-R"。

图 F.2　Critter Corral（iPad 上学数学的 App）会提供具体的差距反馈以及修改的机会。图中小朋友为 7 位顾客上了 5 盘鱼，显示的数字可以帮助他意识到还差几条鱼。然后小朋友们有机会决定减少还是增加菜量

具体准确

好的反馈可以让学习者了解实际情况与理想状态之间的差距。然而在这一点上，很多反馈机制都表现欠佳。在一项关于 3～6 岁儿童学数学 App 的评测中，我们发现大量受测应用都没有提供差异反馈：孩子们只知道他们的

答案是对是错，却没有获得任何关于错在哪里的信息。不过类似问题也并不难解决。举个例子，一个叫作 Critter Corral 的 iPad 应用程序中，学生们可以直观地看出自己给出的解答与正确答案之间的差异（图 F.2）。其中一个小游戏里，孩子们需要根据客人的数量决定上几盘菜，同时他们可以看到上的菜是多了还是少了。理想情况下，这种方式能帮孩子们了解数字的相对大小，并辅助他们改正错误。如果只是给出"对／错"的反馈，想改正的话就只能靠猜了。

伴随着科技水平的发展，不少技术可以为我们提供准确的反馈。一些传统的科技工具，比如纸笔测试，可以帮助我们发现学习中的薄弱点。更先进一些的科技可以实时追踪记录并给出反馈，比如计步器可以实时显示人们一天走了多少步。还有一种更为高精尖的科技，可以通过生物反馈[1]来帮助那些忍受慢性疼痛的患者：仪器拾取大脑痛感区域的活跃程度，然后在屏幕上模拟成火焰的图像，从而使患者实时了解自己疼痛的程度。这种反馈信号就比只靠身体来感受疼痛更为灵敏、更为具体。这项技术还包含了一段说明来指导病患如何利用反馈信息抑制痛感：患者的目标是熄灭这一团团"痛苦之焰"。虽然患者也不清楚自己是如何做到的，但通过尝试不同方法来熄灭火焰，最终就能找到并学会减轻实际痛苦的方法（Chapin, Bagarinao, & Mackey, 2012）。

时机恰当

向学习者提供反馈的时机要恰当，这样他们才能明白错误出在哪里。例如对于刚考完试的学生来说，给予反馈最合适的时机是当他们还记得答案的时候。不然的话，他们可能根本记不清楚到底哪里错了，甚至对对错本身都会变得"不痛不痒"了：刚交卷子时迫不及待想知道自己能得多少分，可是等寒假回来试卷发下来时，却连看都懒得看一眼了。

---

1. 生物反馈（biofeedback）：行为引起生理变化，通过仪器以视觉或听觉的形式将变化的生理信号反馈给本人的过程。

我们再做个思维实验：请想象一下，小米粒同学正在跟你学习下国际象棋。你发现他下错了一步，而且这步错棋会让他满盘皆输。那么这个时候，你是该马上指出来呢？还是该等到这局下完之后再指出来呢？一方面，你希望小米粒能够及时辨识出这步棋的"狰狞面目"，不在这盘必输无疑的棋局上继续浪费时间。但是另一方面，你又希望小米粒可以看到自己犯错所带来的后果，这样就可以意识到某个想法或者举动对全局产生的影响。若是根据这个思路，反馈可以稍稍延迟再给。如果在犯错的时候立刻指出了问题所在，虽然小米粒在今后遇到类似的情况都会避开这个坑，但却有可能永远也不理解为什么它是错的。就好比到了秋天妈妈觉得冷就会让孩子穿秋裤，但如果孩子没有因为少穿衣服而感受过刺骨的寒意，那么他可能永远也不理解秋裤存在的意义。

事实上，何时提供反馈信息最为合适之类的问题并没有明确的定论。以确保反馈足够及时，学习者既能找到错误的源头，又不影响学习的积极性为佳。

易于理解

当今社会，几乎每个人都是日理万机，无时无刻不在处理海量的信息。反馈信息很可能就淹没在这茫茫信息之中，更谈不上仔细解读了。针对这种情况，我们推荐两种让反馈信息更引人注意的方法。第一种方法是"监督反馈"，即由第三方（其他人或是电脑程序）进行监督并提供反馈。例如考试之后老师批改答卷的过程就是在提供监督反馈——判出错题，让学生知道自己错在哪里并及时改正。话剧演员们将自己表演的过程拍摄下来，然后大家边看回放边讨论、指出问题，也是一种极好的反馈形式。

第二种方法是在无人监督的情况下，学会自己领悟反馈信息。为了实现该目标，学习者首先要建立起一套自己的评价标准。例如在心理学研讨课上，教学目标之一就是培养学生阅读学术论文时的自我反馈能力。具体来说，学生可以设定这样的标准："自己能够以文献中的实验参与者身份，将实验过程从头到尾复述出来。"与之对应的自我检验方法是"我是否能准确想象出作为实验参与者所经历的步骤？"这既是标准，也是一个能帮助学生进行自我评估、自我反馈、自我理解的简单易行的方法。

不丢面子

要说哪个行业最懂得充分利用反馈，设计业无疑是标杆。高水平的设计师往往会在一项设计任务上反复迭代好几轮，信奉"早失败，多失败"的准则。他们希望在设计初期就能够得到负反馈，从而了解下一轮迭代中哪些地方值得改进。然而对一般人而言，负反馈总是不那么顺耳，难以接受。这是因为我们常会不由自主地误认为得到负反馈就意味着自己能力不足，或是客观条件不公平。但这就找错了问题的根源，让我们错过解决问题的机会。因此，较为理想的负反馈方式是指出任务的具体不足，做到"对事不对人"。例如，可以通过"海报上的活动主题等关键信息不清晰"来指出具体问题，而不是用"这信息混乱的海报是谁设计的"之类的话来责备人。此外，还有不少小技巧能够防止负反馈打击自尊心，让人当众丢面子。例如，以小组为单位开展团队合作并完成任务，当小组得到负反馈时，单个成员不会受到太大的打击。另一种方法则是创造一个互帮互助、无威胁性的学习环境（请参考章节 B）。我们会在本章第 V 节讲解更多相关技巧。

存在改进空间

要想让反馈产生最大效力，人们需要有理由去不断改进，并享有改进空间。下面这段访谈能很好地说明这个问题。我们问一名中学生，如果拿回的数学测验卷子上都是红叉子，分数很低，他会怎么办？这名学生无奈地表示，自己会觉得挺失望的，不过下周又要学新的章节，只能试着更努力一些，并无他法。我们又问他，如果在一场篮球比赛中投丢了 6 个罚球，他会怎么做?这名学生听到这个问题后思路变得活跃起来,兴冲冲地表示,自己会每周六练习20分钟,争取每几个月就提高一个层次。如果一切顺利,当他升入高中时就能加入新生校队了!与体育圈相比,教育系统很少为学习者预测改进而带来的成长轨迹。然而单是提供一个能反映学生进步过程的成长路线图,或许就能帮助他们塑造一套不断自我反馈、改进提升的思维方式,而不再是把学习看作零散的、互不相关的"及格""不及格"的字眼(同时也请注意,公开每个人的成长路线图,例如张贴班级明星榜之类的做法,可能会导致学习者相互攀比,带来自卑感)。

Ⅲ. 运用反馈能产生什么效果

当下有关反馈的研究为数众多、各具特色,对于如何设计学习目标以及如何呈现反馈,也各有一套独特的思路。虽然从研究的角度来说,反馈的多样性增加了分辨某一单项特征的难度,但这种百家争鸣的现象也从侧面体现出反馈自身的强大生命力。学者们还将这些各具特色的研究进行了汇总和分析,即元分析[1],横向比较了那些表面上看似不同,实则具有可比性的研究,考察了研究的平均结果。其中与我们本章内容尤为相关的一项元分析研究来自克鲁格和德尼斯(Kluger & DeNisi, 1996)。他们整理了131个对比有无反馈时学习效果的研究(更具体的报告请参考他们在1998年发表的论文)。这份研究表明,与不提供反馈机会的练习相比,提供反馈的干预练习能显著提升学生的平均分数。更进一步,哈蒂和廷珀利(Hattie & Timperley, 2007)的报告则对几项元分析进行了元分析(更广的视角)。结果表明,提供反馈平均来讲能给学生学习带来非常积极的影响。如果运用得当,无论学习什么内容,提供反馈都能强有力地提高学习者的表现。

反馈通常能辅助两种类型的学习。最常见的是帮助人们进行渐进式的调

---

1. 元分析(meta analysis):以综合已有的发现为目的,对单个研究结果进行综合的统计学分析方法。

整。批改作业的目的就在于此。另一种情况则相对少见，反馈信息表明大方向上要做调整、要进行彻底改造。这样的反馈，人们无法单靠其本身来实现调整。例如，告知孩子"海豚不是鱼"，并不能让他们理解海豚是哺乳动物，尤其是当孩子们还不了解生物分类学的时候。所以在概念出现重大改变时，还需要由教学指导来配合、补充，甚至取代反馈（请参考章节 U）。

IV. 如何培养反馈的能力

科学研究、体育竞技、艺术创作、烹饪厨艺、写作编剧，人人各有所长。不同领域往往对目标有着明确的定义，同时可以作为衡量水平的标准：大厨可以轻松辨别出一道菜是否火候烧得太过了，工程师靠手的触感就能知道产品表面的加工精度是否合格，设计师只要看一眼就知道颜色搭配是否合理，等等。这些专业领域中，人们会自发地运用反馈来进行质量控制和自我提升。

然而学习过程的初期则是另一番景象。这个阶段中，建立起一套针对表现水平或目标实现的评价系统，以及锻炼学习者自我监督的觉察能力是非常必要的。这是学习者实现自我提升的基石之一。例如，瑜伽教练会帮助学员学会如何感知自己身体的姿态，从而让学员察觉到自己的动作哪里不标准。而对于吹长号等铜管乐器的演奏者来说，自我反馈则相对困难：他们的头骨会与乐器一起震动，因此很难从观众的角度感知自己吹奏的旋律。所以，演奏者通常需要花数年时间来学习如何解读那些与观众体验相关的反馈信息。对于写作来说也是一样，作者需要了解写出的文字在自己脑海之外、读者心中会产生怎样的共鸣。

对学习外语的人来说，分辨不出自己的发音错误是非常普遍的现象。日语中 R 和 L 的区分并不明显（"老"lǎo 和"扰"rǎo 听上去差不多）。因此以日语为母语的人在学习汉语时，就很难判断自己是否发音正确"老老老，扰扰扰——老 lǎo？扰 rǎo？老 lǎo？"针对这种情况，我们不妨结合"对比组合"这样的学习技巧来帮人们感知其中的区别（请参考章节 C）。例如，夸张放大

L 和 R 的发音区别，这样初学者就能依靠自身的能力听出"端倪"。然后逐步递减夸张的成分，回归正常对话的水平。一旦学习者形成了分辨差异的感知力，他们就可以在日常练习中进行自我反馈，不断提高发音的准确度。

图 F.3　练就从旁观者的视角了解自我的能力

在学习的初期，人们常需要依赖他人提供反馈。初学者需要借助超越自身水平的反馈来实现更大的进步，而且要想效果奇佳，这些反馈最好包含建设性批评。但毕竟"忠言逆耳"，人们会主动寻求这样的负反馈吗？有些小技巧可以发挥作用，比如放宽心态想开点儿，可以让人们暂时放下心理防御，心平气和地接受建设性批评，而不是想办法回避或辩解（Belding, Naufel, & Fujita, 2015）。然而这些办法要照顾学习者的情绪，也只是短期有效。那么，我们是否能帮助人们发自内心地欢迎并接受建设性批评呢？

为了探究这个问题，研究人员设计了一套游戏化测试，叫作"小海报"。在这个游戏中，玩家选取虚拟游乐场中的一个摊位，并为这个摊位设计宣传海报。完成之后，他们会选择一个动物评委来给出评价。每位评委旁边都会出现两个对话框，如图 F.4 所示，其中一个会显示"我不喜欢你设计的海报，因为……"另一个则会显示"我喜欢你设计的海报，因为……"玩家只能从中选择一个，查看省略号后隐藏的建设性反馈、负反馈或正反馈。反馈后学生们会获得一次修改的机会。经过三轮反馈后，海报会被张贴到摊位旁以检验实际效果，最终玩家会得知海报成功吸引了多少游客买票。学生们总共完成三套海报设计，也就是一共有 9 次机会选择听取建设性批评还是赞扬。这项测试非常特别，因为研究的目标并不是测试学生的知识水平，而是测试他们在学习情境下做自主选择的倾向性（Schwartz & Arena，2013）。

图 F.4　在一个游戏化的测评中，玩家选择他们是想听建设性批评（"我不喜欢"）还是表扬（"我喜欢"）

研究人员邀请纽约和芝加哥的数百名学生参与了这个游戏（Cutumisu，Blair，Chin，& Schwartz，2015）。结果非常明显：学生们选择建设性批评越多，相关的海报设计知识也就学得越多（这个结论来自于整个实验后的测试）。更为引人关注的是，研究人员还分析了这些学生的日常阅读和数学成绩，发现那些乐于选择建设性批评反馈的学生在最近一次全州统考中成绩也更为优秀。这个趋势在伊利诺伊州和纽约州各自的标准化测试中都稳定显现，这说明了什么？说明无论在纽约还是芝加哥，那些主动要求负反馈的学生比选择正反馈的学生的在校成绩更为突出。在随后的跟踪研究中，我们还设计了一个教学实验，其中学生们会明确学到，"对于学习来说，建设性批评虽然忠言逆耳，但却极具价值。"结果显示，明确学到该知识点的学生，也比没学过的学生更倾向于接受建设性批评，他们懂得了"忠言逆耳利于行"的道理。

V. 运用反馈容易出现的问题

学习者面对反馈信息时往往更顾及维护自己的面子，而非就事论事。如果这样一味地"对人不对事"，学习者就会因为过度保护自尊心，而错过了客观反馈带来的提升机会。哈蒂和廷珀利对此进行了解释，如果学习者把反馈当作是针对自身能力的评价，那么反馈"就会对学习产生负面作用，进而导致学习者自我贬低、习得性无助，或是与他人比较。于是相关的（任务）反馈则不会被重视甚至会被忽视。学习者还会降低自身标准，选择挑战性更低的目标"（2007，p.97）。因此，对于教育者来说，至关重要的一点是引导学习者把注意力集中在事情上，而不是自尊心上。当然，如果反馈是针对具体事情或行为的，就可以弱化它与人的关联。比如，不要说，"小艾薇，你是个优秀的设计师。"而要说，"小艾薇，你的这个设计中色彩运用得非常巧妙。"

给予负反馈的时候要采取适当的方式，鼓励学生用积极的眼光、建设性的角度来看待问题。在一项针对七年级社会学学生的研究中，老师们在学生的论文上标注了建设性的批评意见（Yeager et al., 2014）。在发回论文前，研究人员给每篇文章随机附上明智或普通的便签。在"明智"条件组里，便签写着，"我之所以给你这样的评语，是因为我对你有高要求，也相信你一定能做到。"在附上普通便签的空白对照组里，便签写的是"这些评语是对你论文的反馈"。随后研究人员记录了学生们修改论文的次数。他们发现，那些特别容易把负反馈误解为"对人不对事"的学生，是"明智"标签最大的受益者。

结果显示,"明智"组中 72% 的学生都修改了他们的文章,相较之下空白对照组里只有 17%。因此问题的关键在于,我们该如何帮助学习者把负反馈看作是成长的绝佳机会?这是值得每个人认真思考的问题。

反馈中可能出现的第二种问题是,学习者自身的知识水平不足以至于无法察觉到反馈并理解其含义。让人无法解释的反馈实在是困扰。因此教育者要避免给予过量的反馈,也不要高估初学者的理解能力。

VI. 好例子,坏例子

是否能提出有效的反馈通常取决于对学习者思考方式的理解。这样一来,我们就可以针对思维中问题出现的本源进行反馈,而不被表象所迷惑。下面我们给出几个例子,展示如何通过有效的反馈来帮助学习者寻找问题的源头。

坏例子

孩子说:3×2=5

反馈:"错了笨蛋!答案是 6。"
可能只有容嬷嬷才会这么说。

孩子说:3×2=6

反馈:"答对了。你真聪明!"
这种反馈看似平和,却暗藏危机。首先,反馈的关注点在于人而不是任务本身。所以可想而知,若是以后答错题时,孩子们就有可能把反馈看作是对自己能力的否定,而非改正的提示。另外,对能力("你很聪明")提出表扬会导致学习者认为学习是靠天赋而非后天努力的,这会降低学习的动力和毅力。

好例子

孩子说：3×2=5

反馈提供的信息应取决于孩子的水平。

低信息量反馈："答案不正确。"这种反馈对于知识扎实的学生来说足够了，他们只需要稍微点拨一下就能自己改正。

中信息量反馈："5太小了，2个3是6。"这对于稍微需要多一点帮助的学生来说会更好。

高信息量反馈："5太小了，也许你把这两个数字加起来了。3乘以2的意思是有2组，每组3个（演示解题策略）。"这个级别的信息量最适合初学者。

反馈
Feedback

核心的学习原理是什么

反馈让人们感受到实际结果与理想目标之间的差异，从而帮助调整下一步行动。

对学习什么有帮助，举个例子

当一个孩子错误地说出9-7=3的时候，老师可以用木块分别摆出正确答案"2"和孩子给出的答案"3"，然后指出它们之间的区别("3 太多了哦")。反馈帮助人们察觉到差异的存在，理想情况下还可以指出具体改进的内容。

为什么会有用

如果不知道自己当下做的是否正确，学习新事物的道路就会异常艰难。人们可以尝试模仿他人，但即便如此还是会在过程中忽略掉一些细节。反馈，尤其是建设性的负反馈，可以告诉人们如何进一步改进和学习。

能解决什么样的学习问题

- 搞不清楚自己当前的状况。
    - 在复健治疗中，患者按照图例上的姿势进行模仿，但却不知道自己的姿势是否到位。
- 收集了反馈却没有针对问题做出相应的改进。
    - 一名员工知道自己的工作表现很差，但依旧我行我素。
- 在同一个地方频繁出错。
    - 一名学生总是搞错小数比大小的问题，他执着地认为 0.10 比 0.9 要大。
- 在错误的方向上用功努力。
    - 为了撰写研究计算机发展史的报告，一名学生把大部分时间都花在了阅读 Facebook 创始人马克·扎克伯格（Mark Zuckerberg）的自传上。

使用的范例

- 帮助日语母语者练习汉语中 L 和 R 的发音，可以要求他把几个以 L 和 R 为辅音的汉字进行分类。然后每次他试读完都给予反馈。这可以帮他分辨出之前认为完全相同的两种发音。
- 给学生的论文提供建设性批评作为反馈，同时附一个便签表达自己对学生的高期望、信任与信心。反馈给学生提供了如何改进提高的指导，而传递语气态度的便签则防止学生把反馈当作是针对个人的批评。

容易出现的问题
- 负反馈可能被理解为针对个人的批评，而非建设性的提示。
- 人们从心理上害怕负反馈。
- 对初学者来说，反馈可能太晦涩难懂。

自我生成
Generation——
创建持久的记忆

　　自我生成是一种依靠回忆过程来强化记忆的学习技巧（见图 G.1）：越去反复回忆一件事情，将来就越容易回忆起来。

　　为了便于讨论本章内容，我们首先明确一下完整的记忆过程中会出现的两个阶段：**记忆**和**回忆**。在本章中，前者特指把事物记入大脑中的过程，而后者特指从记忆中回想事物、回溯信息的过程。阅读本章的同时你可以思考如下问题：章节 E 与章节 G 提到的记忆技巧之间存在怎样的关系呢？

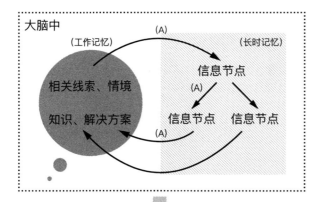

不断练习回忆路径A……

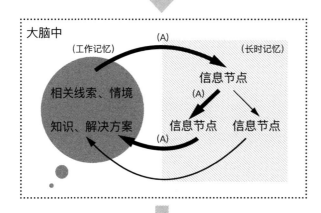

……岁月流逝……

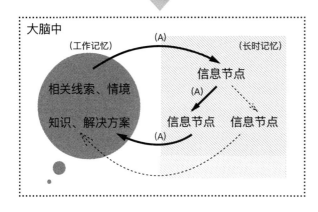

图 G.1 通过自我生成来强化记忆的运作原理,自我生成的三个要点:难度适宜、强化线索到记忆之间的路径、隔一段时间再练习

闪卡（flashcards）就是个经典的例子。我们通过看正面的提示，尝试回忆起背面的内容，不断练习之后便会越认越快。毋庸置疑，闪卡的发明是教育科技领域中一项可以载入史册的重大突破——它既简单，又有效，还老少皆宜。

图 G.2　一款典型的闪卡

闪卡正是依靠"自我生成"效应来发挥作用的。"自我生成"这种说法出自一项研究人们记忆词语组合的著名实验（Slamecka & Graf, 1978）。我们推荐读者先看看下面的三列词语组合，感受一下这个实验：如果一组词文字完整，你只需默读它们；如果文字缺失，就按照该列第一行标出的规律将其填写完整。例如，如果你看到词语组对"开心：＿＿伤"在反义词这一列，你就应该填写出"开心：悲伤"。

同义词	反义词	同韵词
快速：＿＿速	回味无穷：乏善可陈	钓鱼：结＿＿
疼：痛	睡：＿＿	十：时
机灵：＿＿明	给予：＿＿取	煎饼：把柄
蹦：跳	离开：到来	图像：大＿＿

（译自原实验英文表格，内容略有改动）

图 G.3　借助自我生成促进记忆的练习题

等全部读完或者填完再过几分钟之后，参与者需要尝试默写出所有的词语（不可以偷看）。结果表明，与只是默读过的单词相比，自己填写出的词人们能多回忆出 25%。例如，比起"痛""跳"，你会更容易回忆起"**迅速**""**聪明**"这些词。此外，同一组词语中也符合这一规律：与"快速"相比，"**迅速**"这个词也更容易回忆起来。这同样是因为"**迅**速"是你自己动脑填写出来的，而"快速"只是读过而已。

自我生成对于提升回忆效果非常有效。其适用范围也很广泛，既可用于记住一套动作，也可用于学习数学公式。上面的例子也许已经让我们切身感受到了自我生成的奇妙之处，那么接下来我们再看看如何让它能够更有效地发挥作用。想要提升记忆效果又要避免过程中出错，我们只需遵守两条简单的原则：**①确认目标记忆是学习者主动生成的（而非被动阅读的），②记忆练习要循序渐进（不要集中突击）**。

I. 自我生成的原理

自我生成主要结合"记忆"中"忆"的过程发挥作用（见图 G.4）。请注意，它并不是编录信息或把信息存入大脑的"记"巧（请参考章节 E）。例如上面的例子中，"迅速"这些词早已在脑海中，自我生成只是让回忆的过程更容易一些。在日常的学习生活中，我们并不会对"记"和"忆"的过程做太多区分。然而事实上，课堂学习的过程促进的是信息的编录，也就是"记"的过程；而家庭作业更多则是在练习"忆"的过程。因此做作业的过程，多少都会涉及某种形式的自我生成，比如通过灵活回忆上课讲过的知识来解答题目，或者使劲想出那些课上死记硬背的答案，这些都达到了训练记忆的目的。

那么自我生成的工作原理是什么呢？锻炼肌肉的过程算是个不错的类比：反复训练肌肉，力量就会得到增强，使用的时候力气也就越大。以此类推，自我生成的过程需要我们严格按照未来使用记忆的方式来练习，即凭借线索回想记忆内容，说白了就是"未来怎么用，现在怎么练"。例如，请你试着想

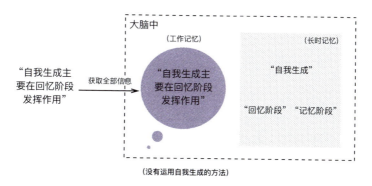

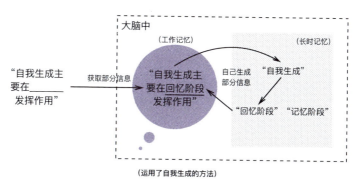

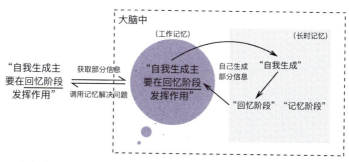

图 G.4　在解决问题时需要从长期记忆中调用一部分信息来组成完整的信息（下图），因此学习的过程也应训练调取这部分信息的过程，即自我生成（中图）。如果只是单向阅读全部信息，就起不到对回忆的训练作用（上图）

出一个词语，要与下面几个词都相关："挂炉""酱""北京"。顺着这些词所提供的线索，稍加思考就能想出"烤鸭"这个词。这个过程如果完全依靠自己的力量，那么成功想出"烤鸭"的过程就强化了对"烤鸭"的记忆。但如果直接告诉你"挂炉烤鸭""烤鸭酱""北京烤鸭"这几个词，你对"烤鸭"的记忆就得不到强化。

记忆如同肌肉，需要多加锻炼。所以如果总是处于闲置状态，记忆就会随着时间的流逝而变弱，回忆起来更困难。这个过程可以用遗忘曲线[1]较好地描述出来：记忆刚形成的几天到几周内衰退得最快，之后遗忘的速度放慢，直到趋于平缓，但记忆最终也不会彻底消失（遗忘曲线遵循指数级衰减，请参考章节 D）。

人们形成记忆的时间节奏也会影响遗忘曲线的形态，其中**"间隔效应"**（spacing effect）发挥着重要的作用。若将回想记忆的时间点分散在一段时间内，记忆效果就会维持得更加持久。比如把原计划用 20 分钟一口气背完的单词，安排到两天中各花 10 分钟来背（集中练习改为间隔练习），一个月后测试，记忆的效果会提升 10%（Cepeda, Pashler, Vul, Wixted, & Rohrer, 2006）。关于间隔效应的解释也有着不同的说法，比如一种非常直观的观点是：过一天再回忆（间隔练习）当然比过几秒再回忆（集中练习）要更费力气啦！既然回忆的过程花费了更多精力，自然也能换来记忆衰退过程的延缓。

间隔效应还可以用来解释另一种常见情况，学生时代的你是否也曾秉烛夜读，临时抱佛脚？一杯咖啡，繁星昼夜，你能爆发出无穷无尽的洪荒之力！第二天到了期中考试的现场，那必须是信手拈来，对答如流，感觉真是好极了！但如果现在问你当初考过的内容，恐怕你会毫无头绪吧！其实不要说现在，就算是当时，刚过了半个学期到期末那会儿，期中的内容也早就忘得差不多了。这是因为当初通宵复习的时候，你就已经不自觉地给记忆的知

---

1. 遗忘曲线（forgetting curve）：又称"保持曲线"（retention curve），由艾宾浩斯（H. Ebbinghaus）在记忆研究中发现的记录遗忘发展进程的曲线。反映记忆保持量随时间而变化的一般规律。即识记后最初一半时间遗忘较快，以后逐渐减慢，稳定在一个水平上。

识点打上了"不常用"或者"本次期中专用"的标签，于是这些记忆衰退得也极快（因为"期中考试中已经用完这些信息了啊"）。而间隔练习就能帮助解决这样的问题。

II. 如何运用自我生成来促进学习

通常来说，那些需要根据一部分线索来进行回忆的任务可以增强记忆效果。下面几种方式可以优化这种基于线索自我生成回忆的效果。第一，任务要控制在合理的难度范围内（Bjork，1994）：既不能太复杂导致完全记不住，又不能太简单，搞得不费吹灰之力就能搞定。这里推荐一种被称为**扩展式练习**（expanded practice）的训练方式，即需要记忆的内容从少到多，每轮的记忆练习都在前一轮的内容之上，再多一点点新的信息。例如，学习一沓闪卡时，先记第1张，再记第1张+第2张，再记第1张+第2张+第3张，以此类推。图G.5展示了一个更为具体的例子。为了记住咖啡因的分子构成，首先我们会学习分子的整体结构（理想情况下，这里还可以借助"详细阐释"的方法来帮助记忆分子结构的信息，例如"H氢原子以H_3的形式出现了3次"，具体请参考章节E）。第一轮回忆练习中，只需回想起一两个缺失的原子或化学键。第二轮则需要在回忆出前一轮内容的基础上，再多回忆一些新缺失的原子或化学键。这样每次多回忆一点，一步步完成扩展式记忆练习，最终当你再看到"咖啡因"这个线索时，就能轻松回忆起整个分子结构。

第二个需要注意的地方是，自我生成强化的是记忆中"生成"的那部分，而不是触发该记忆的"线索"部分（例如在本章开头记忆词组的例子中，人们更容易记住目标"**迅速**"，而不是线索"快速"）。这意味着，有时我们需要把目标与线索互换。举个例子，如果你想训练"看单词说含义"，你就应该把单词当作线索，练习对含义的记忆。相反，如果你想训练"看含义说单词"，那么就把含义当作线索，练习对单词的记忆（见图G.6）。有时人们会忘记从正反两个方向练习记忆。我们要争取做到：**看A忆B，看B忆A**。

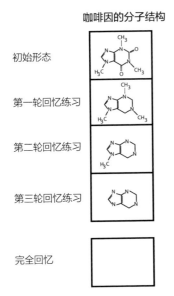

图 G.5 扩展式练习：每次提示少一点儿，从记忆中回忆多一点儿

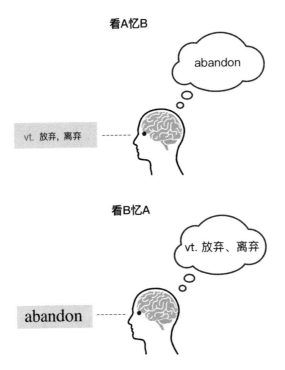

图 G.6 线索与目标记忆之间互换练习，强化不同的记忆方向

第三个要考虑的就是时间间隔。正如前文所述，分散练习要比集中练习更好，所以档期不要排得太集中。此外，还有一个与时间有关的重要因素——睡眠。人的记忆会在睡眠中得到巩固（请参考章节 Z）。因此，先进行记忆练习，再好好睡觉巩固一下，然后在之前的基础上继续练习是一个好方法。这也从另一个角度解释了为什么练习分布在两天要比集中在一天效果更好。

III. 运用自我生成能产生什么效果

自我生成适用于各种类型的记忆和任务，对自由回忆[1]类型的任务尤其有效。"自由回忆"指的是在没有外部强刺激的提示下进行回忆（即凭空回忆），例如，突然回想起某天做过的梦，或是在考试中写出一学期所有学过的物理公式。

照这么说，只要参加考试就可以提升记忆效果了（Karpicke & Blunt, 2011）。考试的时候，我们需要回忆各种知识点，因此一段时间后（比如下次考试时）就更容易回忆起这些知识。当然，这并不意味着学习者只要一遍遍地重复考试就万事大吉了；相反，他们应当练习学为所用，回忆起、调用出相关的知识点。在学校环境中，大部分教学工作关注的重点是对知识的解读，如何让知识更具意义、更容易被记住。然而这只是记忆公式的前一半，要想实现真正的活学活用，人们还要练习它的后一半——回忆调用的过程。

IV. 如何培养自我生成的能力

人们能学会各种各样的记忆技巧，因此掌握自我生成的技巧也并非难事。然而，人们常常（天真地）认为，自己希望记住某事的强烈意愿也能发挥作用。然而研究中却鲜有证据能证明这一点。例如，类似"我希望能牢牢记

---

1. 自由回忆（free recall）：尽可能多地回忆出原先识记的项目的过程。

住这段概念，然后考个好成绩"的愿望，很难对提升记忆有什么真正的效果（Hyde & Jenkins，1973）。所以，我们要树立科学的学习观，要想提升记忆就必须运用专门的记忆策略（例如"自我生成"或是"详细阐释"），而不是祝愿自己有个好记性。

V. 运用自我生成容易出现的问题

自我生成失效的首要风险在于人们会生成错误的内容，顺便还增强了对错误内容的记忆。举个很典型的例子：即便是老司机也可能有过这样的经历，快要开到十字路口的时候，糟糕！突然忘记该左转还是右转了，于是情急之下把方向盘向右一打，仓促地转过弯之后却发现①悲剧！转错了……以及②貌似又转错了！为什么每次到这个路口都会犹豫一下，然后每次又刚好都转错方向了呢？其实这就是自我生成效应在作祟！因为每当你转错一次，就等于自我生成了一次错的方向，下次就更容易回忆起这个错的方向。或者说，如果第一次走这里的时候就转错了，那么很可能第二次就会重复第一次强化过的错误记忆，并且今后一错再错，每次还都再次强化了错误的记忆！

VI. 好例子，坏例子

假设你现在正在认真读着这本书，并且拿着荧光笔标注出了重点："自我生成主要在回忆阶段发挥作用。"在下次复读的时候，你又把这句话好好复述了几遍。总的来说，这是一个极为常见、典型，却又糟糕的学习方法。不断重复阅读并不能帮助你练习记忆，因为这句话就活生生地出现在你眼前，完全不需要动脑子。所以，真正有效的做法是，只阅读前半部分，然后尝试回忆后半部分："自我生成主要在……"其实一开始你就应该只标注这句话的前半部分，作为回忆后半部分的线索："自我生成主要在回忆阶段发挥作用。"

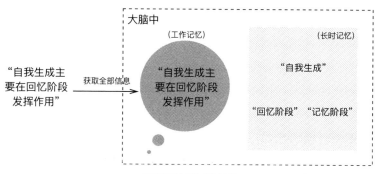

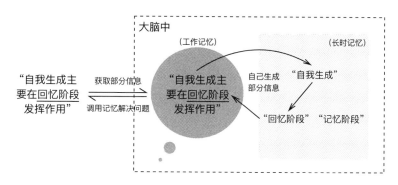

图 G.7　自我生成是如何促进记忆的来着？请自己将中间的图补全

这样一来你记住的内容反而会更多。

还记得前面的图 G.4 吗？你可以通过自我生成来帮助牢记这幅图所阐释的道理（见图 G.7）。

自我生成
Generation

核心的学习原理是什么

将来需要回忆什么，现在就练习回忆什么：利用一部分线索作为提示来生成目标记忆，这种训练可以提升记忆效果，使日后回忆起目标内容变得更加容易。

对学习什么有帮助，举个例子

闪卡是最经典的例子：正面写着"愉悦"，背面写着其含义"快乐的，轻松的"。自我生成可以帮助提升对词语含义的记忆效果。在读到词语（线索）后，不要翻面，练习自己回忆出词语的含义（目标记忆）。如果每次只是看到词语后就把卡片翻过来直接阅读其含义，就起不到加深记忆的作用。

回到本章最初的问题，章节 G 和章节 E 有什么关系呢？在此我们做一个对比。首先，"详细阐释"（elaborate）和"自我生成"（generate）都是为了在需要回忆时更容易回忆起目标记忆的内容，前者更关注建立目标记忆与脑海中已有知识之间的关联路径，后者则更关注通过反复亲自练习这个路径来加强记忆。如果把脑海想象成一片草原，已有知识好比蒙古包、马场等主要地点。当你获取新知识的时候，就像在河边找到了一个新的取水点。今后还想来取水的话，如何才能更容易找到这里呢？用一个类比（analogy）来描述的话，"详细阐释"好比是努力寻找一条从蒙古包（已有知识）到取水点（新知识）之间的路径，找到后，我们今后就更容易根据路途中的土坡、大树等地标（其他相关联的知识点）来找回取水点。但这还不够，如果这条路径只是踩倒一片草而形成的，那么过不了几天，草就会恢复原貌（记忆找不回了）。这时就要靠"自我生成"来反复走这个路径。如果走得足够多，形成了一条土路，那么它存在的时间就会更长一些，如果走得再多，修了一条水泥路，那么它就能存在更长时间了，要学好先修"路"！

为什么有用

练习回忆的过程可以提高记忆强度，让之后再次回忆变得更加容易。同时将记忆练习分散到数天内要比集中进行更有助于提高记忆强度。

能解决什么样的学习问题

- 学习者记不住一些零散的知识。
  - 记不住各个部门的内线电话号码。
  - 记不住珠穆朗玛峰有多高。

- 学习者在没有外界明显提示的情况下，很难回忆起来。
  - 给出多种不同提示后，学生们才想起词语的含义。
- 学习者对那些本应记住的知识无法形成长期记忆。
  - 学生们在周测中表现很好，但到期末考试的时候就全忘了。

使用的范例

- 学习单词及其含义。
  - 利用闪卡从两个方向进行学习。提供单词，记住含义；提供含义，记住单词。
- 记忆有机分子的结构。
  - 先展示整个分子，然后开始逐步减去一两个原子或化学键，然后让学生来回忆缺少的部分。再次展示分子，隐去更多的原子和化学键，让学生回忆缺少的部分。以此类推，直到学生听到分子的名称就可以回想起整个分子的结构。

容易出现的问题

- 人们可能生成错误的目标内容，从而强化了不正确的记忆。
- 人们总忍不住在尝试回忆之前翻看答案，这样就会弱化自我生成的效果。

实践体验
Hands On——
"动"用身体的智慧

　　实践体验型学习出现在人们亲身体验或亲手操作实物的时候，它能够调动我们在运动感知方面的先天智慧，为抽象的文字与符号赋予真实具体的含义。让学习"动"起来！

　　在思考的过程中，我们通常习惯于依赖后天习得的语言，而忽略了身体所具备的不可思议的智慧。

　　这又从何谈起？不妨先试着解答图 H.1 中的问题吧！请问如果两个杯子以同样的角度倾斜，哪一个会先倒出水呢？你很可能会和 80% 的人一样，脑海中闪过了错误的答案。那么作为对比，我们换一种方式再尝试一下：现在请你闭上眼睛，想象自己手中分别握着这两个盛着水的杯子，然后慢慢倾斜杯子，直到快要倒出水为止。对比一下此时握着细杯子和粗杯子的手势，答案是否显而易见？虽然我们面前即没有水也没有杯子，但是凭着简单的想象与手的配合，得出正确答案的概率几乎是 100%（Schwartz，1999）：要想倒出水，我们需要把细杯子倾斜得更多。

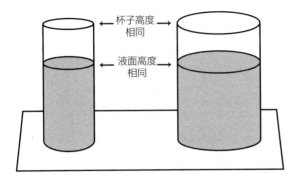

图 H.1 借助文字推理很难回答的问题,换作运动系统就迎刃而解了

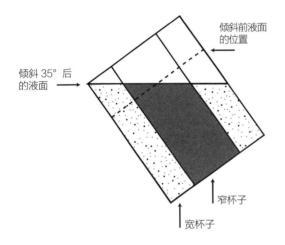

图 H.2 为什么宽杯子比窄杯子容易倒出水（Schwartz，1999）

实践体验型学习释放了身体智慧,可以充分调动运动感知力,能够在我们理解抽象概念的过程中助以一臂之力。比如,加速度在 $F = ma$ 的公式里就只是一个抽象符号,但当我们坐在一辆迅速加速的汽车中时,推背感就会让加速度有了实际的意义。

当然,实践体验也不是"万灵药"。在倒水这个例子中,就算通过动手尝试得出了正确的结论,也未必真正理解为什么粗杯子的水会先倒出来（具体解释请看图 H.2）。因此实践体验型学习的特点是,先通过身体的运动感知帮助学习者获得初体验,激发出好奇心,然后再进一步寻求严谨的文字解释或者数学推导。

I. 实践体验的原理

我们的身体作为一套具有感知力的运动系统，可以用来感知抽象的概念，这一理论被称为**具身认知**（embodied cognition）。它有力地反击了那些认为计算机可以与人类思维相提并论的认知模型，以及那些过度强调，甚至盲目崇拜利用抽象符号来进行教学的人们。下面我们用一个例子来展示具身认知的效果。

在斜坡顶部放有一个空心球和一个实心球，它们的重量和尺寸一模一样。如果同时释放两球，它们会同时到达斜坡的底部吗？

答案是：空心球的转动惯量相对较大。因此，它滚动起来的加速度也会小一些，所以实心球会更早到达斜坡的底部。

如此这般解释好不好懂？直不直观？（此时应当回答，不）那么现在请具身体验上场：请你找一把转椅，坐在上面，请别人推你一把转起来。你先把胳膊和脚伸出去，然后在旋转的过程中再收回来。有没有感觉收回来的一瞬间身体转得更快了？如果一时找不到转椅也无妨，想象一下滑冰运动员在做空中转体动作的时候，也会把胳膊收回来紧贴身体，加速旋转。其中的原理是，物体的重量越接近旋转轴，它就越容易转动；相反，如果重量越靠外，转动惯量就越大，就越难转动。因此，也正是因为空心球的重量分布得离中心点更远，所以它从斜坡上滚下的速度就较慢。由此可见，不管是通过亲身实践还是借助具体的想象，都能把原本抽象的概念落地到真实的体验中去。

知觉运动的智慧用在学习数学上也很管用。下面这道简单的题目就很说明问题：请快速判断左边的黑点少还是右边的黑点少？

(a) •　　•••••
(b) ••••　••••

同（b）组相比，人们对（a）组的判断反应更快，因为 1 比 5 个黑点的差异要比 4 比 5 个黑点的差异更明显。毕竟这种直观的比较对于感官系统来说真是不费吹灰之力,那如果换成抽象的数字呢?比如下面这两组。

(c) 1 5
(d) 4 5

事实上,即便数字已经是抽象符号(不需要再像小黑点那样排列展示来表示大小),但人们回答 c 题还是比回答 d 题更快一些。似乎人们在看到数字时和看到黑点时一样,都会求助于知觉系统来进行比较。事实正是如此,莫耶和兰多(Moyer & Landauer,1967)开拓性的研究表明,人们会调动对程度的具象感知来推理对程度的抽象表达,比如尺寸、数量等。感知系统不仅为 1 和 5 的大小赋予了意义,还会给 1,2,3 等数字建立起一套按数量递增的有序系统。

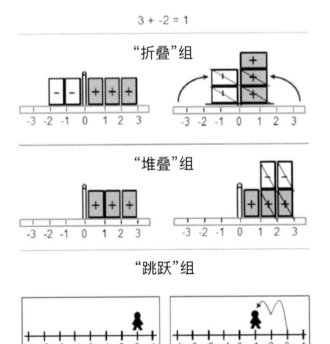

图 H.3 帮助理解整数相加的动手实验。折叠操作的设计是为了帮助学生注意到以 0 为中心的对称性。对称性将 $X + (-X) = 0$(相反数相加)的概念具象化了,也同时定义了整数的概念

平时我们在比较阿拉伯数字时，脑海中并不会出现任何图像或者其他形式的标记，例如人们并不会在脑海中把数字"5"转换成5个小黑点后再去比较。感知所做出的贡献实则更为深远，它直接创造了程度量大小、高低、多少的感觉。尽管人们下意识里就知道5比1大，实际上依靠的正是认知比较。当前人们对此的理解是，从进化论角度来说，数学运用的是一种非常古老的赋予数字意义与结构的认知系统（Dehaene & Cohen, 2007）。说不定我们的基础数学能力就来自于远古时期？因为祖先们需要及时判断远方地平线上出现的生物是否比自己个头大！（准备——跑！）

实践体验型学习帮助人们调用恰当的运动感知能力，并与抽象的语言化表达相协调。例如下面这项研究中，研究人员探索了如何借助实践体验来帮助四年级的小学生学习整数的概念（正数、负数以及零）。整数是非常好的测试对象，因为它足够抽象，人在自然界中不可能走着走着就撞见一个负数！那么，我们的运动感知能力又是如何为负数赋予含义的呢？

方法之一是借助视觉的对称性。人们极为善于发现并感受对称性，而正数和负数是以0为中心对称的。通过研究人们在解答整数问题的反应时间，以及脑部的活动规律，研究人员发现成年人会运用对称感知能力来解答简单的整数问题，例如判断-2和1的大小，或是寻找数轴上-8和6的中点（Tsang & Schwartz, 2009；Tsang, Rosenberg-Lee, Blair, Schwartz & Menon, 2010；Varma & Schwartz, 2011）。因此，设计巧妙的实践体验能够帮助初学者利用对称性来塑造对整数的理解。为了验证这个设想，曾等人（Tsang, Blair, Bofferding, & Schwartz, 2015）设计了一个如图H.3所示的创新操作台（为了解答3+（-2）=？，学生在0点的右边放3个正数方块，在0点的左边放2个负数方块。操作台中心零点处有个转轴，学生可以把两边对折到一起（以0为对称轴），某一边多出来的方块就是答案，即+1）。处于0点的转轴帮助学习利用天生的对称感知，而两边的方块数量则把对称性与抽象的数字联系起来。

由于文献中尚无利用对称性来讲授整数的记载，因此研究人员把上面的

"折叠"方法与其他两个常见的动手活动进行了对比,请参考图 H.3。对照组之一运用了"堆叠"方法,强调了正数与负数的抵消。堆叠情况与折叠情况非常相似,只不过它没有强调关于 0 的对称性。另一个对照组采用了"跳跃"方法,通过在数轴上的移动来表示加法。

在实验的前两天中,孩子们都是通过操作实物练习,然后更换到速度更快的电脑程序上练习,最终慢慢减少运动感知的辅助。到最后,孩子们已经不需要借助任何实体或视觉的辅助来解题了。结果表明,三种练习都能提高计算基础整数加法的能力(如 $-4+7$),因此表明这三种方法都是有效的。然而当求解新问题的时候,学生之间出现了显著的差异。例如,之前的练习都只涉及整数运算,然而新问题却要求学生在数轴上标记出正负分数。图 H.4 展示了测试结果,折叠组的学生表现得明显比其他两组要好。这也许是因为他们已经学会利用对称性来思考复杂的问题。

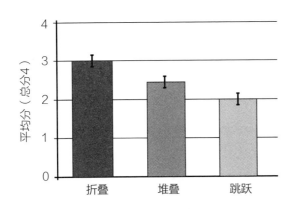

图 H.4 利用整数来解决新问题的概念测试结果。"折叠"组的学生参与了强调正负数关于 0 对称的实践体验。误差条为统计学上的标准误平均值

II. 如何运用实践体验来促进学习

实践体验不仅有趣,还可以滋润我们的精神世界(Sowell,1989;Moyer,2001)。具体来说,实践体验可以防止学习者在只知其然而不知其所以然的情况下错用知识。例如下面这道题:假如一辆公交车可以载 10 位乘

客,那么想要载 25 位乘客需要几辆公交车呢?很多小朋友们会回答 2.5 辆!这显然是没有意识到半个公交车是上不了路的。针对类似情况,格雷夫梅杰和多曼(Gravemeijer & Doorman,1999)提倡现实主义数学,其根本思想是学习者需要考虑到以真实世界(知觉运动)特征为基础的抽象数学关系,而不是死板地照搬公式。

实际应用中,万能的实践体验活动并不存在。与几乎适用于任何记忆训练的闪卡不同,每种学习主题的实践体验活动都需要单独设计。实践活动的设计师需要充分了解不同概念所对应的最合适的运动感知体验。知易行难,这通常需要深厚的相关领域知识储备。

假设现在你临危受命,需要教会学生关于十进制的位数体系,你会怎么做呢?图 H.5 展示的两种实践练习也许会启发一下灵感,它们分别强调了数位的不同特征。左边的立方体依靠视觉上维度的概念强调不同数量级的差异:1 是点(零维),10 是线(一维),100 是面(二维),1000 是立方体(三维)。随着位数的增加,数量迅速增长。而右边的杯子纸筒则完全从另一个角度展示位值的概念:每一位数计满之后就往上进一位,不断叠加。这其中就蕴含了如何像滚动的里程表那样利用位数来计数,强调了相邻位值的抽象结构,以及零对于提高数量级的作用。

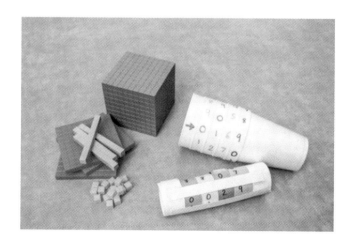

图 H.5 强调位值系统不同特点的几种教具

实践体验还可以让那些一般情况下容易被忽略的特征凸显出来，"桌上书"（见图 H.6）就是个典型的例子（Clement，1993）。当一本书放在桌子上的时候，桌子对书施加了一个垂直于桌面的支撑力，刚好抵消了书的重力。这个概念可能不太好理解，因为通常情况下，人们会以自身的视角感受物理概念，比如去类比肌肉发力。所以当桌子发生了肉眼无法辨别的形变时，学习者会产生类似"为什么不具有生命力的桌子能对书施力呢？"以及"它怎么还能对不同重量的书施加不同的力？"这类问题。此时，只需一个有效的实践体验便可以逆转学习者的思考角度：与其把桌子类比成有生命的人，不如把它想成弹簧。例如，我们可以把重物放到一段弹簧上，使其压缩。然后，再把重物放到一个有弹性的木板上，使其变得弯曲，并与弹簧类比。通过换不同强度、硬度的弹簧和木板，继续观察它们不同程度的变形，最后换上几乎不会变形的弹簧和木板，就应该可以发现哪怕看不出形变，力的作用也是存在的。迪希沙（DiSessa，1993）认为学习物理最重要的任务之一，就是要搞清楚哪些运动感知体验（桌子上放书）应该与哪些场景（物体施力）对应。针对这一点来说，实践体验的方法极为行之有效。

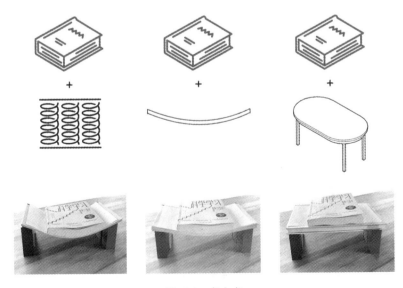

图 H.6　桌上书

看了这么多实践体验的例子,一定有人会问:实践体验必须要动手操作真实物体吗?事实上,现在已经有很多在电脑上模拟的实践练习[1]!针对上面的问题,答案取决于在不去真实接触的情况下,学习者能否调用合适的运动感知体验。效果相同,物尽所长。

数学中所涉及的运动感知体验主要是视觉上的,亲手触碰并不是那么重要。在整数学习的例子中,借助动手材料也主要是为了让学生眼随手动,确保他们将注意力集中在对称性上。换做电脑程序或许也能实现类似的效果。

科学(如物理、化学等)领域中的很多概念来源于真实世界,眼见为实还不够,还需要亲身感受。那么问题来了,在学习这些概念时,人们是否一定要上手体验?还是说只要回忆起相关的体验经历即可?在前面提到的转动惯量的例子中,或许你能想象出滑冰运动员的样子,这样的话你就不用亲自在转椅上体验了。相比之下,类似图 H.7 中展示的转动现象,就必须亲身体验才能相信(当你握着转动的轮子并尝试倾斜它的转轴时,你会感受到一个让它复原的力)。

图 H.7 这是一项需要人们通过实践体验来理解的学习活动,因为我们很难凭空想象出旋转的轮子会产生角动量

---

1. 请参考美国国家虚拟实验资源库(National Library of Virtual Manipulatives),网址:http://nlvm.usu.edu/en/nav/vlibrary.html,以及 PhET 互动仿真实验(PhET Interactive Simulations),网址:http://phet.colorado.edu,等等。——译者注

因此，在考虑是否采用实践体验时，先思考一下学习者是否必须借助身体来感知要学的概念。当然，充满乐趣的体验活动本身非常受欢迎，就凭这一点我们也应该常组织，多实践。

Ⅲ. 运用实践体验能产生什么效果

实践体验型学习帮助人们利用身体的感知智慧为抽象的文字、符号赋予含义。马丁和施瓦茨（Martin & Schwartz，2005）研究了9～10岁孩子学习分数计算（比如，8的1/4）的过程。解题时，有些小朋友可以用到正方形小纸片，有些用的则是一张画有许多正方形的图纸（图H.8）。我们发现用正方形小纸片求解的准确度要比用图纸求解的准确度高3倍！

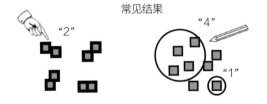

图 H.8 孩子们通过图纸或是摆弄小纸片来计算分数问题。平均来看，孩子们用正方形小纸片解题时的准确率要比用图纸时高3倍（Martin & Schwartz，2005）

如何解释这样的结果呢？在图纸条件组中，孩子们解题时主要依靠的是他们熟悉的自然数。例如，他们可能会每1片正方形画个圈、每4片画个圈，或者有的1片有的4片画个圈为一组。这是因为他们对"1/4"的理解只限于"1"和"4"这两个自然数。然而，在小纸片实验组中，当他们有机会去摆弄这些纸片的位置时，灵巧的双手就会带领他们尝试各种组合，也就能观察到新的可能性！孩子们通常会一次挪动好几片纸，于是这就为"几片组成一组"的意识打下了基础。一旦眼中开始有组合的存在，他们就离正确答案不远了（找到4组能均分的情况，每组小方块的数量就是2）。

某种程度上讲，与所处的环境进行交互，可以帮助学习者摆脱旧理解的束缚，促进形成新的认知与理解（Blair & Schwartz，2012）。这项研究发现中有两个要点：①动手交互可以帮助人们发现有意义的结构规律；②仅靠一两组实践体验，还不足以让学习者对复杂的抽象关系形成稳定的理解。不然的话，小朋友们在玩过真实的纸片后，就应该能借助图纸顺利解决类似的问题，而实际上却没有。所以要想在感知智慧与抽象概念间建立稳定的理解，还需要大量的练习与积累。

一旦感知运动赋予的含义与抽象符号之间产生了强关联，实践体验就可以退居幕后。例如，当你第一次读到"小狗狗"这个词的时候，你需要亲眼看到一只活蹦乱跳的小狗狗，才能让认知系统建立起对小狗狗的最初认识。然而现在你不需要亲眼看到小狗狗也能想象出来。同理，最开始学习算术的时候，掰着手指头数数的办法没毛病，它为加法与减法赋予了含义和顺序。一旦建立起抽象的理解，最好尽快过渡到效率更高的抽象运算和符号记忆。毕竟，运用法则计算33+89要比掰着手指头数容易多了。在过渡到符号的过程中，具象化的信息并不会丢失。虽然人们已不再动手实操或借助想象，但深层次的具体含义还在。就算不去精确计算，人们也知道1317+1991不止2333。**在学习中运用实践体验的最大益处就是"找感觉"**：找到了身体的感觉，就会带来抽象概念的感觉！

Ⅳ. 如何运用实践体验的方法

当人们不惧怕动手时，自然会运用实践体验来学习。就算没机会亲手触碰，人们还会运用运动感知来进行思维模拟仿真。比如图H.9里的问题，如果你让上方的齿轮顺时针转动，那么问号处的齿轮会处于什么状态呢？

图 H.9　让人们不由自主就想运用运动感知来解答的问题

答逆时针就错了，再想想。答顺时针也不对，再试试。思考过程中，如果你与大多数人一样，那么你多半会用手势来求解（Schwartz & Black，1996）：用手指或脑袋比画出齿轮的运动。答案揭晓：整个齿轮组会锁死，一动不动。

从上面的例子中可以看出，人们在思考问题的时候，常常会不由自主地摆出姿势。这些姿势有时甚至会暴露出人们的感知理解和言语理解上的冲突，即嘴上说一套，手上做一套。戈尔丁等人（Goldin-Meadow, Alibali, & Church, 1993）曾记录过语言‐姿势不匹配的现象。他们让孩子解答诸如12+6=10+__ 的问题。初次学习时，小朋友们通常认为自己的任务是把所有的数字相加，而不是想办法让等号两边相等。最有趣的是当孩子们说着"全部加起来是28"的时候，他们手上比画的却是两边相等的手势，比如把手摊开放在等号的两边。当出现这种"言行不一"的错误时，研究人员发现学生们正处于一个过渡状态，是学习正确方法的绝佳窗口期，离正确答案"8"只有一步之遥。因为这时运动感知系统已经介入，意味着学习者很快就能理解等式运算的含义了。

V. 运用实践体验容易出现的问题

为了更有效运用实践体验型学习，我们需要指出三种潜在风险：①忽视关键特征，②照章办事，③过度辅助。

忽视关键特征

学习者可能会忽略掉关键的感知特征。曾经某堂课上，学生们在使用十进制立方体（图 H.5）学习。我们拿起一个小立方体问学生们有几块，答曰，"一块！"随后我们拿起由 10 个小方块组成的一条儿，学生答曰，"10 块！"然后我们又拿起由 10 条组成的一个面，学生们答曰，"100 个！"最后，我们拿起了一整块立方体，学生们不假思索地答曰，"600 块！"（实际上 10 层应该是 1000 个。）学生们明明动手掂过这个沉重的立方体，可还是会把它当成是由 6 个面组合成的空心立方体（事实上就算是空心立方体，块数也不是 600，而是 $10^3-8^3 = 488$ 个）。总之这里学到的教训是，确保学习者感受到的是我们期望他们感受的，要保证感知内容的精准度。

照章办事

实践体验的关键就在于，为抽象概念发掘潜在的结构，赋予实际含义，而非照章办事。因此极有必要给予学习者自我探索的机会，让他们借助动手体验的材料尝试解答优质的问题。人们经常使用十进制立方体来模仿从右至左的加法过程。从个位开始，然后加十位，再加百位。然而，没有理由不让孩子们试试从十位开始加，再加个位，几位之间来回运算的计算方式。让学生有机会换一种方式来探索立方体结构，要比让他们遵照某一种特定顺序求解好得多。

过度辅助

当学习者应该从具象理解过渡到高效的抽象世界中时，他们可能仍会坚持慢节奏的实践体验不放手。另外，实践体验的材料可能会在不经意间阻碍学习者理解关键概念（Blair & Schwartz, 2012）。例如，圆饼模型就经常被拿来讲解分数的概念，帮助学生理解不同大小的分数和组合。这种教具通常提供一整块圆饼（整张圆饼等于 1），这样可以把注意力集中在每块扇形的相对大小上。然而，这就可能带来过度辅助的问题——替学生考虑得太多，导致他们思考不动脑子。具体来说，总是借助整圆解题的学生，在遇到非整圆的时候就傻眼了。（比如已经吃掉了 1/3 的蛋糕，平均分给 4 个人后每人能得到多少呢？）这也是为什么多采用几种工具辅助学习，不同的工具间彼此优势互补，效果会更全面。

VI. 好例子，坏例子

实践体验型学习的趣味化应用之一是游戏。想象在打游戏的时候，玩家可以用手柄控制角色跳来跳去，爬上爬下。假设我们希望把这种充满趣味的体验与数学学习结合起来，该怎么做呢？

坏例子：组织孩子们到操场上来一场真人版游戏：给出数字"4"，就需要跳到地上（2+2, 2+3, 1+5, …）画着正确答案的格子里——这数学课该不会是体育老师教的吧……跳跃本身与 4 的程度量、与加法运算的关联性都不强。

好例子：游戏棋盘上标有 1, 2, 3, 4, 5, …，游戏给出 2+2，于是孩子们需要跳跃 2 格再多跳 2 格到达 4。这不仅体现了 2 的数值尺度含义，也展示了加法可以产生更大的数值。

更好的例子：与之前一样，但游戏中为抽象计算提供的具象辅助渐渐消失。例如，孩子们需要在脑海中计算 2+2，然后直接跳到 4，而不用再一步一步跳到 4。

实践体验
Hands On

核心的学习原理是什么

通过运动感知活动来理解抽象的概念。

对学习什么有帮助，举个例子

学生坐在转椅上来回伸缩胳膊，在过程中感觉转动速度的变化（就像空中转体的滑冰运动员那样）。这种体验可以与角动量的讨论结合在一起。如果没有运动感知的经历，学生们只能通过一系列描述性的文字和公式来理解角动量。

如何起作用

我们的运动感知系统蕴含着巨大的智慧。这种智慧能为简单的符号和文字赋予含义。例如，若没有感知体验，我们可能很难理解大与小的含义。实践体验型学习能够运用运动感知系统，帮助人们建立起抽象概念与实际意义之间的对应关系。

能解决什么样的学习问题

- 学生只把数学理解为一堆数字和符

号的组合，对量的大小没有最基本的判断。
- 对于 11×19，在不进行准确运算的情况下，学生无法判断其结果更接近 50 还是 200。
- 学生不理解抽象的科学概念。
- 人们不明白为什么桌子没有（肉眼可见的）形变，也能对桌面上摆放的书提供与其重力大小相等的支撑力。

使用的范例

- 为学习数学概念设计一套强调关键知觉运动特性的实物操作体验。
  - 设计一套突出以 0 为中心对称性的整数运算实践。
- 给学习者提供可以亲身体验物理现象的机会。
  - 为了介绍力矩的概念，让学习者比较胳膊在不同角度拿着重物的难易程度。

容易出现的问题

- 操作工具可能没有帮助学习者注意到关键的运动感知特征。
- 学习者可能过于依赖实践体验活动，我们并不希望学习者一直靠掰手指来算数。
- 实践体验活动变成了照章办事，而不是理解概念、融会贯通的契机。

想象玩耍
Imaginative Play——
锻炼认知控制

在想象玩耍中,我们常会以物喻物,创造出一个与身边世界不同的幻想世界,比如拿着一根小棍儿当作呼啸而过的飞机。理论上讲,想象玩耍可以促进儿童多方面的发展,如语言能力、抽象创造力、智力、认知控制、社交能力等(下面我们会解释为什么是"理论上讲")。对于成年人来说,这种能力既可以为工作助力,也可以丰富我们的精神世界。

让我们先来看几个场景:①一只中华田园犬望着眼前晃来晃去的香肠垂涎三尺;②一只小博美犬被另一只狗咬了一下,立马转身还击;③一个小孩把香肠当作飞机在空中嗖嗖地飞来飞去;④另一个小孩被他哥哥抢了一拳,呆呆地思考着是该哭、该还手,还是该去向妈妈告状……在前两个例子中,狗狗们明显是在外界的刺激下做出各种反应。而与之鲜明对比的是,后两个例子中的小朋友们都在运用"认知控制"[1]:在想象玩耍的例子中,香肠没有被

---

1. 对能够帮助达成选定目标的行为进行选择和监控。——译者注

当作食物，而是被当作玩具飞机；在发生冲突的例子中，小朋友忍住了立即还手的冲动，思考应该如何回应。这些行为都属于想象玩耍的活动，都是在锻炼小朋友不受外界刺激驱使，在脑海中思考应对措施的能力。

通过想象玩耍，人们的想象力得以释放。玩具兵、布娃娃之类的物品都是让想象插上翅膀的绝佳帮手：小玩偶并不是真的超人，但是凭借小朋友们的想象，足以上演一出拯救地球的传奇史诗（实际上可能只是在拯救一个大苹果）。伟大的人类学家克劳德·李维-施特劳斯（Claude Lévi-Strauss）则指出，人们创作的雕像往往对其表达的真实事物进行了缩放，因为这既可以帮人们联想到真实的事物，同时"奇特的"尺寸又能释放人们的想象空间（Lévi-Strauss，1966）。

图 I.1　苹果＝地球？

在各种类型的玩耍行为中，想象只是其中一种。这里我们不妨了解一下另一种在哺乳动物中十分常见的玩耍形式"攻击型玩耍"（aggressive play）。哺乳动物通常会先向同类伙伴发出信号，让对方明白自己是要闹着玩儿还是要正式决斗。攻击型玩耍能帮助动物们学会如何控制自己，避免物种内部打斗时下手过重，甚至自相残杀，例如在交配季节为竞争配偶而打斗的时候，既要一决雌雄，又不要下手太狠让同族丢了性命。打斗玩耍也会降低动物对小伤小痛的敏感度，自然打架中受伤时也就不会还手过重，误伤同伴。当然也有其他理论可以解释这些行为，比如打斗玩耍的行为可以促进身体协调性，增强社交能力，或是创建支配等级，等等。不过并没有明显证据可以表明哪个理论更具有说服力。

人类的想象玩耍与动物的攻击型玩耍发挥着相似的作用。弗洛伊德认为玩耍的作用是减轻压力；列夫·维果斯基（Lev Vygotsky）认为玩耍促进了抽象思维能力的发展；还有一些观点认为玩耍是在想象的空间里解决实际生活中的挑战。然而当今诸多研究提供的证据还是无法告诉我们孰是孰非（Lillard et al.，2013）。而想象玩耍对于培养认知控制、智力、创造力、社交，以及抽象思维等能力的作用，能够集中得到证实的也寥寥无几。想象玩耍可能对这些方面都有帮助，也可能毫无效果，为什么这么说呢？

这是因为，想象玩耍无处不在，它所发挥的作用也很难明确定义并衡量出来。这就好比我们去定义嘴的作用：嘴可以吃饭、讲话、亲吻、品尝、呼吸、吹口哨，甚至表达强烈的情绪，等等。同样，玩耍也同时具备诸多功用。孩子们玩过家家假装在一起喝茶：他们在创建一个抽象世界；他们在扮演不同的社会角色；他们在遵循迥异的行为规范；他们在编织你我的故事；他们在演绎人物的命运……还可以继续列下去。这其中就很难单独剥离出玩耍的某一方面，并将它与孩子长期成长发展的某方面挂钩。例如，康诺利和多伊尔（Connolly & Doyle，1984）发现参与更多社交幻想扮演（social fantasy play）的孩子，会展现出更优异的社交技巧。然而即使再加上其他相关研究，我们依然无法证明究竟是玩耍促进了社交能力，还是社交能力强的孩子会更乐于同别人玩耍。

此外，想要在实验研究中将想象玩耍单独分离出来，并确定影响它的因素并不容易。在一项研究中，研究人员将一群6岁的小朋友随机分为四组：钢琴课，声乐课，戏剧课，以及一个没有课程的空白对照组（Schellenberg，2004），上述课程分别为期36周。此项研究意在确认音乐（钢琴和声乐）是否可以提高智商指数，结果证明确实提高了2分。同时另一项可喜的发现是，根据家长的调查反馈，戏剧课还提高了学生的社交能力，而其他课程对社交能力则没有影响。其实，表演就是一种形式的想象玩耍，所以是想象玩耍发挥的作用吗？这很难讲，因为学习戏剧的学生需要和成年人教师进行更为复杂的社交互动，也许这些互动才是社交能力提高的原因。

不过正是由于影响因素错综复杂，我们才更需要进行科学的探索与研究。然而，在人类基本伦理的约束下，把想象世界与真实社交完全分离出来进行对比试验并不现实，毕竟我们不能把孩子锁到柜子里，并要求他们天天只去想象玩耍而杜绝与真实社会的往来。因此，可以做到将玩耍与社交分离开的动物实验也就走到台前。在一项研究中（Pellis，Pellis，& Bell，2010），研究人员把幼鼠分别放到社交组与玩耍组中。在社交组里，每天每只幼鼠有大约 8 小时与成年雌鼠待在一起，相互梳理毛发，或是进行其他强社交行为。但有一点，这几只成年雌鼠待在一起时不会打斗玩耍，更不用说与幼鼠单独在一起的时候了。因此幼鼠们积攒了很多社交经验，却没有打斗玩耍的经历。第二组幼鼠则独自生活，每天只有一小时会被放到另一只幼鼠的笼子里，然后就蹿起来打成了一团。所以结果如何？那些每天只有一小时打斗玩耍，却没什么社交互动的幼鼠，反而成长为更擅长社交、不畏惧、更易从压力中缓解出来的成鼠。可以说，让成鼠变得更善于社交的不是社交互动，而是打斗玩耍。

看到这里，你肯定会好奇一个问题：动物们除了打斗玩耍之外，是否也会进行想象玩耍呢？遗憾的是它们不会，因此我们也无法通过研究动物来搞明白，想象玩耍在学习和成长的过程中到底发挥着怎样的作用。

I. 想象玩耍的原理

儿童在早期成长过程中会经历一个认知能力的巨大转变，形成执行功能[1]。**执行功能**指的是认知控制的能力，包括把事物存储在脑海中、把其他事排除在脑海之外，以及在不同想法之间转换的能力。发展这些能力的过程中，很重要的一环就是形成符号化[2]能力，也就是能以物喻物，用一件事物代表另一件事物。这种能力需要我们对同一事物同时维持两种不同的解读方式。朱

---

1. 执行功能（executive function）：控制和维持其他认知过程的认知系统。
2. 符号化（symbolization）：个体经验在意识中以概念、意象等符号形式被表征的过程。

迪·德洛克（Judy DeLoache，1987）设计了一个令人拍案叫绝的实验任务，巧妙地展示了孩子在飞快长大的过程中发生的变化！

首先，孩子们要单独完成一项实验任务：观察一个玩具模型屋（图I.2），并看着研究人员把一个小狗玩偶藏在屋子里的一件小家具后面。之后，孩子们来到一个有着相似布局的真实房间，尝试找出同样藏在对应位置的小狗玩偶。结果约75%的3岁孩子能直接找到藏玩偶的地方，而2岁半的孩子中则只有20%能做到。这短短半年内发生了什么改变呢？

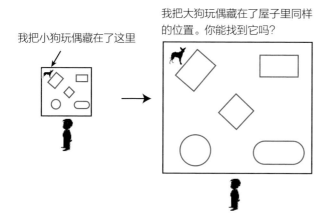

图 I.2 对于2岁半孩子有挑战性，而对于3岁孩子却很简单的任务：观察在微缩房间里摆放物品的位置，然后在对应的真实房间中找到它

年龄较小的孩子还无法形成抽象理解，搞不明白模型屋其实就是寻找玩偶的地图。对他们来说，模型屋就是模型屋，一个可以拿来玩的玩具，并不代表另一个真实房间。为了阐明这个假设，在之后的研究中又重新请来一群2岁半的孩子。他们先看着玩偶被藏在模型屋里，随后巨大的帘幕落下挡住模型屋。随着一阵"叮叮咣咣"的声响，孩子们得知模型屋"长大了"，变成了大房间。随后帘幕拉开，真实的房间展现在孩子们眼前。此时让他们去寻找那个玩偶，结果约80%的孩子能直接找到藏玩偶的地方。在解决这个任务时，他们不需要抽象理解微缩房间可以代表什么其他东西，模型屋没变，就是长大了而已呀！

想象玩耍中涉及的认知过程与德洛克研究中3岁孩子展现出的认知过程

相似。首先，孩子们要抵挡来自周围环境的刺激，不要将其理解为其本身的含义：香蕉不仅仅是香蕉（模型屋不仅仅是模型屋）。然后，孩子们还要在想象中构建出另一层含义：香蕉是运送食物的飞机（模型屋是大房间的地图）。

研究认知控制的另一个经典案例是沃尔特·米施（Walter Mischel）与同事们开展的"棉花糖"实验（Mischel et al., 2011）。这项研究关注的是孩子们能否抵御诱惑。研究人员给小朋友一粒棉花糖，并告诉他/她，"我现在要离开一下。如果你能等我回来再吃，我就再给你一粒。"结果没有几个小朋友能经受得住诱惑、管住自己的嘴巴。于是问题就变成了，他们在诱惑面前能坚持多长时间？沃尔特和他的同事们探索了各种小技巧来帮助小朋友们延长时间，尽可能多等一会儿再享受大饱口福的满足感。首先，"让孩子们想象棉花糖的美味"是最糟糕的办法，这反而更容易激起孩子们的食欲，向美食"投降"。"让孩子们把棉花糖想象成一幅棉花糖的图片"是行之有效的方法之一。这种想象帮助小朋友们把棉花糖引发的食欲反应转变为了认知反应。

Ⅱ. 如何运用想象玩耍来促进学习

有一种盛行的假设指出，执行功能是情商的重要组成部分，如果孩子的执行功能得到提高，在未来的学习生活中就会产生积极的影响。孩子们会在与他人学习和交往的过程中，更好地管理自己的注意力、专注力和冲动欲望。人们曾研究过一些为加强4～5岁儿童执行功能，并以玩耍为核心的课程。"思维工具大集合"（The Tools of the Mind）就是围绕想象玩耍来设计的执行功能练习[1]。例如，孩子们要扮演某个特定的角色（如医生），其行为举止就要像这个角色（像医生而不是像病患）。这有别于不需要遵守规则、单纯为了好玩儿的过家家。规则决定的行为，从本质上来讲是受认知控制的，而不是受外界刺激驱动的。

---

1. 请参考 http://www.toolsofthemind.org。——译者注

在一项主要针对低收入家庭的 5 岁儿童的实验中（Diamond, Barnett, Thomas, & Munro, 2007），孩子们随机分成两组，分别去上思维工具课程或者继续上现有的课程。学年结束的时候，孩子们进行了关于执行功能的测试。图 I.3 展示了用于测试的埃里克森（Eriksen）侧卫抑制任务[1]。孩子们通过按钮来指认图示中心位置图形的形状。在非一致侧卫测试组中，外部图形（扮演侧卫角色的干扰项）与中心图形不一样，这就会触发执行功能，因为孩子们必须选择性地抑制外部图形刺激产生的反应。对于这项测试，思维工具组中的孩子表现出约 90% 的准确率，控制组的孩子则有 80% 的准确率。在这个例子中，参与想象玩耍并不见得一定会提升执行功能。但是玩耍作为一种有效的载体，为训练执行功能提供了优质的土壤，从而让孩子大获裨益。

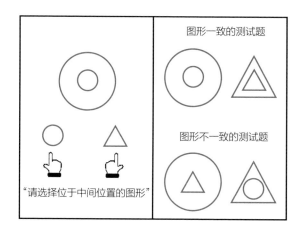

图 I.3　埃里克森侧卫抑制任务。在执行机能发展健全之前，孩子们很难理解形状不一致的图形组合

想象玩耍还能有效地调动学习积极性。这一点逐渐得到人们的重视，近年来游戏化的学习方法也备受关注。例如，在纽约和芝加哥参加探索学习计划

---

1. 认知心理学中的一种测试方法。通过一组对反应抑制能力的测试，评估一个人对特定情境下不合要求的反应进行抑制的能力。伴随目标反应的就是侧卫刺激（借用了橄榄球运动中伴随中场球员，在侧方打配合的侧卫这一术语）。侧卫刺激会以三种形式出现：①与目标反应相同（一致侧卫）；②与目标反应相反（非一致侧卫）；③既不相同也不相反（中性侧卫）。

（Quest to Learn）的学校，就在围绕一系列游戏来设计公立学校的课程框架[1]。

很多学习型游戏只是在单调重复的任务中引入了奖励机制，意图提高学习内容的吸引力（打着游戏旗号的学习就好比裹着糖衣的药丸）。例如，计分的打气球背单词游戏就比不计分更好玩。另外，我们也可以借鉴想象玩耍来设计游戏，例如通过引人入胜的剧情帮助学习者将大富翁游戏想象成建立商业帝国的探索之旅。还有个办法屡试不爽：让学生预期（想象）下一步会发生什么，从而为之做好准备。还拿大富翁来说的话，其中一大乐趣就是猜测对手会采用什么策略，是攻城略地还是投资虚拟股市掌控经济。这能促进深层次的学习，因为人们需要先学习游戏规则（无论是算数规则还是社会性规则），然后运用规则来想象游戏中可能出现的各种局势。

III. 运用想象玩耍能产生什么效果

在讨论有关玩耍或任何其他改变人类行为的方法所产生的效果时，有必要区分以下几个概念：发展、学习、绩效和问题解决能力。这会帮我们更清晰地理解它们各自所产生的效果。

发展指的是事物在正常情况下普遍会变得成熟。这些改变会影响儿童了解世界、与之互动的整体能力。例如，婴儿在没有特定经历的情况下也能学会聚焦视线。

学习[2]指的是人们在应对特定情况时所做的适应与调整，这些情况会因个体和文化的不同而不同。在一种文化中，孩子们学到的是辨别有毒植物的技能，而在另一种文化中，孩子们记住的则是海绵宝宝中几个主角的名字。在学校里，我们则一直努力教给孩子那些更广范围内也用得上的东西。

绩效指的是人们完成特定任务的优劣情况：放射科医生可以迅速地从膝

---

1. 请参考：http://www.instituteofplay.org/work/projects/quest-schools/quest-to-learn/.
2. 学习（learning）：因练习、经验而获得新的、相对持久的信息、行为模式或能力的过程。——译者注

关节的核磁共振影像中发现关节炎病症，而新医生可能毫无头绪。

问题解决能力[1] 属于表现水平的一种，它指的是人们应对新情况、新挑战的能力。例如，当家长突然推开孩子房间的门时，每个孩子可能都有一套自己的妙招来假装自己没在打游戏。

区分这些概念对于应用想象玩耍颇有益处。举个例子，人们通常认为成功地解决问题就等于有效的学习，但问题解决和学习却不尽相同：**就算没学到最关键的内容也照样能解决问题；相反或许问题没能解决，但却学到了很多**（请参考章节 J）。我们可以借助这些概念之间的差异，来分别思考想象玩耍最有可能带来的各类结果。

发展

目前来说，学术界还缺少能够证明想象玩耍本身会驱动执行功能、社交能力、象征性逻辑思考等认知能力发展的证据。当然这并不能排除玩耍作为成因之一的可能性，只不过有待证实而已。

围绕想象玩耍而展开的社交活动为孩子提供了练习的机会，让他们能越来越熟练地运用社交技巧。例如，本书的一位作者就经常无意间听到她的两个孩子在练习社交谈判。有时候她们的谈判竟然真能成功！

"我是花园国的女王，你是我的宰相。"

"我不想当宰相，我想当骑士。"

"好吧，我任命你为骑士……下一步咱们需要谈谈如何攻打森林王国。"

两人或多人在一起想象玩耍，需要相互合作与协调。那么在这之中练习并尝试不同的社交技巧肯定是有价值的。在玩耍练习中犯错的成本可是相当低的呢（连玩儿的时候都一言不合就哭鼻子的孩子，可能并不同意这个观点）。

---

1. 问题解决（problem solving）：导致某个问题得到解决的思维活动。需要利用问题情景所提供的线索，也需要利用在长期经验中所积累的知识。

学习

包括想象玩耍在内的各种玩耍行为，都能作为学习活动的有效载体。由于玩耍能充分调动人们的积极性，因此如果把课程按照玩耍的模式来包装设计，则可以提高学习者的参与度。如果游戏设计得合理，孩子们会为了学习而玩游戏，同时还能把学到的东西用于游戏之外的场景。例如，优秀的英语游戏不仅能让孩子在游戏中学得开心，获得高分，更意味着他们能把学到的语言带到生活中去。

绩效

受到严肃玩耍精神的启发，一些公司也将玩耍的元素融入工作环境中，从而激发员工的工作兴趣，促进团队合作，提升对工作的热情，等等。例如公司内部的员工一起参与一个搭建虚拟大楼的游戏。当你在现实中为团队创造了更高的销售业绩，绩效提升时，你就能在游戏中获得一些盖大楼的材料，为你们团队的虚拟大楼添砖加瓦。这种玩耍的目的是为了促进人们把更多的精力投入到工作中，以期换来更强的绩效。

问题解决

对于一些特定的问题，最大的挑战在于如何摆脱旧想法，提出新办法。即便想象玩耍不能从整体上提升人们的创新力，但至少它能帮着激发创意。例如，在丹斯基和西尔弗曼（Dansky & Silverman，1973）设计的研究中，孩子们会拿到几种不同的物品（比如厨房纸巾）。在想象玩耍组里，孩子们得知"你可以随便玩这些物品，想用它们做什么就做什么"。在模仿组里，孩子们观察实验人员用最常见的方式使用这些材料（比如拿厨房纸巾擦拭湿漉漉的杯子）。随后，两组孩子需要想出这些物品非同寻常的用法：厨房纸巾可以拿来做哪些其他的事情呢？结果显示，随意玩耍物品的孩子们在这项任务中表现得更好。当然这项实验并没有显示学生们整体的创造力是否得到了提升，他们可能只是学会了如何为厨房纸巾等物品想出各种妙用的方法。

IV. 如何培养想象玩耍的能力

想象玩耍是成长发育中很自然的一部分。要想进一步培养孩子们想象玩耍的意愿，家长老师们可以尝试多种方法，例如在假想游戏情景中与孩子进行互动，或是给孩子讲故事，等等。要激发孩子们的想象力，大人们也可以借助像纸箱、树枝这类简单易得的材料：我们可以把树枝想象成消防员的高压水枪，或者是独木舟的桨，又或者是魔术师的魔法棒，等等。而那些用途明确的玩具，例如具有唱歌跳舞功能的玩具机器人之类的产品，哪怕科技再先进，通常也只会被当作唱歌跳舞的机器人，没有更多想象的空间[1]。

图 I.4　想象力造就无限可能：沙盘游戏《我的世界》中，利用最基础的元素可以创造出带有逻辑的"甘蔗收割机"

---

1. 玩耍也要学会留白，给想象留一点儿空间，让想象飞一会儿。——译者注

V. 运用想象玩耍容易出现的问题

据目前已知的情况来看，鼓励想象玩耍不会有什么风险，只要孩子玩耍的对象别是剪刀之类的危险物品就行。最大的隐患主要是大人们对玩耍的态度。比如家长可能会怀疑孩子们连玩儿都没有认真玩，或反过来认为孩子们如果在学校就不应该玩耍（从一个极端走到了另一个极端，非黑即白）。

人们对玩耍的认知更多受各种口口相传的说法所影响，而不是去参考实际的证据（Fisher, Hirsh-Pasek, Golinkoff, & Gryfe, 2008）。有些说法会将玩耍描述为"幻想"（超人拯救地球的过家家）、"内在满足"（在游戏中成为百万富翁），甚至是"碰运气"（从老虎机中赚个十万八万），等等。在几百年来的西方文化中，这些都代表了玩耍行为在人们脑海中根深蒂固的印象（Sutton-Smith, 2009）。而除此之外，本章则以促进孩子发展与成长为出发点，综述了一些有力的证据来说明玩耍可以是一种"学习过程"。因此如果说玩耍只不过是孩子成长中起推波助澜作用的催化剂，就未免太狭隘了。作为学习活动的载体，玩耍能以多种形态出现，实现"寓学于玩"。比如，作为促进学习的动力来源，或是用来模拟社会中各种游戏规则的活动。

VI. 好例子，坏例子

若要总结一下想象玩耍的效用，可以用一句话概括：帮助孩子变得更受自己大脑所控制（认知驱动，由内而外），而不是受外界刺激所控制（冲动驱动，由外而内）。因为在想象玩耍中，孩子们要创造出属于自己的思维世界，指导自己的行为，而不是任由外界环境摆布。铭记这一点，我们就应在设计想象玩耍的学习活动时，尽可能发挥认知驱动的力量。

坏例子：小朋友正在看一部动作大片，电影中运用了大量的想象。然而，观看电影却只停留在感官的刺激上，永远上演不尽的爆炸、追车和特效镜头（一些电子游戏也是如此）。小朋友全程都被感官刺激所控制（并不是说我们不该看这类电影，只是不要指望这类动作电影会对执行功能有多大提升）。

坏例子：一个大朋友让小朋友严格按照他的意图去扮演国王："你要让大臣们提出议案，你要奖赏这位骑士……"这样的话小朋友就是被大朋友的指令（一种刺激）所驱使，而不能锻炼她自己的想象力。

好例子：看悬疑电影的时候，观众就是被认知驱动的。其中的乐趣在于你会持续构想下个场景会发生什么，不断推理"真相只有一个"的迷之凶手。要记住，我们作为成年人要不断提醒孩子，无论是在阅读悬疑故事还是在观看悬疑电影时，他们的任务之一都是要不断想象剧情发展的各种可能性。

好例子：给孩子留有想象空间的玩具。相比于那些制作繁复精美但玩法单一的玩具，积木虽然构成简单却能够给孩子们创造更多的想象空间。小小的积木可以变成堡垒、大桥等，释放无限可能！还有玩具小屋，可以让孩子们在自己的故事世界中天马行空。再次重申，大人们在提供建议的同时，不要过度主导玩耍的过程，适当的放手对于孩子来说就是最大的帮助。你要做的只不过是为孩子提供更多想象的机会，让他们在充满约束的现实与放飞思绪的想象之间不断切换。

想象玩耍
Imaginative Play

核心的学习原理是什么

想象玩耍是创造与真实世界不一样的故事世

界。在充满乐趣的扮演过程中，人们以物喻物，用一种事物代表另一种事物。

对学习什么有帮助，举个例子

一个小朋友拿一把叉子（象征妈妈），训斥勺子（象征孩子）为啥不把青菜吃完。理论上来讲，想象玩耍可以帮助孩子锻炼抽象表达能力、社交能力，以及认知控制。

为什么会有用

想象玩耍有两个重要的步骤。首先，既然是扮演，就需要抑制住环境刺激带来的本能反应（叉子不是叉子）。第二步是构建其替代物，即认知上受控的一种新的解释（叉子代表妈妈）。训练这些核心的能力可以刺激成长发育。然而，尽管各种不同形式的玩耍在动物界和人类社会中都十分常见，但我们还是难以找到确凿证据来说明玩耍的起源及其相应的结果。当然，玩耍终究是比较有趣的，至少可以作为开展活动，支撑成长进步和提升学习兴趣的有效载体。

能解决什么样的学习问题

- 人们不主动思考，只会被动服从。
    - 过度规定好的课堂教学内容，学生们按要求思考、做事。
    - 上司手把手带着下属做事情，使得员工只会按照老板的指令（外部刺激）行事，不去主动思考工作任务的真正意图（内部刺激）。
- 人们被来自外界环境的刺激驱使。
    - 一部充满了高端电脑特效的动作片让人难有任何想象空间，感官的刺激取代了全部想象。
    - 孩子们看到糖葫芦就走不动道，太容易受环境刺激驱使。

使用的范例

- 让人们在想象时，按照不同行为规范去扮演不同的角色。
  - 让小朋友在扮演医生时，认真去模仿医生的样子，而不是模仿病患的样子。
- 通过成年人来鼓励孩子的想象力。
  - 在和孩子读故事的时候，让家长提出"假如……则会……"的问题。

容易出现的问题

玩耍的定义以及玩耍的益处这两个问题都尚无定论。于是出现了一些奇怪的论调，比如"在想象玩耍中人们学不到任何东西"，或者是"匠人都是从小玩出来的"，等等。事实上想象玩耍的意义深远、影响广泛，老师和家长们要避免陷入这些片面的观念中。

适时讲解
Just-in-Time Telling——
通过铺垫体验，让讲解更具意义

  适时讲解是帮助学习者先铺垫体验，再接受讲解的学习方法。试想，如果课堂上或书中讨论的问题是学习者亲自感受过的，那么他们就会理解得更加深刻。当学习者明白过程中的种种细节时，就可以更准确地理解讲解内容，之后便能据此更高效地学习新内容，更有效地解决新问题。本章要介绍的正是如何创造各种机会，让学习者亲自经历挑战、切身感受问题，让学习师出有名。

  可曾记得，那些年一起熬过的一节节化学课、历史课（或是任何你自己觉得令人心塞的课程）。课堂上，老师滔滔不绝地把课本讲成天书，那些似曾相识的语句化作一团团支离破碎的词语，变得模模糊糊、飘向云端。最讽刺的是，课上所讲的重要理论、重大发现几乎都是当初人类最卓著的突破，不然为什么特地在课堂上讲呢？如此伟大的思想，为何搬到课堂上就褪去了光彩呢？有人说，可能是因为课堂太过冗长、信息量太大，根本无暇理解如此多的信息！如果单单只是这一个问题，那只要把课堂分解成若干小节，提供更多的互动机会即可。然而，很多时候出了问题，要先从自己身上找原因。虽然老师是一方面，但也要客观反思自己的不足。比如，也许当时只是听人说了"这个内容很重要，要好好听讲"之类的嘱咐，事实上却没有走心，所以也就没真正意识到课程内容的重要性。所以学得懵懵懂懂，囫囵吞枣也是情理之中的事了。但是，假如我们能亲身感受到这些伟大思想所能解决的问题，也许就能打心底里重视起来！

I. 适时讲解的原理

在商场和战场中，人们常会针对错综复杂的情形进行模拟推演或演习。演练结束后，常会有一份执行简报把过程中的经验总结成条理清晰的框架模型。试想，如果没有参与真实的演练，简报就成了一套空话（光说不练假把式）；而如果在演练结束后不总结升华，模拟练习就只留下碎片化的经验，无法形成系统化的理论加以广泛应用（光练不说傻把式）。"讲解"的价值就在于它可以通过一个理论框架或是一套解决方法，把之前独立分散的经历串起来。**可见，在经历问题与学习解决办法的过程中，分别会产生不同类型的知识。而要想两者充分协调配合，让学习效果更出色，就应先体验再学习。**

有效的知识通常由两部分构成："如果（if）……"和"那么（then）……"。"那么……"表示的是我们应当采取的行为，比如"就要进行市场调研分析"。"如果……"则设定了触发行为的条件，比如"想推出一款新的产品"。两个部分如同上下文相辅相成。然而遗憾的是，大部分课程设计和教学材料，都为"那么"部分提供了细致的讲解，而忽略了"如果"部分的重要性。它们非常专业地描述了逻辑推导的结果，却没有提到什么前提条件下才能顺理成章地运用"那么"部分。因此可以想象，学习者缺少对"上文"的理解，没有形成准确而充足的先前知识（prior knowledge），自然也就无法准确地理解"下文"了。

举个具体的例子：在一节讲解人类记忆类型的课上，教材内容和课堂讲解对不同类型的记忆和思维过程都进行了详尽区分，例如联想记忆[1]、程序记忆[2]、记忆编录[3]和提取[4]，等等。虽然分析得细致入微，但学生们的理解还是粗枝大叶："人们会形成记忆。"煞费苦心却效果不佳，这可能是因为学生们并未认真体会过这些不同记忆现象，自然也就意识不到准确区分的重要性。

为了解决上述问题，施瓦茨和布兰斯福德（Schwartz & Bransford，1998）尝试让学生们在课前亲自发掘不同的记忆现象。研究人员给出几组在词语记忆测试中人们回忆出的词语，学生们的任务是找到并绘制出其中的规律。在此我们也邀请你来尝试一下，看看能否从人们回忆的内容中发现一些有趣的规律。

任务说明：请阅读实验背景信息以及相应的数据结果，描绘出从数据中发现的规律。

实验背景信息：这些数据来自于一项研究人们记忆单词的实验（如下方所示）。参与者每秒会听到一个词语（不能看，只能听）。听力完毕后，参与者要尽可能多地写下记住的单词。

词语列表（按照听的顺序）：汽车　天空　苹果　书　杯子　锁　大衣　光　灌木　铁　水　房子　胶条　文件　玻璃　狗　云朵　手　椅子　包

数据结果：参与者写下的内容（按照书写顺序）——

参与者1：包　手　椅子　云朵　天空　光

参与者2：包　椅子　手　汽车　天空　书　房子　灌木

参与者3：手　包　椅子　云朵　汽车　锁　狗

参与者4：包　手　椅子　狗　汽车　苹果　天空　水　玻璃

---

1. 联想记忆（associative memory）：通过与其他的知识单元的联系进行的记忆。
2. 程序记忆（procedural memory）：又称"非陈述记忆"，与陈述记忆相对，个体对具体事务操作法则的记忆。
3. 指是把感觉转换成记忆的过程。——译者注
4. 指的是从过去的事调取信息的过程。——译者注

参与者5：包　椅子　汽车　铁　苹果　杯子　水　光

即便是随意浏览一下数据结果，你很可能也会注意到：大多数参与者都会首先想起包、手、椅子，还有汽车、天空这些词语；而这些单词又似乎都位于列表的开头或结尾。这就证实了关键的记忆现象，比如**近因效应**[1]，指的是人们对刚听到的事物会留下很强的即刻印象；以及**首因效应**[2]，指的是人们对最初听到的事物印象深刻。

研究人员通过测试来考察，课前对记忆现象的分析练习是否比传统教学方法更能提升学习效果。实验中，第一组学生像上述方式那样绘制出从数据中得到的有趣规律。第二组学生则在课本中阅读对同一实验的描述、查看数据表格，并阅读对实验结果的理论解释。与第一组不同的是，第二组学生并没有看到或亲自分析原始数据，他们要完成的则是撰写两页阅读总结。两组学生画图表或阅读写总结所花的时间是一样的。第二天，所有学生都需要上一节相关记忆理论的讲座，并了解这些理论如何对应实验结果。

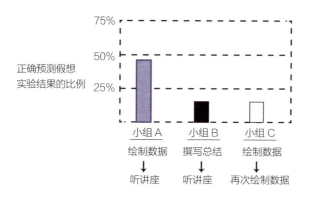

图J.1　"适时讲解"的机会对学习效果的提升。在完成了图表中每组下方所列出的活动后，学生要在一个关于记忆的假想研究中，预测最有可能的结果（Schwartz & Bransford, 1998）

---

1. 近因效应（recency effect）：①位于系列尾部项目的记忆效果优于位于系列中部项目记忆效果的现象；②个体与他人交往过程中，最近接收到的信息对形成印象影响更大的现象。
2. 首因效应（primacy effect）：①位于系列首部项目的记忆效果优于位于系列中部项目记忆效果的现象；②个体在与他人交往过程中，最先接收到的信息比后续信息对形成印象影响更大的现象。

为了考察学生们究竟学到了什么，实验人员安排了两项测试。第一项测试是关于客观事实的判断题，例如，"首因效应是指人们对最后听到的事物印象深刻"（这是错的）。这两组学生表现得都不错，说明他们都掌握了理论的"那么……"部分。然而一周后的测试中差异开始显现，这项测试考察的是活学活用的能力。测试中，学生们先阅读一篇文章，然后预测人们平均最可能会记住哪部分。例如，有些学生回答，"人们对开篇的部分会记得更清楚"。图 J.1 显示，自己先绘制数据规律再听讲座的同学预测得更为准确。这些学生首先通过对数据进行探究分析，注意到了不同的记忆现象及其相应的形成条件。随后的讲座则提供了进一步的解释说明。而相比之下，那些先撰写阅读总结再听讲座的学生，第二项测试的表现不佳。这是因为他们未曾了解理论的应用场景，只会描述该理论，却不知道该何时运用。

更重要的一点是，该研究中还有第三组学生。他们同样自己尝试绘制数据规律，但随后并不会听取讲座，只是继续分析图表数据。不出所料，这些学生在两项测试中都表现得很糟糕。究其原因，首先他们没有学习描述相关现象的术语与理论，所以在判断对错测试中表现不佳。其次，由于没有听取讲座，他们也不了解观察到的规律背后的原理，因此情况稍有改变的时候，他们就无法把自己发现的规律推而广之。比如说，不了解首因效应和近因效应概念的话，学生就无法推断单词列表的记忆规律是否也适用于一篇文章的记忆？

这对我们有何启发？如果想从前辈们积累的智慧中多多受益，学习者需要做到两点：①虔诚地学习各领域专家耗费毕生精力所总结出的语言文字，②同时也要了解这些内容擅长应对的问题和应用场景。光听别人描述效果有限，有机会还是应该多多亲身体验，这样才能领悟学习的内容。

II. 如何运用适时讲解来促进学习

人们通常认为传统的课堂讲解就是知识学习中**传递理论**（transmission

theory）的典范，即老师能够把知识灌输到学生的脑子里去。这种填鸭式的教学观念已经跟不上时代发展的脚步了。事实上，大多数人的学习过程都遵循着某种程度的建构主义[1]，也就是依靠学习者自己将知识融会贯通。有些人认为建构主义只有在探索活动或是实践体验中才能实现，单纯靠上课来学习与构建主义背道而驰。不过我们要透过现象看本质，课堂讲解也并不违背建构主义：只要人们有足够的先前知识（即知识储备），就算安静地坐在那里听也依然可以收获颇丰。课堂讲解真正的问题在于学习者往往缺乏必要的先前知识，因此无法从授课内容中听出名堂。他们唯一能做的就只有死记硬背（或者干脆开小差）。

为了发挥课堂讲解和阅读的最大价值，我们首先应帮助学习者积累先前知识，为后面的学习做好铺垫。为了创造一个适合讲解的时机，最有效的准备活动能帮助学习者直面应对问题情境中最关键的部分。通过下面的例子，我们将展示有效的"热身活动"应具备的两个要素：①以问题为载体，②指向性精确。

以问题为载体

"适时讲解"的关键在于设计一个需要解决的问题（真实或理论的均可），然后再让学习者参与其中。比如要教孩子在森林中用指南针和地图找方向，别只让他们在森林中乱走，而要让他们解决一个具体问题，例如尝试在森林中的两个地点之间，用指南针和地图找寻路径。

同时，学习者不见得每次都非要为体验问题而冲锋陷阵。相反，他们真正需要的是解决问题的动力和看待问题的角度，至于问题到底是自己的还是他人的并不重要。让我们来做个思维实验，以培训职业经理人为例：几位经理人正在学习如何管理人心涣散的团队。一种方法是把他们安排到一个鸡飞

---

1. 建构主义（constructivism）：又称"构造主义"，与机能主义对立的心理学研究取向，主张研究心理的内容或意识的建构。

狗跳的工厂中亲自管理一个小时。这个方法听上去不错，体会问题的同时还能凸显学习管理技巧的迫切需求。然而，这种做法的问题在于，经理人体验到的问题可能并非我们希望他们关注的问题。比如培训的目标是讨论如何确保员工严格执行质量标准，而经理人体验到的却是员工上班玩手机。因此，更为理想的方案是，通过真实的企业管理视频来展示几个主题，让经理人们围绕这些难题进行分析讨论。这种体验的优势在于，既可为后面的理论讲解做好准备，又便于操作，直击问题关键。

指向性精确

其实上面的例子已经凸显了这点，体验应尽量精准并与目标内容呼应。假设你要讲一节水坝设计的课。为了让学生做好充分准备，你要求他们先为一条河流设计一座水坝。这个问题会激活学生们以往学过的有关水坝的知识，但遗憾的是它不见得会帮助学生充分体会设计水坝时需要关注的问题，比如水流压力中心点的高度与坝体重心高度之间的关系，以及坝体坡度，等等。要为学习这些内容做好准备，学生应找机会探究不同水深的压强问题。绝佳的挑战可以让学习者直击学习内容最核心的部分。

下面我们展示一个练习的范例，它既是以问题为载体的，指向性又非常精确。图 J.2 中的练习可以为学生学习变异性的概念及相关计算公式（如标准差）做好铺垫。

学生们的任务是，找到一种通用的方法来描述发球机的稳定性，即每个小黑点代表球的实际落点的变异程度（理想的情况下发球机发出的球应该落在同一点上）。这些例子凸显了一系列与度量变异性有关的因素。例如，通过对比"烈焰牌"发球机和"爆击牌"的落点分布，学生会注意到：除了落点的分布范围之外，落点的密集度在度量变异性时也很重要。"必击牌"发球机和"超级本垒打牌"之间对比，则可以帮助学生发现样本大小的问题（即统计学术语中的 n 值）。这些案例能帮助学生更好地理解标准差公式，因为他

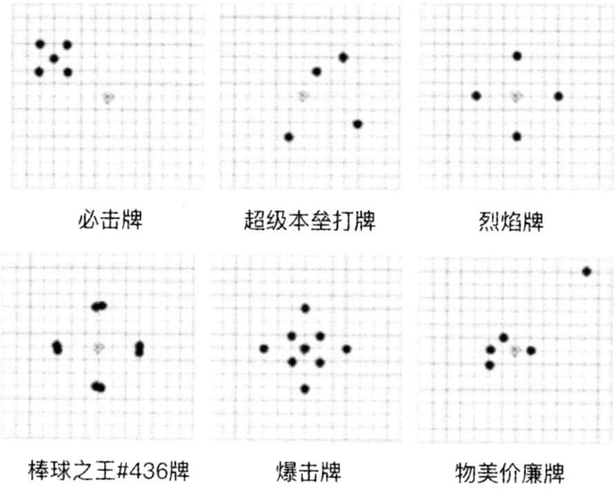

图 J.2　辅助学习测量变异性的体验练习。网格图表示了不同型号棒球发球机的测试结果。每个点代表了机器对准中心发球时球的实际落点。学生们的任务是找出一个通用的计算方法来衡量所有机器的发球稳定性（为孩子挑选发球机时，你一定希望买一台性能稳定的机器吧！）

们已经对公式中需要涵盖的不同特征进行了区分，知道每个参数出现的意义。例如，与讲座前没做过练习的学生相比，先做练习再听讲座的学生更容易理解为何下列公式中要在开根号之前先除以 n（Schwartz & Martin，2004）。

$$\sigma = \sqrt{\frac{\sum(x-\bar{x})^2}{n}}$$

除以 n 是为了解决样本大小不一的问题，人们用除以 n 来取平均值。

网上也有很多资源可以作为适时讲解的前期铺垫，比如免费在线模拟科学实验[1]。在使用这些工具时，不要让学习者完全自由探索，因为他们的关注点可能和目标内容有所出入。更好的办法是让学习者先自由探索几分钟，试试不同的控制方式，了解仿真程序的运转方式，并满足一下刚上手的好奇心：研究研究"这个按钮是干吗的"，瞧瞧看看"那个参数有什么用"。随后，我们就需要提供一个与目标学习内容直接相关的问题，比如在模拟练习中找出实现同一结果的三种不同变量组合（例如，为了让大炮击中同一个目标，找到三组不同的发射高度、速度、角度组合）。这可以帮助学习者将注意力放在即将学习的主题特征上。

---

1. 例如可参考 PhET 互动模拟，网址：http://phet.colorado.edu。——译者注

III. 运用适时讲解能产生什么效果

适时讲解能够帮助人们理解学习内容的目的和用途。当学习者明白学习的合理性时，他们就不容易盲从或者不懂装懂还逞强："没什么为什么，就该照着公式做。"他们应该能更自然地用自己的话表达思考过程，并且回答"为什么要这样做"等相关问题。

利用适时讲解的另一个好处是，帮助学习者从记忆中挖掘出更多可用的知识。诺贝尔奖获得者物理学家阿尔弗雷德·怀特海德（Alfred Whitehead）发明了**惰性知识**[1]这个术语：人的大脑可以储存大量的理论知识，但如果无法辨别运用时机，这些知识就一直处于惰性。例如，迈克等人（Michael, Klee, Bransford, & Warren, 1993）发现职业生涯刚刚起步的临床医生，完全能够描述出曾学过的各种病征，但在实际诊疗时却不能有效地诊断坐在面前的患者。这是因为他之前都没有机会观察做出诊断的种种条件，即从未学过"如果"（if）的部分。因此，给学习者提供机会去体验知识的应用场景，可以帮助他们在未来更好地辨别运用的时机。

IV. 如何培养适时讲解的能力

在遇到自己无法解决的问题时，人们都很善于从外界寻求答案。然而在读书或听课之前，人们却不太善于去找相关的问题先体验一把。据我们所知，目前还没有在哪项研究中有人尝试过指导人们自主探索实际问题，并且自己创造合适的学习时机（为学习做好铺垫）。这方面的例子十分少见，学习使用新产品算是不多的例子之一：打开新相机的包装后，人们都会先拿起来试着拍几张照片；只有遇到想要实现的功能却不知道怎么操作时，才会根据需要去查阅说明书。但一般来说，人们在学习专门的知识之前，很难主动

---

1. 惰性知识（inert knowledge）：个体已获得并存储与脑中、但在某些情况下无法提取并加以应用的知识。

寻求机会为自己积累实际经验（或者说并不会有意识地积累）。因为在刚接触学习内容的时候一问三不知，自然也就不清楚该用什么样的体验来辅助学习。

甚至有时，学习者因为种种原因并不乐意在学习之前先体验一下。但还是有必要让他们相信，在学习之前先结合问题进行探索会很有帮助，哪怕解决不了问题也无妨（Kapur & Bielaczyc, 2012）。例如，我们曾经在大学物理课前的习题课上，要求学生们去解决类似图J.2中的问题，学生们却怨声载道，"考试中怎么会出现这样的题？""怎么还没讲就先考我们了啊！"。他们的抱怨情有可原，毕竟在这么多年的学习生涯中，都是在强调"照做不出错"的练习。但抱怨归抱怨，之后的考试结果表明，那些参与课前练习的学生最终都比没参加练习的学生表现得更好。然而遗憾的是，这么好的结果我们没机会告诉那些发过牢骚的学生了。

V. 运用适时讲解容易出现的问题

第一个容易出现的问题是，老师们总是忍不住把自己知道的东西分享给学生，于是便不经意间霸占了学生思考的机会，"毕竟，就算不小心提前透露了知识，又能怎样呢？反正早晚都要学！"客观来说，过早讲解会造成一些问题，这与人们的认知规律相关：**人们通常会依赖已知内容，而不去关注新的事物**。实在是值得令人深思！如果给孩子展示了玩具的某一种玩法，他们就不太会去探索其他的玩法（Bonawitz et al., 2011）。若是学习中，教给学生一个公式，他们就会更关注你教的这个公式，而忽视它所描述的应用情境。（管中窥豹，只见树木不见森林。）

一项针对八年级学生的研究展示了过早讲解所引发的问题（Schwartz, Chase, Oppezzo, & Chin, 2011）。在该实验中的"讲解优先"组中，学生们先听了关于密度的讲解，学习了利用公式 $d = m/v$ 来计算密度。随后学生们完成如图J.3所示的练习题。他们的任务是搞清楚小丑在每家公司大巴车里的拥挤程度。例如第二行这家公司，答案就是每节车厢 3 个小丑。超过 95% 的学生都能正确计算出每家公司车里小丑的拥挤程度。24 小时之后，学生需凭借记忆画出练习题中的图。大约 50% 的学生画出了与图 J.4A 相似的一组巴士，虽然都来自同一个巴士公司，但是不同车厢的密度却不一样。之所以会犯这种错误，是因为当学生们解题的时候，没有注意到密度就是质量（小丑数量）与体积（车厢数量）的比例。相反，他们仅仅是按照指令，拿质量除以体积。由于他们过度依赖公式，而忽略了比例概念本身的意义。

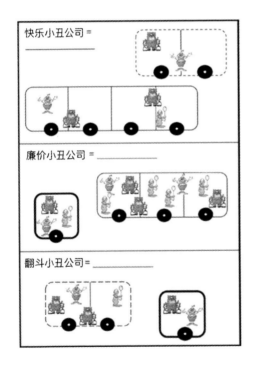

图 J.3　练习题的插图显示了 3 家巴士公司的小丑与车厢数量所成的比例。在讲解优先的条件组里，学生先学习密度公式，再应用公式计算每家公司小丑的拥挤程度。其他学生并没有直接学习密度算法，而是要自己发明一个公式来计算每家公司的拥挤指数

为了证明这样的结果是因为过早讲解，该研究还包含了一个"练习优先"组，其中学生不会事先学习密度的概念。他们的任务是要自己创造一种方法来计算各个公司车厢不同的拥挤程度。而第二天重新画练习题插图的时候，75% 的孩子画得与图 J.4B 相似，即他们发现了比例的重要性。两组不同

操作对孩子们的影响持续到了数周后。在运用比例概念学习新内容的能力方面，通过自己想办法学生们的表现几乎好了4倍。在小学生学习求解"3+4=5+__"这类题目的训练中也出现了类似的结果：先探索的学生要比先听讲的学生表现得更好（DeCaro & Rittle-Johnson，2012）（这道题算错一般是因为孩子没见过等式运算，通常就误认为答案是12，因为他们觉得应该把所有数字加起来填到空格里）。

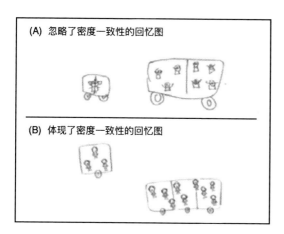

图 J.4　学生们凭记忆画出的插图。（A）图画表明学生们没有注意到拥挤程度（密度）这个问题。（B）图表明学生明白了拥挤程度（密度）可以由比例来定义，而且每个车厢的密度和整列车的密度是一样的，在这个例子里是3个小丑/车厢

上述研究启发我们提出"翻转教学"的概念，即学习者先在家看讲课视频，然后再到课堂上练习。不过，也许更理想的方法是让学习者先体会问题，再看讲课视频，再练习如何灵活运用。我们就机智地把这个新创造的教学方法称为"翻 - 翻转教学法"吧（双翻转教学法）！

第二种容易出现的问题是，人们可能会低估那些特别引人入胜、体验感强的活动所能带来的巨大价值，因为它们产生的积极效果不一定立竿见影。例如，阿里纳（Arena，2012）曾借助商业电子游戏，比如《文明》和《使命召唤》，帮助学生了解第二次世界大战的背景知识。刚一开始，玩了好几个小时游戏的学生，似乎并没有比不玩游戏的学生显得对第二次世界大战懂更多，看来"玩游戏没啥用"。然而该结论可能言之过早。虽然这些游戏并没有直接讲述第二次世界大战的历史，但学生们借助游戏了解到了军事策略和

战术等思考角度，这有助于他们在课堂上学习类似内容。事实上，游戏要发挥其价值，必须要有相应的讲解与之配合。在"游戏加讲解"这样的设定中，玩过游戏的学生要比没玩过游戏的学生从第二次世界大战讲座中学到更多知识。很多体验式活动的价值就在于它们能为未来学习做好铺垫，而其本身并不是一个完整的学习过程。

这是一个很有趣的结果，尤其对于热衷游戏和学习的人来说，这一结果非常耐人寻味。重点并不是说玩几个小时战争题材游戏就是帮助学生了解第二次世界大战最有效的方法（或是政治上最正确的方法）；重要的是即使不把学习材料硬塞进游戏里，人们也能让游戏发挥好的效果：游戏只负责带来体验，让紧随其后的讲解负责带来知识（Arena & Schwartz, 2013）。

第三个容易出现的问题是，讲解在执行环节中掉链子。比如，例子说服力不强，讲解顺序混乱，没有将核心思想概括出来，叙述单调乏味，等等。迄今为止，讲座课最常见的问题就是信息过量。有人计算过，一节正常的工程类讲座上，平均每 2.5 分钟就会介绍一个新公式，每 45 秒会出现一个新变量（Blikstein & Wilensky, 2010）。请想象一下你坐在座位上接受这样的轮番轰炸坚持一个小时是什么感受！也许授课老师认为他们必须涵盖所有的知识点，或者这些内容看上去都太浅显易懂了（至少对他们来说是吧）。结果就是，光速一般的讲座大大提高了认知负荷，学习者单单把所有的新信息记在脑子里就已经筋疲力尽了。面对自己熟悉的领域中一堂信息量过载的讲座，即便是专家也很可能跟不上节奏[1]。

VI. 好例子，坏例子

准备一个关于帆船与风向的"适时讲解"体验。

坏例子："想象一下学会风帆冲浪后，你就可以去好多有趣的地方"。虽然这种说法也能提高学习的积极性，但是并不会为理解课堂内容提供太多帮助。

---

1. 有的时候，少即是多。——译者注

好例子: 让每人都手持一个小的帆船模型,然后让大家一起参与有趣的竞速比赛。学生们需要设置好帆的角度,让小帆船在侧风时依然能够抵达彼岸。这可以帮助他们体验在风中航行时可能出现的种种问题,也会帮助他们在随后的课堂学习中更好地理解知识内容。

适时讲解
Just-in-Time Telling

核心的学习原理是什么

让学习者先体验问题,再学习知识或提供解决方案。

对学习什么有帮助,举个例子

学习者先模拟演练,随后再点评分析。模拟演练给学习者提供了丰富的体验,综合点评则把这些体验有机地组织起来,形成理论框架。如果缺少了模拟演练环节,单纯的理论讲解可能会太过抽象枯燥。然而离开了理论讲解,这些体验也不过是一些零散的记忆。二者有机结合才能产生更有价值的知识。

为什么会有用

人们需要结合已经掌握的先前知识来学习新的知识。但在很多情况下,学习者并没有充足的先前知识来与新内容建立有机联系。因此让学习者全面体会需要解决的问题，同时积累先前知识，能让随后进行的讲解变得更有意义。

能解决什么样的学习问题

- 学习者在讲座中感觉无聊、迷茫。
  - 一位教授在讲授她最精心准备的一门课，然而知识细节太多学生无法一下搞清楚。
- 学习者对某项事物的理解非常宽泛，并不精准。
  - 学生阅读了关于记忆现象的各个类型，但仿佛只学到了"人们形成记忆"这一泛泛的知识点。
- 学习者无法活用他们学到的内容。
  - 学生可以很好回忆起学到的内容，但是却搞不懂何时运用。

使用的范例

- 让学生们尝试通过解决问题来获得相关体验。
  - 生物系的学生们思考如何在不触碰的前提下，把 20 个橡皮鸭子移动到水池的中央。这会为后面讲解细胞核在细胞分裂的过程中如何收集原材料来做铺垫。
- 见习教师观看几段视频，了解存在问题的班级，思考可行的解决方案。这可以帮助他们更好地理解后续讲座中介绍的相关解决方案的细节信息（细节决定成败）。

容易出现的问题

- 老师可能忍不住将知识或解决方案过早地告知学生。
- 学习者可能拒绝在不知道解决方法的情况下自己尝试解决新问题。

知识与创新
Knowledge——
论述知识学习中的高效与创新

  知识,以千变万化的形式充盈于各种各样的学习之中,真可谓无所不在。那些"已学会"的知识帮助人们解读分析新信息,而"后习得"的知识则帮助人们打开想象的空间,把以往的不可能变为可能。正因为知识本身的核心地位,我们决定打破以往的章节形式,通过论述来讲解知识所能带来的深远影响。本章的目标是探讨人们对于传统教育设计与理想学习体验之间的差距与误解,从而树立新观念,塑造新气象。

  由于工作性质决定,学习科学的研究人员和教育工作者通常需要全方位思考,不能局限于当下预设的学习目标,而是以长远的视角和发展的眼光来设计学习体验。因此,也会更触及问题的本质,比如判定有价值的学习结果、值得深入探究的学习目标,等等。这些涉及更深远利益的基础性教育问题应当由相关决策者权衡大局后而定。而此过程中,关于学习的科学理论则可以助我们一臂之力,以火眼金睛来辨别真正蕴含价值的学习形态,这一点在如今这个信息大爆炸的时代尤为重要。

我们此处提出的理论框架同时涉及两个关键的，某种程度上却又相互制衡的教育目标（Schwartz, Bransford & Sears, 2005）：①培养并运用高效率的知识来解决重复性问题；②培养为适应全新环境而创造新知识的能力。这两类目标常在教育界的辩论中针锋相对，比如"训练学生熟练掌握技能和激发学生探索新知到底哪个更有价值"或是"到底教学应以老师为中心还是以学生为中心"等等。然而退一步来说，这两类目标一定是非此即彼吗？还是说能有一种理论框架可以让学习者所汲取的知识，既能提高解决常规问题的效率，又能促进创新？

图 K.1　创新型知识与效率型知识的权衡

为效率而学

在学习科学中，一个常见的主流观点是"知识就是力量"。普遍认为这句话出自法国作家培根（Francis Bacon）。具体讲来，这句话在学习研究中表达的含义是"知识为学习者赋予有效的掌控力"。回溯到 20 世纪 50 年代，纽厄尔和西蒙（Newell & Simon, 1972）着手打造了一种被称为**通用型问题解决工具**（general problem solver）的电脑程序。该程序会运用一些通用策略来解决问题，例如构建子目标，遍历每种可行方案，进行逻辑推理，等等。这套程序可谓是凝聚智慧的神来之笔！然而，该程序的创作者同时也意识到一个致命问题，即这些通用的解决策略都是**弱方法**：适用性广、效率低下、费时费力的"万金油"方法。与之相对的,解决问题过程中还会采用**强方法**:与知识密切结合,针对特定问题而制定的解决策略。若借助棋局来类比的话,新手每落一步棋,就会思索对方所有可能的应对招数,以及接下来自己如何见招拆招,这就是一种弱方法。高手下棋则会纵观全局,从横行纵列对角线中发现出奇制胜的先机,这就是强方法。由此可见,知识可以让我们变得更为高效、更为强大。

为效率而生的高效知识,其特点是易于快速上手、可精准应用、表现稳定。常年实施某项特定手术的医生就具备非常高效的知识。面对病患时,他们可以快速做出诊断并给予有效治疗。因此,当我们选择主刀医师的时候,不妨多问几句例如"您之前操刀过多少类似的病例"之类的问题。实际的操作经验可能比天生的高智商更能说明一个人的专业程度(请参考章节 D)。

高效知识能够帮助人们提高解读有关联的新信息的能力,同时能够比教学方法本身更好地预测良好的学习效果(请参考章节 S)。以阅读理解题为例,如果阅读材料与学生之前的某段经历相关,那么学生就能更好地完成题目。工作中也是一样,如果遇到自己之前处理过的情况,我们就能很快了解该获取哪些新信息,并制定相应解决方案。

掌握更丰富的知识甚至能够帮助我们抵抗衰老带来的影响!人过三十,对各类临时性信息的存留、选择,以及转换的能力就会开始下降。不过好在知识的积累可以一定程度上弥补能力的衰退,甚至反超其影响。在汉布里克和恩格尔(Hambrick & Engle,2002)的一项研究中,研究人员要求参与者首先收听几分钟棒球比赛的广播。随后,参与者要就刚才听到的内容回答问题。结果显示,对棒球了解程度相近的年轻人和年长者相比,前者能记住广播中的更多细节内容,毕竟他们的工作记忆更强健。然而了解棒球的年长者就能比不懂棒球的年轻人记住更多比赛细节,虽然年轻人的工作记忆更胜一筹。所以某种程度上知识反超时间的力量还是可以实现的!

学习科学首先关注的是学习的效率问题。在美国尤其如此,每当倡导皮亚杰理论[1]的学者被问到一些具有"美国特色"的问题[2]时，他们常会付之一笑。例如，"怎么才能让我家孩子更快地进入下一个成长的阶段呢？""怎么才能更快的超越隔壁老王家的孩子呢？"类似关于效率的问题还真是契合美国实用主义至上的意识形态呢！

综上所述，我们似乎可以稳妥地得出这样的结论：高效知识的增长就是新手成为专家的标志。大部分学校里的考试关注的都是高效知识，唯一的标准答案便是其最明显的标志，而且考试形式也多为闭卷（Bransford & Schwartz, 1999）。学生们在解答时既不能参考学习资料，也不依靠反馈指导，就好比与外界隔离开的陪审团一样[3]。如此这般，如果学生们已经将知识进行有效储备，那么在面对相对熟悉的一类问题时，就能在有效的时间内直接做出正确解答。

为创新而学习

高效知识理想的应用场景是那些稳定且重复性强的情境。例如阅读，其媒介要么是纸质书本，要么就是电子屏幕；文字的排版也有着通用的定式，比如大部分情况下是从左向右读等。于是在阅读的过程中，人们就会自动形成解读视觉信号的高效知识，让阅读的过程变得轻松自然。虽然有些已经是理所当然的事情，但我们却不可忽视其中蕴含的巨大价值！能够调用高效知识远比重新求解要效率得多！试想一下，如果这日复一日的生活中缺少了高效知识，那我们该如何面对不断重复的日常琐事呢？原本轻松简单的生活该

---

1. 皮亚杰理论（Piagetian theory）：皮亚杰的认知发展理论，视儿童为心理结构的积极建构者，并主张认知发展表现出阶段发展的模式。皮亚杰学派（Piagetian school）又称"日内瓦学派"（Geneva school），是以图式、同化、顺应等概念解释儿童认知发展的心理学派，由皮亚杰（J. Piaget）创立。
2. 强调效率，强调即刻产生效果。——译者注
3. 美国司法程序中，陪审团在听取原被告双方陈述后会进行闭门商议，在不受外界打扰的情况下对案情给出评审意见。——译者注

会变得多么艰辛呐！

与此同时，借助合适的手段可以帮人们将那些没那么常规的、较为复杂的问题，转化为可以快速解决的常规问题。换句话说，以效率为导向的措施通常是想办法"消除问题"，而不是持续深入地"解决问题"。如果帮助人们把一生中要面对的问题都转化为常规问题，或者至少变得与常规问题尽量相似，那么人们就大可不必去深度求解问题，只要高效地消除问题即可。

然而，虽然想得美，但是生活艰难啊！一个人掌握的高效知识再多，也不足以应对环境与时间变幻莫测的考验。事实上，高度熟练的知识甚至还有可能干扰理想表现！例如，在2000年夏季奥运会女子体操跳马项目上，各国运动员集体发挥失常。人们后来才发现，当时布置赛场的工作人员误将跳马高度调低了2英寸（约5厘米）。而正是这小小的2英寸，打破了世界级运动员高度稳定的发挥。

"知识就是力量，知识也是偏见。"过往的知识与经历影响着人们解读世界的方式，而这些解读某种程度上也限制了我们的思维，阻碍了发现其他可能性的存在。举个例子，假如作为一名游客来探访一个地方，大家很可能会认为地方的风土民情颇具特色，而回到自己原来住的地方就觉得事事稀松平常。

从心理学上来说，人们倾向于采纳支持自己观点的证据，而忽略其他观点以及相应证据（请参考章节U）。赫克勒和斯凯夫（Heckler & Scaife, 2015）发现，对于物理系学生来说，他们脑海中已经形成的观点会更容易让他们发现支持性数据，同时会妨碍他们解读与相反观点有关的数据。

高效知识还会潜入人们的意识，影响问题产生的过程，以至于人们提出问题的时候就已被预想的答案绑架。宝丽来相机发明者埃德温·兰德（Edwin Land）曾这样描述："领悟出现的那一刻，也就是愚蠢戛然而止的瞬间。"而这种愚蠢往往就来自于人们在最初设定问题时所夹杂的前提假设。

亚当斯（Adams, 1979）描述了这样一个例子：曾经有一群工程师希望设计出一款不会碰伤番茄、"心灵手巧的"番茄采摘机。然而现实很残酷，不管他们怎么尝试各种奇思妙想的点子，都依然毫无进展。随后，一群植物学家加入了团队，他们以全新的视角帮助团队重塑问题：与其设计一款碰不伤番茄的采摘机，不如研制出一种不易被碰伤的"铁布衫"番茄新品种！这就打开了新世界的大门，于是新思路也应运而生。最终他们确实改良出一种表皮更厚、更不易被碰伤的番茄品种（然而比较遗憾的是这种番茄的口味略逊一筹）。由此可见，跨学科合作可以超越个人所拥有的高效知识的局限，从而启发人们运用更开放、更灵活的思考方式。当然，完美的合作不可能一蹴而就，信任与默契也需要花费时间来培育，毕竟在双方互不了解的情况下，人们很容易轻视对方认为举足轻重的细节。

高效知识似乎并不是应对创新型和探索型任务的"良药"。哈塔诺和伊纳加奇（Hatano & Inagaki, 1986）在关于珠算大师的讨论中区分出了两种专业技能，分别为常规技能和适应技能。具体来说，珠算大师可以非常神奇地在大脑中通过假想算盘进行心算（请参考章节 D），却不能把这个技能迁移到其他数学知识的学习过程中去，而且这种技能须在零干扰的环境下才能稳定发挥。因此珠算大师就被哈塔诺和伊纳加奇描述为具备高水平**常规技能**之人。在稳定的环境中，他们可以将一项千锤百炼的技能发挥到极致。两位研究者进一步讨论，提出了另一种技能并把它定义为**适应技能**。与常规技能不同的是，适应技能来源于拥抱事物多样性的开放心态，和愿意及时调整学习新方法的行动力。

关于常规技能的例子数不胜数，这里列举一个关于桥梁工程师的经典案例。有位擅长设计桥梁伸缩缝的工程师要求所做的工程项目必须符合某些条件（见图 K.2）。一旦实际情况与预期不符时，这位工程师就会拒绝接手该项目。人就像不倒翁，总想回到最舒服的状态。毕竟接受挑战就意味着要离开自己的舒适区，且短时间内的表现会有所下滑，虽然这可能只是暂时的。而适应型人才在面对新出现的问题时，则会撸起袖子，跃跃欲试。所以，如果换作是一位适应型工程师的话，则可能抓住一切机会来尝试新型的设计方案。

 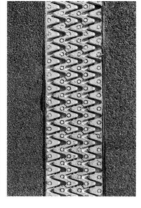 

图 K.2　典型的桥梁伸缩缝

从培养孩子的角度来说，在他们还未进入某项具体专业技能的发展轨道之际，接受适应技能的学习培养显得尤为重要。这是因为适应技能可以让孩子更善于接纳新鲜事物，也更利于做出适合恰当的选择。在设计学习环境时有三点建议可以防止人们被既得成功所绑架：①减少表现欠佳所造成的负面影响，这样可以避免人们退缩回因循守旧所带来的安全感中去；②提供充分多样化的情境，让应对新情况的通用知识自然生长；③创造一种拥抱尝试与探索的文化氛围，要放眼未来，而不只关注当下的利益成效。

另外我们还发现，一些本着以学生为中心，且强调通过探究与创新来学习的课程，最终却不经意间又回到考试这一形式来评测学习效果（这就尴尬了，要知道考试主要考查的是知识效率）。这样的评测形式并不能很好地反映出适应型学习能力的进步。更有人讽刺地说道，"若是追求效率的话，还不如直接告诉他们答案来得快呢！"因此，更合适的做法是把学习过程纳入测评中，比如当场学习一些新内容，再评测学习者对新知识的理解和掌握程度。这样就能细致灵活地考察学习者对新知识的适应能力（请参考章节 P）。布兰斯福德和施瓦茨（Bransford & Schwartz，1999）将这类评估描述为"适应未来生活的学习功底之摸底测验"。

针对学习者学习适应能力的评测，考察的并不是与问题内容无关却方便解题的"小机灵"。像这种测验人们运用创造性思维灵活解决问题的题目，强调的都是"弱方法"，比如"你能否在北京找到两个头发根数相同的人"[1]之类的问题。然而针对适应能力的测评，关注的则是如何快速学习新信息并总结形成"强方法"的能力。

接下来让我们通过一个思维实验感受一下，如果用效率指标来衡量适应能力会有怎样的问题：现在越来越多的媒体喜欢进行"突击"采访，比如有位记者跑到大学毕业典礼上采访毕业生们，"请回答为什么冬天比夏天要冷？"面对这样的问题，被访的学生竟一时语塞，不知如何作答。于是记者就基于如此这般的"闭卷考试"对大学教育大加评论："现在的大学生啊，四年都白读了，在地球自转轴倾斜这个问题上，还不如一个高中生懂得多呢！"这显然是以偏概全，因为这种类型的问题完全忽略了博雅教育的价值，即培养学生应对复杂情况时的学习适应能力。如果该记者分别给大学生和高中生一天时间来研究该问题，那么大学生给出的答案恐怕要比高中生给出的答案更为深入准确。

另一个例子是医师执业资格考试，它也展现了以效率为导向进行测试的局限性。研究证明，传统的职业资格考试并不能很好地预测医师在从业后的学习成长能力（Mylopoulos, Brydges, Woods, Manzone, & Schwartz, 2016）。因此，要想了解学习者的适应技能是否正在茁壮成长，很重要的一点是选择恰当的方式来检测学习效果的改变程度。例如在上述例子中，我们可以在实习医生毫不知情的情况下，安排一位佯装生病的患者来求医。他的问题乍一看与曾经出现过的病患非常相似，但却伴有一项无法解释的症状。接下来我们就可以评估，医生们是一笔带过，还是能注意到这个与以往不同的细节？并是否会主动询问患者来探寻问题的根源？

---

1. 如果你还在思索这个问题，看看我们的分析过程吧：人类平均约有10万根头发，而北京的人口超过2000万人。如果让2000万人按头发根数的多少从0开始排序，当排到20万根头发时，这些人的平均头发根数刚好是10万根。那么余下的2000万减20万即1980万人的头发根数平均值也是10万根，继续排下去的话，就必然会出现与前20万人中某人的头发数量相同的人。——译者注

创新与效率目的合二为一

把创新与效率放到对立面上看似极为合理，毕竟适应新情况总是要打破惯性，牺牲一些原有的效率。而我们则认为，效率和创新可以成为好朋友。例如在从事某些活动时（比如，开车、阅读等），效率可以帮我们释放出注意力来完成更多任务（比如，开车时毫不费力地完成换挡等动作，同时还能思考哪条路能躲避拥堵等）。同理，当人们面对从未处理过的复杂问题时，如果曾解决过其中的部分问题，那么就可以按照以往的高效方式迅速解决，并释放出更多认知资源来突破难点。

适应型学习能力强的人还懂得放下眼前的得失，抑制住过早获得短期成功的冲动，并且能够及时转换思路并运用创新方法来解决问题。瓦恩博格（Wineburg, 1998）将历史学教授与大学生进行了对比。他要求专攻某个领域（如，亚洲史）的历史学家去解决一个陌生领域的历史问题（如解读美国总统亚伯拉罕·林肯曾做出的重大决策）。相比学生而言，历史学家更能抑制住依照当今社会文化来进行推断的冲动。他们能够意识到不同阶段历史背景的局限性，因此更少以己度人、妄下断言。因此历史学家们会先花时间了解必要的背景信息，然后再去解决具体问题。而学生们则会想当然的"以今日推理昨日"，带着各种存在漏洞的假设，自信满满、不亦乐乎地构建着自己的理论。

图K.3提出了一种将效率学习与创新学习相融合的理论框架。图的左下方是新手的起步点，此时的他们既没掌握高效知识，也不会机智地随机应变。图的右下方是常规型技能的专家，他们已经对处理熟悉的各项任务轻车熟路、信手拈来。图左上方的是闹心的新手，他们没有专业知识支撑，只会不断提出无法落地、不切实际的幻想。图右上方则是适应型技能的专家，他们既掌握高效知识，又能灵活地适应各种新情况、提出创新的解决方案。

针对常规技能的培训对于应对重复性任务来说是合理的。然而，此类培训并不能增加适应型学习的技能点，因为这些训练任务都是一个模子刻出来的。另一方面，强调普适性的、超越具体内容之上的思辨能力和问题解决技巧，似乎提供了一套战斗力较低的"弱方法"，对于解决真实世界中的大型问题来说效率太低了。所以这种训练也培养不出适应型专家，而且这些技巧最终很可能也会沦为按部就班的流程而已。出色的教育者需要意识到多样化的思维模式的重要性（强方法），而不是万般皆适的弱方法（Star & Hammer，2008）。

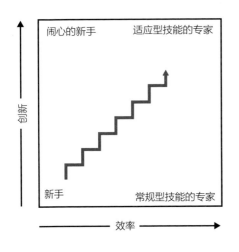

图 K.3　结合了学习效果的创新与效率两个维度的理论框架（Schwartz, Bransford, & Sears, 2005）

从文献中我们了解到，把图 K.3 横轴的效率学习与纵轴的策略学习割裂开来并不会奏效。提供一套效率导向、只注重学习内容的课程，再提供一套独立策略的学习指导，顶多最后再提供"融会贯通"的学习方法。这样的组合多少有点效果，但距离浑然天成的理想过程还差得很远。

若是期望培养适应型技能，我们认为在学习过程中应当适当地穿插以效率和创新为目标的学习机会。这就触发了另外一个问题：应当先培养创新能力还是先提升效率呢？虽然适用的条件还并不明朗，但我们主张学习者应当先参与到具体领域的创新学习之中，然后再学习专家们当年原创出的高效方法（请参考章节 J）。例如，我们可以让小朋友们先自行思考如何记录彼此之间的欠款，然后再介绍负数的概念。让学习者的思绪起飞，自由地探索和创新可以帮助他们认识到问题的核心与延展性（请参考章节 Q），就更会孕育出不拘泥于唯一正确答案的积极开放心态（请参考章节 Y）。这些体验也会反过来滋润学习，为今后的学习打下良好的基础，使学习者更容易切身理解高效方案背后的逻辑原理，从而更快、更合理地灵活应用（请参考章节 J）。

如果顺序换过来，先学习高效方案再进行创新学习，则可能会在不经意间掩盖了寻求创新方法的需求，削弱学习者自主探索的积极性。例如，在章节 J 所述的一项研究中，施瓦茨等人（Schwartz, Chase, Oppezzo, & Chin, 2011）展示了首先教会学生密度公式所带来的影响。喂到嘴边的公式反而干扰了学生们对概念本身的理解（密度是质量与体积的比例），以及比例在其他物理计算中的含义（比如，速度）。但是如果学习者先依靠自己的力量来尝试得出类似密度的概念，那么再学习密度公式就会事半功倍。

我们针对学习体验先后顺序的建议也还有待进一步考证，目前相关的实验证据还不充足。正如上文所述，大部分的闭卷测试与以创新为目的的学习目标相冲突，因此我们仍需要对学习新事物能力进行测评的方法。举个例子，施瓦茨和马丁（Schwartz & Martin, 2004）曾要求初三学生自己想办法来评估不同现象中的一致性（或变异性）。随后，学生们上了一节讲解变异性的标准计算方法（高效方法）的讲座。其中研究人员最为关心的是，这些精心设计的学习体验到底是否能帮助学生为之后的新挑战打下基础。于是，实验的后测中包含了同时计算两个变量的题目。由于学生之前都只学到如何处理单变量数据的方法，因此计算两个变量的关系（协方差）就需要进行创新。后测的结果显示，34% 的学生想出了协方差的计算方法。这个比例虽然不算高（毕竟协方差的概念确实很难），但是相比于顶尖公立大学中的结果来说已是非常可观：完成一整个学习统计学课程的学生中，也只有 12% 的人得出了可行方案。

按理来说，中学生的整体知识水平与创新技巧应该比大学生稍逊一筹，更不用说统计学专业知识上的差距了（不出意料，大学生接受着以效率为导向的教育）。然而，实验中最开始的单变量创新任务就已经帮助中学生们意识到变异性的问题，并为之后的进一步思考做好了铺垫。若是没有对学习能力的检测，一开始先让学生们自行探索问题的益处就会被忽视。因此我们有理由怀疑，很多主动学习方法背后所蕴藏的价值，都因为测量方法不当而被低估了。

学习初期与学习后期

我们发现课程设计师也好，研究人员也罢，通常会在课程的初期和后期沿用同一种教学方法。这种图省事的做法也情有可原，只不过学习效果就要打折扣了。根据我们的研究，**在学习初期应当着重强调创新的机会，而学习后期则应当专注于效率的提升**。如图 K.3 的台阶式结构所示：学习者应当先沿着创新维度前进，再转向效率维度，以此类推。创新型学习活动让学习者有机会：

- 在某个领域中探索并思考其中的结构和延展形式
- 深刻感受到需要被解决的问题及其原因
- 沉浸在对错误持包容态度的学习氛围之中
- 采取可以激发内在满足感，并减少自尊心压力的愉悦策略
- 学习如何用平常心提出假设并寻求反馈
- 树立"我能行"的积极态度，持续支持今后所需的适应调整与开拓创新

后期学习并非一定要经过很长时间，也许只有几分钟就开启了。这个阶段应当强调对效率知识的培养，这包括：

- 观察、阅读，或聆听最优解决方案与理论
- 对原理的工作方式及其应用条件形成详细具体的认知
- 逐渐强调以效率为目标的锻炼（比如在有时间限制的情况下解决问题，练习自由回忆等）
- 了解同一问题的多样化表现形式，做到不被表象迷惑
- 寻求反馈与指导，不断改良自己做事的方式

- 感受圆满完成一件事所带来的成就感与自信心的提升

当然，凡事总有例外。有的时候给学习者提供一些高效知识来热启动，要好过让他们在迷茫中做无谓的挣扎。此外，出色的创新型任务也比效率型任务更难设计，因为效率型任务通常都是对已经成熟的行为进行改良。不过，也许我们提出的简单易懂的理论框架，能帮助人们在诸多的学习方法中做出明智之选。例如，"翻转课堂"这一概念背后的逻辑就是效率至上的思考方式：老师通过视频等形式先把知识传递给学生们，然后再通过课堂练习不断巩固提高做题效率。这种方式对于学习常规型技能来说可能更为合适。相反，很多以体验为主的教学方法则全部是创新型的思考方式。学习者在全新情景下提出的解决方案要么不合常理，要么过于片面。这并不是要否定体验式学习的价值，而是客观的指出类似的体验并不能培养出适应型技能。更理想的方法则是将体验与理论有机结合：体验式学习优先，紧随其后的是针对高效知识的学习。如果实施得当，体验式活动既可以调动起学习者的好奇心，又能为今后的理论学习打下良好基础。那么何乐而不为呢？

倾听与共享
Listening and Sharing——
协作学习效果好

在学习过程中,学习者可以通过倾听与共享来构建彼此间的共同理解,并为潜在的协作学习机会打下坚实的基础。相比于个人的独立学习,人们可以在一起协作的过程中学到更多,正所谓"独乐乐不如众乐乐"。

说到这里,我们要先讲一小段历史背景。关于协作的研究始于第二次世界大战后一项有关如何解决分歧和争端的研究(Deutsch, 1977)。相比于战争这种暴力毁灭型的方案来说,谈判普遍被认为是一种更为理想的解决争端的方式,而谈判的本质便是人与人的合作。由此开始,人们开始逐渐深入研究合作过程的种种,包括合作对学习的价值。因此,培养学生与他人的合作能力成了协作式学习被广泛应用的重要原因之一(Johnson & Johnson, 1987)。在之后的研究中,人们又发现了第二个理由,即当学生协作完成课堂作业时,学习效果会更好(请参考下面的例证)。理想情况下,小规模的团队一起工作,提高协作能力的同时又能促进对学习内容的理解,真是两全其美。

然而小规模的团队并不意味着把学习者简单粗暴地分好组就万事大吉了，不管不顾地任其自由发展并不能换来理想的结果。成功的关键在于成员间彼此倾听与分享。下面这个例子就刻画了一个经典的课堂场景。

> 刘大力懒散地坐在椅子上神游，时不时地张望其他小组。董伊琍一脸厌烦，低头拿着作品选集翻来翻去。他们对面的王晓胜和李凯丽却眉飞色舞地讨论着。当我走到他们组旁边时，李凯丽说他们组选了骆宾王的《咏鹅》。董伊琍则在一旁抱怨："根本没人听我的意见，他俩选的诗我一点儿也不喜欢。"……整个学期下来，李凯丽和王晓胜包办了小组的工作，而另两位同学直到最后小组展示那天，也还是没能参与到项目中[1]。

在这个例子中，李凯丽和王晓胜在项目中扮演了主力的角色，这本是好事，然而他们却没把董伊琍的想法听进去，而刘大力压根儿就没贡献自己的想法。听闻至此……不知你是否觉得似曾相识？在这么多年的学习和工作中，我们肯定都曾扮演过他们之中的某一位吧！但也无须烦恼，因为合理运用倾听与共享的技巧便可以化腐朽为神奇，助力团队实现其中任何人都无法企及的新高度（Slavin，1995）。高效的协作学习就像一把火，熊熊火焰点燃了学习的激情并打通了各种脑回路。更好的情况下，学习者还能掌握协作技巧，服务于未来的工作生活。

I. 倾听共享的原理

独乐乐不如众乐乐！至少理论上应当如此。我们也应当以此为目标而开展行动。然而实际情况中，很多人并不喜欢团队合作，这可能是因为高傲的自尊心作祟，或者只是单纯的小叛逆，"我一个人做的肯定比跟他们做的要好。"然而大多数情况下，学习者之所以无法协作是因为缺少了如下五要素中

---

1. 此场景经过译者改编，原场景出自 Cohen & Lotan, 2014, p. 25, citing Shulman et al., 1998。——译者注

的一种或几种：共享注意力、倾听、共享、协调，以及换位思考。

共享注意力

为了完成合作，人们需要把注意力聚焦到同一件事物上。如果两个孩子在分别搭建自己的沙滩城堡，那么他们就没有在合作，而是在进行所谓的"平行游戏"[1]。保持与他人一致的注意力是一种非常基础的能力，大约在孩子一岁左右开始出现，比如婴儿会和父母关注同一个玩具，等等。接下来，婴儿会学着如何跟随父母的视线移动，维持共同的注意力。最后，婴儿会学会如何引导父母的注意力（Carpenter, Nagell, Tomasello, Butterworth, & Moore, 1998）。视觉关注点往往会透露人们脑海中正在思考的事情。例如当你正用渴望的眼神盯着一瓶冰镇可乐时，你多半就是动了心思想来一瓶。

利用共同的视觉锚点，人们可以形成并保持共同的关注点。在一项研究中，施奈德和皮亚（Schneider & Pea, 2013）让两名参与者搭档完成一套电路组合，并在仿真程序中搞清楚每部分对应的功能。这两名参与者需要通过耳麦进行远程协作。他们面前的屏幕上显示着同样的画面，完全有条件实现共同的关注焦点。在一个实验组中，研究人员借助了视觉追踪：屏幕上移动的小点儿可以显示对方视线的行踪，也就能更具体的知道对方到底在看哪里。实验结果表明，利用视觉线索进行协同的小组比单靠语言交流的小组，展现出了更好的合作状态与学习效果。

倾听

无尽的思绪远比一个眼神来得更为复杂。倾听则可以帮助我们打开那扇神秘的大门。人们往往将倾听拒之门外，这要么是因为他们忙于表达自我而

---

1. 2～3岁儿童的一种游戏方式。此时儿童虽喜欢和其他儿童同时游戏，但在游戏过程中是各玩各的，单独从事游戏，互不侵犯。——译者注

无暇顾及他人，要么就是单纯看不上他人的观点。本章的第二节"如何利用倾听和共享促进学习"会给出详细的解决办法。

共享

共享在两个层面发挥作用：①拥有相同的目标，②分享自己的想法。首先，如果人们不能在同一层面达成一致目标，合作起来也就南辕北辙。例如，某大学中的两位数学系教授商量好设计一门课程。其中一位想的是以通俗易懂的方式吸引更多学生对数学感兴趣，而另一位则想着怎么吓跑那些不愿刻苦钻研数学的学生。因为他们目标迥异，这门课恐怕很难开起来。其次，如果人们不愿分享自己的想法，那么合作也不会走得太远。鼓励人们分享可能并非易事，很多时候这是因为学习者不够自信，或者他们不知道该采取何种方式进行表达。比如，不具备提出建设性批评的技巧，或是不善于沿着别人的思路继续思考，等等。为此，我们可以为学生提供一些分享意见的参考模板，例如，"表达意见时，先说两个你喜欢的点，然后再说一个有待改进的点"，或者采用"三明治"理论[1]，其中"期望"的部分就代表了建设性的改进建议。

协调

在集体讨论时，你肯定有过这样的尴尬经历：发话的时机总是把握不准，要么打断了正在讲话的人，要么就是还没来得及开口就被别人接了话茬。所以为了保证不再尴尬，合作的过程中需要类似轮流发言的协调机制。随着合作人数的增加，不同角色的划分、交流机会的分配等也会变得更加重要。如果你指望合作的过程可以完美地自发进行下去（当然这也不是不可能），最终

---

1. "三明治"理论是指在向别人提出建议的时候，可以把不那么好听的建议的话夹在两段好听的赞许之言中间。——译者注

很可能会发展成电影《蝇王》¹里那样你争我斗的惨剧。因此，建立合作的机制和规则极有必要。

换位思考

人们之所以合作，首要原因就是能够集思广益。上述四种要素（共享注意力、倾听、共享、协调）都是为了辅助信息交换，而第五种要素"换位思考"²，则是要求人们在合作过程中充分理解他人提供信息的逻辑与动机。为此，人们往往要透过现象看本质，拨开字面含义的云雾而思考语言与行动背后人们要传递的信息（请参考章节S），这会使我们的理解更加饱满而立体。同时，学习换位思考本身也是重要的一课，毕竟全新的角度必定带来全新的思考。此外，它还可以帮助人们梳理思路，提炼出自己独到的见解。以及不可忽视的一点是，思想的碰撞也不失为一种学习的过程（Johnson & Johnson, 2009）。

研究人员还针对全球范围开展的慕课（大型公开在线课程）进行了一项关于换位思考的饶有趣味的研究（Kulkarni, Cambre, Kotturi, Bernstein, & Klemmer, 2015）。在课程的论坛板块，研究人员鼓励学习者结合自己当地的文化背景来思考学习内容，并根据地域分布将他们划分为多样性程度高或者低的两组。研究人员发现在地域组成最丰富的小组中，学生们的学习效果最显著。这也许是因为他们近水楼台先得月，从不同视角思考的学习机会更多呢。

---

1. 诺贝尔文学奖获得者、英国作家威廉·戈尔丁1954年的著作，后被拍成电影。《蝇王》一书描述了在一场未来的核战争中，一架飞机带着一群孩子从本土飞到南方疏散。飞机被击落，孩子们乘坐的机舱落到一座世外桃源般的、荒无人烟的珊瑚岛上。起初孩子们齐心协力，后来由于害怕所谓的"野兽"而分裂成两派，以崇尚本能的专制派压倒讲究理智的民主派而告终。——译者注
2. 换位思考（perspective taking）：即观点采择，将自己置于他人社会位置，从而更好地理解他人的观点和角色，并更好地理解自己原有角色。

II. 如何运用倾听共享来促进学习

一项研究发现，孩子们在团队合作时要比独自完成任务时更加投入（Cohen & Lotan，2014，citing Ahmadjian 1980）。这令人欣慰的结果是必然还是偶然呢？通常来说，若没有协作技巧保驾护航，出色的团队合作是可遇而不可求的。

没有规矩，不成方圆

同所有的社会行为一样，合作也需要人与人交往的"社会规范"[1]（请参考章节 N）来辅助。对于协作学习来说，这需要构建一系列规范来支持鼓励共享注意力、倾听、共享、协调和换位思考。下面是科恩和洛丹（Cohen & Lotan，2014）提供的部分参考。

- 关注团体成员的核心诉求
- 全体完成才算完成
- 提供指导建议，而非代劳
- 每人都拥有发言的机会
- 尝试了解他人的想法
- 乐意为想法解释缘由
- 一同制订计划，并把每个人都纳入进去

科恩和洛丹建议在讲解学习内容之前**先**介绍合作准则。这些准则应当是易于理解的行动指导，同时便于人们观察反馈。我们可以安排一位团队成员来观察建立规范的过程，并记录大家遵守规范的程度。例如，观察员可以记录每位成员发言的次数和他人专心聆听的情况，之后再向团队进行总结汇报。

对于初学者来说，多人的团队合作可能难以驾驭。应对这种情况的方法

---

1. 规范（norm）：社会群体的正式或非正式的行为准则。

之一是，给每个人分配学习任务中的一部分，然后再汇总起来与大家分享各自的学习收获（请参考章节 T，图 T.2）。或者在协作过程中交替轮换几种定义明确的角色分工，如协调员、记录员、资料收集员和汇报人，等等。协调员负责贯彻行为准则；记录员负责做笔记、记录问题和想法；资料收集员负责收集信息与材料；汇报人则是集大成者，肩负整理与展示的重任。

要想胜任协作中的各个角色，学生们需要勤加练习并根据反馈不断改进。未经打磨的做法并不一定会产生好结果。例如在一门在线课程的讨论作业中，有些小组指派了一位成员来协调团队合作，而其他小组则没有设立这一角色。结果显示，在有协调员的小组中，学生们参与的热情似乎稍差一些。而且小组成员也实诚地表示，即便有机会也不愿意再加入该小组了（Kulkarni et al.，2015）。这有可能是因为扮演协调员的学生在协作能力方面还差点火候，过程中也没有及时收集反馈，做出调整。

选择能发挥团队价值的任务

团队合作产生的协同作用能否体现出来，很大程度上也取决于是否选择了合适的任务。科恩和洛丹点明了其中的要义："若是布置的任务是一系列常规算术题的话，那么团队合作并不会更具优势。学生们会以最简单粗暴也最"合理"的方式来应付，让公认数学最好的同学做出答案然后大家都抄他／她的"（2014，p.10）。

能发挥团队价值的任务通常情况下是一个人无法独自完成的（至少在有限的时间内无法独自完成）。这种类型的任务会让团队成员间的交流与合作成为必然。在理想情况下，目标任务可以为团队创造集思广益的空间，让每个人都能添砖加瓦。下面这个任务同样改编自科恩和洛丹的研究（2014）（这俩人可真是本章的大英雄）：

现在有三张桌子，每张桌子的尺寸是 0.8m×0.8m×2.4m。如果我们想举办一个高端晚宴，最多能接待多少位客人呢？

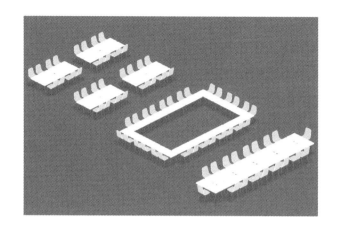

图 L.1 为高端晚宴设计桌子的摆放方式

乍一看这像是个典型的有"标准答案"的数学题。然而恰恰相反,本题并没有透露桌子摆放的原则:是应当优化空间来方便大家聊天?还是应当考虑用餐的体验?晚宴会不会有小朋友出席?如果有小朋友到场,是单独坐一桌吗?别的且不说,大人和小孩到底分别需要多大空间坐着才舒服?解答这些问题,构思相应的解决方案,并讲解背后的设计逻辑,能让每一位学习者都能找到适合自己的方式参与进来。这才算得上是存在合作空间的任务,因为其中有诸多开放性问题供大家群策群力来解决。

相互依存和承担责任

完美的协作出现在①团队成员间存在相互依存的关系,以及②独立个体要承担相应的责任。换句话说也就是:你我需要彼此,每人各司其职。建立合作规范和选择适当的任务都有利于实现这两点。此外运用奖励机制也能起到促进的作用。

有个方法倒是经久不衰、广为流传,实则效果不佳:在团队中随机选择一名成员进行考核,然后以其个人的表现作为整个团队的成绩。这方法说出来就不禁令人倒吸一口凉气!因为完全可以想象出大家坐立不安、战战兢兢,生怕被选中成为那个唯一的"幸运儿"的景象!虽然有的老师在采用了这种方法后，的确实现了不错的教学效果，但其实没有几个老师，更没有几个学生真正发自内心地接受它（Slavin，1995）。因为这样的考核方式明显会制造矛盾，引发大家相互指责，鼓动人们排除异己。而另一个与此相似的极端是，如果只给团队打分而不给个人打分，那么整个团队就会很自然地把主导权拱手让给"最厉害的"那个人，协作依旧不会有什么实质进步。

更为理想的方法是既评价个人成绩，又考核团队成绩。有一种办法非常适合大学以及其他类似的场景，即先做个人测验（考），然后以小组的形式探讨测验中的问题（讨论），之后再以个人身份考核一次（考）。他们的最终成绩会综合两次测验的分数。这就为团队成员间的相互依存创造了一个天然需求，因为大家都希望知道别人是怎么想的，好让自己在第二次测验中获得更好的成绩；同时这也保证了每个人责任的独立，毕竟考试还是需要独自完成的。

不同程度的团队合作产生的结果

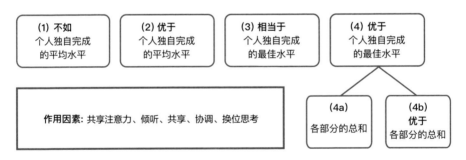

图 L.2　不同程度的合作等级。核心问题在于人们在团队合作中是否能更优于单独行动的平均表现

Ⅲ. 运用倾听共享能产生什么效果

三个臭皮匠真能顶一个诸葛亮吗？这可难说。为了解答这个问题，研究人员将个体的平均表现和团队的整体表现进行了对比。图 L.2 和图 L.3 展示了可能会出现的几类结果。当团队表现低于个体的平均水平时，通常会

被认定为团队机能失调(请参考本章第Ⅴ节)。最常见的情况则是团队的整体表现优于个体的平均水平。例如,在关于头脑风暴的经典研究中,团队总共产生的创意肯定多于平均一个人能想出的创意。但是,有时团队中最厉害的成员独立工作并发挥出最佳水平时,就连团队也会甘拜下风(Dunnette, Campbell, & Jaastad, 1963)。这就意味着,与其开局便一窝蜂地讨论,不如先独自思考(并用便利贴记下来),然后再汇总讨论。否则合作过程中过早地倾听与共享反而会限制住大家的思路。

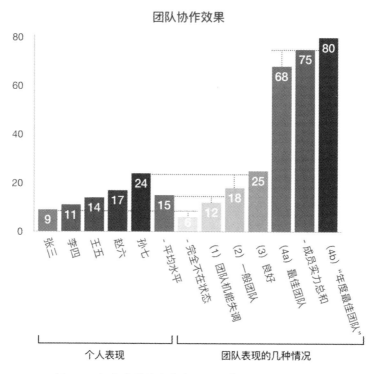

图 L.3　每个成员的个体表现、平均水平、团队水平

我们希望看到的还是团队合作的表现能够达到,甚至超越团队中最有能力的个体。然而现实经常并不尽如人意,因为合作过程总会有一定程度的损耗。例如,人们可能没有做到充分倾听和共享,或者大家可能太过死板地按

照规定流程进行分享，却没让能力最强的成员将功力充分发挥出来。

不过，研究中这些用来对比个人表现与团体协作的任务，通常一个人也能胜任。所以，团队的力量主要在那些规定时间内个体无法独立完成的任务中才会充分显现，让团队表现超越最出色个体的表现。这就是所谓的"能发挥团队价值的任务"。盖房子就是个非常直观的例子，先分解任务各自行动，然后再合并为一。从整个团队的角度来看，如果在"分而治之"的过程中能尽量降低损耗，那么团队的最终成果就接近所有个体努力叠加的总和。从学习者个体的微观角度来说，每位成员在协作的过程中，还可以从其他人身上学到独自一人无法学到的东西。

最后，让我们来探讨一下团队合作的巅峰状态，也就是团队表现超越个体总和，即1+1>2的情况。通常我们的判断依据是，团队合作的成果已经不止发生量变，而是与个人成果相比发生了质变。例如，施瓦茨（Schwartz, 1995）曾研究了7年级学生为解题而自创的可视化图表（请参考章节V）。当两人小组合作时，67%的学生创造出了能表达问题核心结构关系的抽象示意图（如矩阵），这远超过独自解题时的相应比例（6%）。这一结果表明，团队合作时发生了一些奇妙的变化，这是独立工作时所不能实现的。在随后对学生进行的访谈中，有一组学生表示，"实际上他想做成横排的，而我想做成竖列的"。通过彼此间的倾听和共享，他们融合了各自的观点，创造出了全新的东西。

Ⅳ. 如何培养倾听共享的能力

首先要提出的问题是，对协作本身的学习能否使学习者在未来的工作生活中更擅长合作？科恩和洛丹（Cohen & Lotan, 2014, citing Morris, 1977）研究了人们在接受有关协作的培训后，会采取怎样的方式处理新问题。实验中参与者组成小团队，着手解决两个关于灾前准备的问题，与协作规范和协作过程技巧相关的训练穿插其中。随后，参与者又得到了一个与之前问题没有关联的新问题，这次却没有得到任何关于团队协作的提示。结果显示，在没有明确提示的情况下，参与者也自发地沿用了之前学会的协作规范。

那么更为犀利的问题是，学习者是否能在进入新团队或是来到新环境时，依然主动寻求合作呢？这一目标如果能实现，就达到了最初倡导协作学习的目的——让人们学会避免冲突。吉利斯（Gillies，2002）设计了一项研究来观察，两年前接受过培训的五年级小朋友们所展示出的合作行为，其结果甚为显著。在同等条件下，接受过培训的学生比未接受培训的学生更倾向于表现出合作行为。例如，接受了培训的学生打断别人说话的次数能降低约85%，而主动解释自己想法的次数则多了一倍。从整体来看，这说明他们已懂得人与人交往中的倾听与共享。

判断学习者是否已经学会合作并不是一件容易的事情。上述研究中的吉利斯（Gillies，2002）曾采用的方法是每10秒记录一次团队成员的行为。这种方法借鉴起来着实有难度，而更为高效的检测方法还在研发的路上……不过篮球运动中倒是有个方法可以参考：对比某名队员上场与不上场时团队的整体表现水平。比如，队员X在场上的时候，球队能不能得更多的分？想象一下，在学习情境下用相似的办法来比较不同成员参与时的团队表现，应该会挺有趣的。

目前，世界上已有诸多国家采用"国际学生评估项目"测试[1]（有些国家的政府官员还因本国学生成绩有待提高而倍感紧张）。测试设计者试图通过谈判磋商、达成共识，以及分工协作等任务来衡量学生进行合作的技巧。例如一道非常巧妙的测试题中，学生需要和三名由电脑扮演的虚拟队友一起策划接待访客的欢迎活动。他们的任务之一是在同样由电脑扮演的虚拟康老师提出几种方案后做出决策。随后，虚拟学生博鼎抱怨说，"谁会关心这些啊？都太无聊了。我们带他们去真正好玩儿的地方吧！"对此，接受测试的学生需要从下列四项中选出一项自己认为最贴切的回应。

---

1. PISA, The Programme for the International Student Assessment，参见 http:// www.oecd.org/pisa. ——译者注

（1）博鼎你说得没错。既然这些选项都不怎么样，那咱们就换个地方。

（2）博鼎，你讲得有道理，我们是应该让游客玩得开心，不过应该先讨论康老师给的几个选项。

（3）康老师根本不知道孩子们喜欢什么。白起、泽言，你们说对吧？

（4）不如我们到喷泉广场看看？

（本题设计者给出的答案是选项2，因为只有该选项提出让团队先思考眼前已有的方案。）

评测合作能力的想法是好的，但前提是它能够帮我们关注到协作的核心技能。随着这项测评工作的深入开展，可能会出现非常有趣的结果，让我们翘首以待。

V. 运用倾听共享容易出现的问题

学习者没有形成或者没有保持共同的注意力，是倾听共享失灵的原因之一。巴伦（Barron，2003）曾录制了学生学习小组解答一个相对复杂的开放式数学问题的合作过程。结果显示，成功解题小组和失败告终小组在各自讨论过程中，提及正确解题思路的次数大致相当。真正的分水岭是组员们在面对不同解题思路时的反应。在成功小组中，大约2/3的正确思路会被分析讨论或直接采纳。在失败小组中，这2/3的提案还未经讨论就被拒绝或忽略了。失败小组的成员们各说各话，关注点完全没有聚焦。而成功小组中几乎所有的对话都是延续性的，因此学生们也能够基于他人的想法继续深化。

另外，参与者地位的不平等也会阻碍倾听和共享的效果。通常情况下，地位较高的参与者会在讨论中占据主导地位，而地位较低的参与者即便贡献了非常优质的内容，也可能会被轻视。在一项研究中，学生们在完成一项测试后会被研究人员贴上"高手"或"普普通通"的假标签（标签内容是随机的，与测试结果其实并无关系）。尽管这个标签实际上毫无意义，在随后的团队任务中，被贴上"高手"标签的学生们表现出了更加活跃的参与度（Cohen & Lotan，2014，citing Dembo & McAuliffe，1987）。

不平等的参与可能会演化为恶性循环。自认为有能力的参与者主导讨论，强化了他们对自己的积极认知，而被归为地位较低的参与者则越来越失去自信心，逐渐被边缘化。不平等的参与是我们在设计合作教学时首先要规避的风险。（关于如何设计平等参与的活动，请参考章节 P。）

VI. 好例子，坏例子

坏例子：大学物理课上，老师把同学们分成几个小组并表示以小组为单位计成绩。然而课后作业中的题目交给物理大牛的话，一个人分分钟就能搞定，战斗力堪比整个小组。由于学生们没有学习过团队合作的"正确姿势"，于是就把大牛推举上来，一手包办了全部作业。结果本来就会的学生没学到新东西，不会做的学生依然对着题目干瞪眼。

好例子：同样是大学物理课上，老师出了这样一道题："请想象一辆重型卡车撞向一辆静止的废弃轿车的情景。根据常识判断，撞击的过程中卡车施加到轿车上的力和轿车施加到卡车上的力，如果不同的话，哪个会更大些？"（University of Maryland Physics Education Research Group，2004）。小组成员需要先描述自己的直觉推理，然后需要将直觉与之前学过的牛顿第三定律协调统一（作用力与反作用力相等）。在每位成员讲述自己的困惑或者矛盾时，都是在为所有人的理解做贡献，团体合作的相互促进作用也由此体现。

倾听与共享
Listening and Sharing

核心的学习原理是什么

倾听和共享是协作学习的基石。协作过程中，学习者们一起完成任务、解决问题、共同学习。

对学习什么有帮助，举个例子

课后，学生们以小组模式合作完成课程项目，比如要设计一个全校范围内可以进行公平决策的系统。在老师指导下，学生们不仅可以学会如何更有效地合作，也会更深入地了解校园管理这个话题。

为什么会有用

与他人一起共事可以激发人们参与的积极性，但这需要恰当的技巧来保驾护航。实践得当的话，学习者能够保持共享注意力、倾听、共享、协调，并不断换位思考来理解别人的想法。这可以帮助学习者进行信息的有效交流，并促进对问题全方位、多角度的理解。

能解决什么样的学习问题

- 学习者对学习内容感到无聊，或者干脆走神。
    - 学生上课无所事事然后开始捣乱，因为他们既不知道该如何解题，也不知道该如何沟通来获取帮助。
- 学习者无法意识到自己思维中存在的漏洞。
    - 物理系学生知道如何利用牛顿第三定律来一步一步解题，但却没意识到自己理解中存在的漏洞。在一次小组合作中，经他人提醒才意识到自己的问题。
    - 自行车店的一位员工负责调试维修车子，他一直误用了活动扳手来紧固车座的一个螺钉。有一次和同事一起修车，经同事提醒才意识到应该用六角扳手。
- 学习者不了解如何同他人合作。
    - 意见纷争升级成了个人冲突，而双方互不相让，根本听不进对方的意见，未采取协商解决的办法。

使用的范例

- 树立合作的行为准则、明确期望值。
    - 要求团队练习合作的技巧并反思合作的过程。
- 选择"能发挥团队价值"的任务。
    - 任务的目标是为科技馆的地球结构展区设计一套新的展品。任务包括选择要展示的知识点、设计参观流程、制定预算、选择搭建展品的材料等问题。来自不同背景的成员就可以围绕这个任务进行合理分工、通力合作。

容易出现的问题

- 团队中被认为地位较低的学习者或许不具备平等参与的机会，同时团队倾向于忽略或者低估他们的想法。
- 学习者注意力分散，无法形成共同的关注点，最终各说各话。

动手创造
Making——
在创造中培养兴趣，在实践中获得真知

顾名思义，动手创造是一种创作可与人分享成果的学习方法。园艺作品、艺术创作，或者应用程序等，都属于可与人分享的成果。动手创造可以激发学习者的学习兴趣，积累实践经验，更可以逐渐成长为一项有益身心的终身爱好。

创造能力不仅具有实际价值，还能够令人内心感到满足。正如《爱制作》（*Make*）杂志的创始人戴尔·多尔蒂（Dale Dougherty）所说，"创客运动的兴起某种程度上正是因为消费者希望突破自身角色的限制，更加激情地参与到创造的过程中去的结果。"（2012，p.12）创造始于生产，而非消费。

人们用灵巧的双手创造万物。啤酒酿造就是个很好的例子。酿酒爱好者小艾会定期酿造啤酒，她不仅每次自酿自品，还会邀请周围的人一起品鉴。分享会之后，她会把收集的反馈总结下来并在下批酒的酿制过程中加以参考，这样一次次酿造，一次次改良，根本停不下来！她非常享受酿造和分享相互交替的过程，因此也变得更加积极主动地学习关于啤酒与酿造的知识。闲暇时间，她还会不断收集新的酿造器具、书籍，等等。对于酿造师小艾来说，创造的过程与学习的愉悦有机地交织在一起，使她在愉悦中不断前进。这种理想的学习行为常会出现在以动手创造为主的兴趣爱好之中。

在一项关于业余爱好的问卷调查中，研究人员邀请了来自数百种兴趣领域的人们参与，其中包括火箭模型制作者、居家酿酒师、摩托车手、音乐家，等等。普法夫曼（Pfaffman，2003）要求参与者们对兴趣所带来的 25 类满足感按照重要性进行排序。图 M.1 展示了该项调查的结果，重要性从上到下递减。研究结果得出了一些非常有趣的发现。例如，被认为是"人类基本需求之一"的"团队归属感"（请参考章节 B）被排到了排名的后半部分，而位于榜首的几类满足感则展示了其中的奥妙之处。

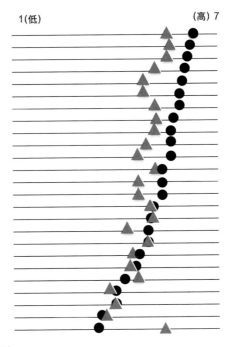

图 M.1 成年人对兴趣爱好、学生对喜爱课程所带来满足感的排序（Pfaffman，2003）

谜底揭晓，位居榜首的满足感是"为了收获自己努力的果实"。对于任何兴趣爱好来说，这一条几乎都排在第一或是前几的位置。对于高中生来说，在他们最喜爱的课程中，看到劳动果实这项满足感也名列前茅。我们把这种动力称为"创造自主性"（productive agency）(Schwartz, 1999)。在落实具体想法的时候，人们的干劲儿十足。他们的目标并非占有这些想法，而是借助想法来进行创造。如此说来，传统的课堂上只强调标准答案的唯一性，自然也就没有让创造自主性萌芽的土壤，想让人说爱也真是不容易啊！

I. 动手创造的原理

卡尔·马克思曾描述过构建人格的两股巨大力量。第一种是"占有"[1]，我们之所以成为我们，靠的是吸收周围环境中的养分（想法、资源等）。第二种是"生产"[2]，这点上马克思与亚里士多德观点类似，都认为人类是典型的创造者。无论是通过抽象的想法还是具体的产品，我们都试图在世界上创造表达自己。如此一来，我们就可以把属于自己的元素汇入到整个人类的洪流之中，供他人"占有"。马克思倡导的并不是一个人人只会"占有"的"福利社会"，而是一个生机蓬勃的创造之邦，在这里任何人都可以贡献自己的一份力量，并在世界上留下自己的印迹。

创造自主性

创造学习遵循图 M.2 展示的理想化循环模型（请注意，这个循环并没有明确的起点）。构成该循环的 4 个因素均在普法夫曼的调查中排名前五。这些因素并非一般性的驱动力（比如为了获取奖励等），而是能够直接激励人们学

---

1. 占有（appropriation）：学习者将知识内化并进行学习。
2. 生产（production）：人的生产活动是一种全面的创造性活动，人的生产在内容和范围两方面都具有全面性的特点。

习的动机。下面我们就来逐一介绍循环中的各个阶段状态。

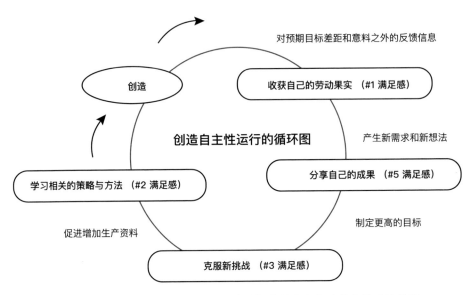

图 M.2　利用人们认为最重要的几种兴趣满足感来构建促进学习的循环

首先，人们渴望看到自己的努力有所收获。当把自己的想法付诸实践时，很自然会希望获得一些反馈，比如哪些做法有效，哪些是徒劳的，有时还会有一些意外之喜，等等。其次，人们也很乐于同他人分享自己的作品，从中获取他人的反馈，包括哪些特点受欢迎，哪些又令人厌恶，哪些设计该如何进一步调整，等等。随后他人的建议可以被采纳（占有）并融合进创造的过程中去。反馈还可以进一步激励学习者设立新的目标和挑战，这就为螺旋上升的学习正循环提供了持久的动力。最后，在新目标的驱使下，学习者会积极地探索创造的新方法。话又说回来，谁能想到看似无关的兴趣爱好也能对学习有这么大的启发呢！

这个创造循环之所以可以发挥强有力的功效，原因之一是人们特别关心自己作品的反馈。例如，在奥金塔和施瓦茨（Okita & Schwartz, 2013）的一项实验中，高中生需要打造一个虚拟角色，并教会它逻辑推理的规则，从而让该角色能够独立回答问题。随后，高中生或是观察自己的角色去解题，或是亲自解答相同的题目，二者都得到相同的反馈。结果显示，那些观察程序解题的学生要比亲自上手的学生从反馈中学到的更多。实验后测也表明，他们更善于解决复杂的逻辑问题。

培养一项兴趣爱好

　　创造循环第二个强大之处在于，它能够激发人们的兴趣。首先我们要区分两个关键概念，情境兴趣和个人兴趣（Renninger, Hidi & Krapp, 2014）。情境兴趣[1]（situational interest）指的是由当下所处的环境引发的兴趣。例如在科技馆中，那些平时看上去枯燥乏味的物理知识，在精心设计的装置展品的演示下，竟然改头换面，变得如此引人入胜！也正是因为如此，情境兴趣是相对短暂的、稍纵即逝的。如果场景不复存在，相应的兴趣也会随之消失。但如果配套的学习资源充足，情景兴趣就有可能逐渐演变为个人兴趣[2]（personal interest）（请参考章节P），比如提供深度参与的互动机会、专业知识的获取渠道、供人们分享交流的社群，等等。伊托（Ito, 2009）与同事们描述了人们在创造数字作品时的成长轨迹，发现不少人都是从最初的"试着玩玩"和"随便搞搞"的状态，逐渐转变为了"潜心钻研"的认真参与。一言以蔽之，"兴趣为先，学遍万千"。一旦兴趣的大门打开，人们就会各种尝试探索，即便是在枯燥的内容或是暂时的失败面前也不会轻易灰心丧气（Renninger et al., 2014）。毕竟，人们之所以学习就是因为学习可以带来乐趣，而动手创造正好提供了一方沃土。

---

1. 即短暂兴趣，表现为对客体或活动的兴趣，易产生，也易消失。——译者注
2. 即持久兴趣，表现为把兴趣长时间地集中于同一客体或同一活动中。——译者注

II. 如何通过动手创造来促进学习

适合动手创造的环境多种多样，不拘一格：办公室、俱乐部、博物馆、家中，当然还有学校里。灵感卡车[1]就非常有意思。它是一辆满载着工具和材料的卡车，在横跨美国的路上为沿途的孩子们带来有趣的创意小项目。2015年间，这辆卡车就行驶了超过3万公里。

在轻松自由的家庭环境中，并没有关于如何开展动手活动的指导说明。而相比之下，专业的学习空间则会提供明确的规则标准，其中之一就是关于"预设目标"的运用。例如，两个博物馆均设置了一套风筒装置（见图M.3）。游客可以使用塑料篮子、纸卷、美纹纸等不同的材料来制作一个小玩意，并放在风筒装置中进行测试。在一家博物馆里，参观者需要自己设定目标，并在观察的过程中提出问题；而且"自发探索"也正是该博物馆观展体验的一大特色。另一家博物馆的设计则有些微妙：他们为参观者提供了一个参考目标，即制作出一个可以漂浮在风筒中、保持在高低两个位置之间的物体。显然，后者为学习的过程稍微地多供了那么一点指导。那么问题来了，请问以上两种方式哪种更好呢？亲爱的读者们，你们怎么看？

据我们所知，目前并没有在博物馆情境下，关于预设目标所产生的学习效果的研究证据，但是在学校情境下却有迹可循。在课堂中，动手创造的任务通常以项目式学习（project-based learning）的形式出现。学生们通过参与那些来自于真实世界的项目来学习知识和培养技能（请参考章节Q）。彼得罗西尼（Petrosino，1998）的研究表明，一些特定的目标可以辅助项目式学习。实验中，学生们被要求完成火箭模型的搭建工作，其中分为两个条件组。第一组学生普普通通地完成了火箭的搭建任务，而第二组学生在一开始的时候就会收到一个额外的任务目标：为美国国家航空航天局（NASA）设计一款新的火箭模型套装。过程中他们需要测试不同的设计对火箭飞行性能的影响，

---

1. SparkTruck，请看 http://sparktruck.org。——译者注

比如尾翼的数量、箭体涂层，等等。随后，学生们被问到此次活动的目的为何。普通任务组的学生说，"就是学习搭火箭模型啊。"而接受了 NASA 任务的学生们则会谈到，哪些特征对于飞行来说尤为重要，或是火箭飞行高度的测量方式等额外的信息。

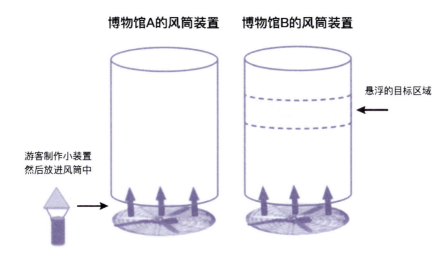

图 M.3　创造活动的两种展示形式。一家博物馆为游客提供了一个搭建的目标，另一家则为游客留出空间，自行设定目标

无论是校内还是校外，只要满足以下条件都可以促进创造学习：①让学习工具更容易获取，②将反馈与借鉴的机会设计到过程之中，以及③为目标设定和学习提供充足的资源。

我们以 Scratch 为例（见图 M.4），它是由美国麻省理工学院媒体实验室（MIT Media Lab）开发的一款图形化编程语言（Resnick et al., 2009）。它的设计中包含了诸多激发创造自主性所需的核心要素。首先，Scratch 提供了创造资源，即用户容易上手的编程语言和多媒体素材。用户可以借助 Scratch 来设计创作交互式的多媒体内容及游戏，这让学习者很容易就能看到自己努力的成果。同时 Scratch 还配有一个在线社区，用户可以上传自己的作品并互相评论。发布的帖子和评论都能为用户接下来设定新目标和新挑战带来启发。此外,Scratch 还为用户提供有关学习方法和小技巧的资源,比如可供修改的代码包、专题讨论工作室、发帖论坛,等等。

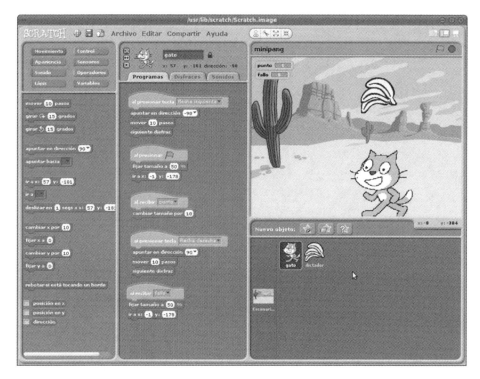

图 M.4　运用 Scratch 图形化编程设计的游戏截图。Scratch 是一种针对青少年设计的编程语言

这些要素类似于巴伦等人(Barron,1998)所提出的构成优质项目式学习的四个条件:①合适的学习目标;②充足的学习资源;③多次反馈与修改的机会;④鼓励原创与支持交流的社交环境。

Ⅲ. 运用动手创造能产生什么效果

做一件事的初衷可以很单纯,不夹杂任何功利的目的。欣赏音乐就是欣赏音乐，并不需要用"提高品位"或是"培养情操"之类的理由来证明自己的选择。兴趣爱好和动手创造也是同理，带来的满足感自在人心，无须赘言。如果你一定要给自己找一些证据的话，也可以参考下面几项。

实践知识

不知你是否听说过"图书馆会下沉"的说法？有人说，"那是因为建筑师在设计时忽略了书籍的重量！"类似这样的段子至今还非常流行，多半是因为它讽刺了书本知识的局限性。传统的课堂教学中强调的是书本知识，而动手创造关注更多的是在实践执行中涉及的操作细节、技巧、工具，甚至心态等。

随着经验的积累，在实践中获得的知识会渐渐构成一个由事实与技能交织成的信息网络，克劳利和雅各布斯（Crowley & Jacobs，2002）将其称为专业知识小岛（islands of expertise）。扎实精确的知识可以为进一步学习赋能，而新获取的信息与技能又将被积累于这些"知识小岛"上。比如，医生们一旦建立起自己的知识库，就可以更快地掌握新的医学术语和疾病知识。

动手创造还可以为正式学习打下基础，做好铺垫。有位在科技馆工作的朋友向我们讲述了这样的一个故事：为了展示走钢丝保持平衡的原理，科技馆的工作人员设计了一个让参观者摆弄杂技玩偶走钢丝的小装置。通常情况下，来玩的小朋友都会尝试延长平衡杆的长度，这也许是之前在哪里看到过吧！随着他们不断尝试探索，最终会达到一个突然顿悟的"啊哈"时刻：如果平衡杆两边足够长并沉到玩偶的下方，系统就平衡了。这是因为当孩子们把整个系统的重心调整到钢丝的下方时，就创造了一个自稳系统。当然，自稳系统或重心的概念对于小朋友们来说还相对遥远，但这个生动而真实的体验活动，会为今后的学习打下良好的基础（请参考章节J）。学校若是能为学生提供工程类的启蒙体验活动，或许能成为培养科学学习／工程学习的新通路。毕竟来自动手实践的成就感与愉快的参与感是学习的绝佳"打开方式"。动手创造让人能借助从感知到操作规则等不同的形式去理解知识，所以即使不去深究理论概念，也不妨碍人们在实践中取得成功（Azevedo，2013）。

兴趣和认同

很多人把动手创造作为培养个人兴趣爱好的一种方式。俗话说兴趣是最好的老师，因此培养兴趣确实是个好策略。研究显示，学生在 8 年级显露出的对科学的兴趣，要比分数成绩更为准确地预测他们上大学时选择科学领域专业的倾向性（Tai, Liu, Maltese, & Fan, 2006）。在其他领域，类似的现象也不难想象。比如，影迷为电影主角撰写同人小说这种兴趣，很可能会演变为投身于文学事业。对于一些人来说，动手创造确实是一条通向爱好与事业的道路。不过，这种作用到底对于多少人有效，以及在怎样的条件下才能产生效果，目前还不得而知。

应对失败的心态

动手创造可以帮助学生培养面对失败时的坦然，或者至少能降低对失败的恐惧感（Martin，2015）。俗话说"失败乃成功之母"，失败应当被视为过程中有建设性的一部分，而不应当被刻意回避。一些动手创造的比赛中甚至还会设置"最华丽失败奖"来鼓励那些勇于探索的人。

围绕设计而开展的学习离不开动手创造。通常情况下，学生们需要根据真实或者虚拟用户的需求，设计一套解决方案或者打造一款产品。比如，为大家设计一种全新的食堂用餐体验（Carroll et al., 2010）。设计过程中非常重要的环节包括，原型测试以及收集利益相关方的反馈建议，然后再进一步判断方案的可行性以及改进点。与我们交流过的一些教育家表示，他们对于以设计思路而开展的学习活动最喜欢的一点就是，它让学生不再惧怕失败和负面反馈，并让学生切身理解失败其实只是通往成功路途上的一段风景。

虽然目前还没有实际证据可以证明，动手创造活动会改变学习者对待失败的态度，但他们对待建设性批判意见的态度却有明显变化。在一项针对六年级学生的研究中（Conlin, Chin, Blair, Cutumisu, & Schwartz, 2015），两组学生需要在数周内围绕数学、社会研究和科学等议题完成几个设计任务。在一个条件组中，孩子们遵循以利益相关方为中心的设计方法，需要从潜在的客户那里收集反馈。而另一个条件组中则并不强调收集反馈的重要性。随后的测试表明（请参考章节F，图F.4），强调收集反馈组的学生会更倾向于主动寻求建设性批评意见。

IV. 如何培养动手创造的能力

动手创造的"趣"动力十足。在适当的学习资源与学习群体的配合下，一个人的情境兴趣如果能进化为个人兴趣，那么他/她就会进入创造循环之中，并自然而然地持续提升。例如巴伦（Barron，2006）曾描述了一位叫作雅马尔（Jamal）的高中生自学成才的故事。自从在学校上过一节计算机课之后，雅马尔就对网站设计无法自拔。他买书自学，又做起了网站设计的生意。若是无意间看到一个自己喜爱的网站，他还会特地找到这个网站的设计师并向对方请教。与巴伦访谈过的其他学生一样，雅马尔主要依靠自己的力量来搜集各种学习材料，只是偶尔会向家长寻求帮助。他以非常积极主动的姿态去搜寻自己成长和学习所需的专业知识。实话说，雅马尔的例子确实比较特殊，因为在大多数情况下，情境兴趣需要经过精心培育才能转化为个人兴趣，而新手可能并不具备自我培养的能力。即便是当下最前沿的学习理论也还无法找到一个经过验证，且能持久激发个人兴趣的方法。但是以动手创造作为培养兴趣的催化剂这一思路的前景还是非常光明的。

V. 运用动手创造容易出现的问题

动手创造过程中产生的知识与心态通常是高度情景化的，这就意味着不一定能广泛应用于其他场景。举个例子，一位小朋友会自己在家里尝试调制香水，但并不代表她会把研究思路与试验策略带到学校的科学课上（Tzou, Zimmerman, Bell, & Learning in Informal and Formal Environments Center, 2007）。曾经也有学者试图证明这种迁移能力的存在。帕佩特（Papert, 1980）研发出了一种名为"Logo"的简单可视化编程语言。Logo非常容易上手，孩子们很快就能学会并写出一段小程序。比如，他们可以指挥电脑上的小海龟来画一个格子："走5步，左转，重复"。对此，帕佩特号称使用Logo语言能培养孩子们的综合性设计规划能力。同样非常著名的是，皮亚和库兰（Pea & Kurland, 1984）却宣称孩子们学习Logo语言后，在完成非计算机领域的任务时，并不会利用他们之前学过的任何规划技巧。由此可见，我们还需要多花一些额外的精力来帮助学习者举一反三，比如在平面上推箱子这个问题情境下学完摩擦力的计算之后，可以再讲解一下如何将摩擦力的知识应用到斜坡上推箱子、走路、汽车刹车等更广的领域。理想的情况下，老师不仅可以帮助学生将动手创造过程中的情境经验进行归纳总结，还可以帮助他们在现有的知识小岛和兴趣爱好上更上一层楼。

对于非正式学习环境中的兴趣爱好，我们常面临这样的挑战：当水平达到一定程度后就容易遭遇瓶颈期，有时情况更糟，还会出现准备不足或者学习资源匮乏的状况。一堂只讲枯燥代码没什么应用价值的课程足以摧毁学习者对网页设计刚刚萌发的兴趣。因此，提供多种方式来鼓励并支持兴趣的培养，可以帮助降低单一方式带来毁灭性打击的风险。例如，贴心的在线烹饪学习网站会推出不同层次、满足不同烹饪能力的食谱，让不同水平的人都能拥有施展的空间，摩拳擦掌，跃跃欲试。同时还配有相应的烹饪技巧，以及研究创新烹饪方法的微信群。此外，更有一些教育家正在尝试以动手创造的学习活动为节点，将不同的学习情境串成线，为学习者提供一条学习体验的通路，循序渐进地持续进步。比如，可以让学生完成一项实习后继续进入另一项要求更高的实习中（Ito et al., 2013）。

在学校里，动手创造的首要挑战来自于，如何拿捏学生自主性与教学目标之间的平衡点。谈到动手创造，很多时候学校中的动手实验并未激发出学生对创造自主性，而是沦为"讲实验"：学生依据着老师的指示一步步执行，就连结果也早就了然于心。于是效果就大打折扣，令人沮丧。此外还需要强调的一点是，虽然很多活动中学生们都要"动手"，但是并非任何"动了动手"的活动都能被称为"动手创造"，更多内容请参考章节 H。

那么我们如何才能更合理地掌握好分寸呢？不妨这么一试，在设计动手创造的活动室，可以尝试把既定教学目标作为设计的约束条件，在限制的条件中进行创新，依然可以保持原创性。当然，创造的目标并不一定非要与课程知识一致。比方说，如果我们希望学生们掌握 3D 打印机的使用方法，但是不见得非要以 3D 打印的知识作为教学的全部内容，学生们依然可以就项目内容而自由发挥。因为我们的目标就是 3D 打印作为"工具"来使用，这就与动手创造的优势不谋而合，在创作的过程中既发展了个人兴趣，又掌握了工具的使用方法。

VI. 好例子，坏例子

不及格的例子：老师把做什么和怎么做一股脑都告诉学生，然后给学生打分。这才不会培养什么自主性呢，培养出来的全都是顺从听话的"好孩子"。

较差的例子：一群初中生拿到一堆纸条和胶水。他们可以把纸糊成自己喜欢的任何形状，过程中没有任何帮助、支持或指导。像这样完全开放自由的任务，对于有经验学生来说可以促进他们的创造自主性，但是对于连工具材料和创作方法都搞不定的学生来说，这样的活动可能会让学生手足无措。

一般的例子：在一个触屏游戏中，用户可以创造并测试戈德堡连锁机械（一种精心设计的复杂机械，用迂回曲折的巧妙连锁环节来体现机械的巧妙），还能把自己的作品分享给大家。为了保证用户持续的参与感，他们可以在升级后解锁新物品和新招式来继续搭建。

良好的例子：为期两周"叮咣动手"的夏令营中，组织者为参与者提供了工具材料、项目范例、挑战目标、成果展示区，以及集合了多人作品的规划方案。在这样准备充足、精心设计的场景中，参与者们便可以大展身手，发挥创造自主性，展示创造成果，收集真实反馈，观察别人的作品，并把学到的东西应用到下一个项目中。

优秀的例子：充分利用初期萌芽的热情，通过赋予相关知识，将学习者提升到新阶段。

动手创造
Making

核心学习原理是什么

创造作品或是完成任务，然后接受反馈意见并设定新目标。

对学习什么有帮助，举个例子

在家酿造啤酒并亲自品尝，撰写诗歌并在当地的朗诵节表演……学习者能在过程中收获实践知识并培养兴趣爱好。

为什么会有用

动手创造可以非常自然地促使学习者

形成一个持续自我提升的学习循环。学习的初衷包括渴求别人对自己实施出来的想法的真实反馈，以及设定目标迎接挑战，激发自己不断学习新技巧和新方法，等等。在有外界支持的情况下，动手创造可以把基于环境的情境兴趣，转化为人们自发追求创造机会的个人兴趣。

能解决什么样的学习问题

- 学习者对某一话题毫无兴趣。
  - 学生不理解学习文学的意义。
- 学生没有动力接受反馈意见，更不用说设立新的学习目标。
  - 一名学生说，"不就是为了在考试中取得好成绩吗。"
- 人们不主动学习。
  - 一名成年人一闲下来就看电视。

使用的范例

- 科学课上，可以让学生先搭建一个电力系统的模型，由此引出发电与电力输送的课程内容。
- 设立一个创造者课外兴趣社团，学生可以定期做几个相互关联的创造项目，并分享各自的作品。
- 为学习和设计教育科技产品的人创建一个分享平台——参与者可以相互指点并提建议。

容易出现的问题

- 学习条件不完善，指导体系不健全，或辅助支持不充分：初次尝试动手创造活动的学习者容易过早地放弃。
- 创造过程中产生的相关知识是高度情境化的，因此可能无法广泛应用。

规范
Norms——
培养学习"游戏规则"

规范[1]指的是在社会交往中人们约定俗成或明文规定的标准。它通常带有强烈的文化色彩,会随着不同群体所传承知识的差异和地域背景的不同而改变。在学习中,好的规范能够促使人们践行更多富有成效的学习行为。从事脑力劳动时所遵循的规范,则会影响人们学习的内容并塑造人们的价值观。

这里所说的规范针对的是行为而非动作。平稳地骑车保持不摔倒是一种动作,而选择在拥挤的人行道上骑车则是一种行为。后者就会违反一些规范,导致社会对该行为的惩罚。

欧文·戈夫曼(Erving Goffman)是最早研究社会规范的学者之一。他认为人们之所以会不由自主地遵守规矩是由于一条普世规律:"任何情况下的行为规范似乎都有一个共性……那就是让人不得不'入乡随俗'"(1966,p.11)。社会想要顺畅运转,人们就必须进入角色并各司其职;而另一方面,

---

1. 规范(norm):社会群体的正式或非正式的行为准则。

从心理学的角度来说，人们本身也希望能自然地融入集体当中（请参考章节B），二者相得益彰。

图 N.1 在教师进修活动中，参与学员列出的价值观与行为规范。大字代表的是价值观，小字是相关的规范

在斯坦福大学教育学院的一节教师预备课上，学员们讨论出了几条社群规范，如图 N.1 所示。图中字号较大的四个概念：安全感、团队、平等、以人为本，实际上是价值观而非规范。价值观[1]指的是人们对事物重要性的理解与认知，而规范则是对行为举止的指示与规定，也就是图中小字的部分。例如在安全感一列中，写着的一条规范是"对事不对人"。

图 N.1 为我们提供了一套通用的课堂参与规范。然而，鉴于不同的社群往往都有各自的规范，那么班级与班级之间的课堂规范想必也不尽相同。此外，学习不同内容的主题或者参与不同类型的实践活动也需要人们遵守不同的规范。具体来说，对于需要人与人之间高度精确协作，且具有一定危险性

---

1. 价值观（value）：人们对事物进行评判和选择的重要性标准。

的行为（比如军事行动），其对应的规范可能是"无条件服从上级命令"；而在科学实验室中的规范或许就是"崇尚实验证据与逻辑推理，而非个人权威"。如果人们在进入一个新环境时还遵循着不合时宜的老一套，比如孩子们在课堂上仍旧认为应该全盘接受大人的想法，憋着自己的想法而缄口不提，那么要想树立起新的规范就要耗费一番功夫了。在任何形式的教学过程中，一个非常重要的任务就是帮助初学者学会符合学习主题的规范。

下面这段对话来自于教数学的程老师与小女孩艾薇。交谈中程老师试图让小艾薇明白，答案正确与否并不取决于回答者的身份地位（Yackel & Cobb，1996）。一开始，小艾薇在课上回答程老师的问题时说，"答案是6"，然而程老师并没有直接回应，而是向全班同学问道，"艾薇的答案正确吗？"这一问不要紧，小艾薇以为自己回答错了，于是立刻改口换了个答案。随后程老师似乎陆续认同了其他同学给出的答案"6"，这更引发了接下来的对话。

> 艾薇（表示抗议地说）：我说了6，但是你说"不对"。
> 程老师：等一下，你看，你先告诉我你叫什么名字呀？
> 艾薇：艾薇。
> 程老师：你叫什么名字？
> 艾薇：老师，我叫艾薇！
> 程老师：你的名字我问了两遍，但你会告诉我你叫洛真如吗？
> 艾薇：（摇头……）
> 程老师：为什么呢？
> 艾薇：因为我的名字不是洛真如！
> 程老师：对啊，就是因为你知道自己的名字是艾薇，所以我再怎么问你，你也不会说你叫洛真如，对吧？所以对于刚才我问你的问题，你也应该这样说，"程老师，我认为6是对的，我可以证明给你看。"我之前这样教过你吧？

程老师借着与小艾薇对话的机会，把探讨数学问题的行为规范教给了整个班级。面对学生带入课堂的固有观念，程老师并不回避，而是用另一套规范来取代它。他在课堂中所遵循的规范与数学领域独立思考的价值观是一致的，即人们可以通过公理性推导来得出结论和理解。可以看出，程老师非常注意通过行为规范来影响学生们的数学思维。这种方式不仅在学校中十分常见，在一个组织里，领导者也会借助这种方式来培养企业文化。

I. 规范的原理

没有规则的世界将是无人能忍受的混沌和嘈杂。我们生活在自然界规律与人类社会规则并存的世界中。具体而言，自然界中的规律很多是具象的，人类正是充分利用了物理定律的力量，才造就了众多不可思议的工程壮举。而对于人类社会来说，规范则是依靠人们以社会化的方式构建的。例如，货币系统就是一套为交易行为而精心设计的社会规则。稳定的基础规范可以为多样化的贸易形式提供土壤，当然，其中有些是善举，有些则会危害社会。

与自然界的物理定律不同，社会构建出的规则是可以被打破的。因此为了让社交往来更为可靠，规则通常会对遵守的行为进行激励，对违规的行为进行处罚。最关键的核心规则会以法律的方式呈现，并由政府严格执行。不同文化背景也会形成不同的规范，举个例子，梁老师班里的学生见面打招呼时会握手，而蔡老师班里的学生则会相互开个善意的玩笑。这些规范还远远达不到政府监管的层面。然而即便如此，社会对这些行为也自带赏罚机制，例如在拥挤的人行道上骑车，一定会遭到周围人的白眼。

即便是未达到法律层面的规范也能产生巨大的社会效应，学习中的行为规范亦是如此。虽有待证实，但琼·安永（Jean Anyon，1980）提出了一个颇具影响力的论点：学习行为的规范可能发挥了维持社会阶层不均的作用。此话怎讲？安永指出，班级里如果都是工人阶层的孩子，那么课堂学习规范也会反映出工人阶层的行为规范，比如服从指令、效率至上、保持沉默，等等。在他们的意识中，这些规范可以为自己实现人生成功而保驾护航，自然也就成了指导行动的不二法则。如果孩子们长大后从事流水线上的工作，继承工人阶层的衣钵，那么上述的行为规范就会让他成为一名优秀的雇员。然而，若是换做上市公司总裁办公室的工作又会如何呢？那里所需要的很可能是完全相反的品质，对于沉浸在工人阶层学习规范中的年轻人来说将会无所适从。在精英子女荟萃的私立学校中，人们崇尚的是以国际背景为舞台的综合竞争力。例如，校方会鼓励学生们整合信息、交流思想、打破陈规、探索创新、理性推理，等等。学生们举手投足都在践行这些规范，因此也不难理解他们长大后能够胜任大权在握的岗位，在国际舞台上闪闪发光。根据安永的理论，学校中的学习规范让美国社会的阶级层次能够"恒久流传"。

有些时候，人们无法意识到那些约束着自己的生活规范，正所谓"不识庐山真面目，只缘身在此山中"。例如作者邻居家的小孩儿，每次进超市的时候都要脱鞋，似乎并没有意识到进屋脱鞋的规范只限于家中。不过幸运的是，这种无意识的错误只要他人及时指正就无伤大雅。为了研究社会规范被打破之后恢复秩序的过程，哈罗德·加芬克尔（Harold Garfinkel，1967）设计了一种不太招人喜欢的研究方案，被称为"破坏规范实验"。他安排研究人员故意做一些过分的行为来打破正常的社会规范，然后再看"裂痕"出现时，会涌现出哪些力量来修补这些漏洞[1]。举个例子，他让自己的研究生在假期回家探亲时，故意装出一副不可一世的大爷模样。果然不出所料，这些学生回来之后纷纷汇报，家里亲朋好友的反应都是震惊、气愤，觉得丢人现眼。然后，这些人也纷纷扮演起思想教育工作主力军的角色。

若是人们已知某些规范的存在，就会非常忠实地遵守它们，以至于①认为周围的人都希望自己能遵守规范，以及②自己也期待周围的人能遵守规范（Bicchieri & Chavez，2010）。20世纪90年代美国纽约市的一个故事可以证明上述第二点。当年纽约市长专门组织了一批人进行环境整治：修缮全纽约范围内的破损窗户，清洗墙上的涂鸦，处理废弃的汽车，整顿其他公物破

---

1. 就是先挖坑，再观察谁来填坑。——译者注

损和不文明现象，等等。大扫除之后的第二年，效果开始显露，犯罪和其他不法行为大幅减少。这种改观并不是因为警察把更多的犯人关到了局子里，而是因为"破窗理论"（Wilson & Kelling，1982）的效应得以消除。破窗理论指的是当人们看到公物被损坏或其他不文明行为时，会觉得反正大家都不遵纪守法，自己也可以胡作非为。这个例子对我们有什么启发？最起码可以借鉴的一点是，如果想在学习活动中树立起规范，那就一定要确保包括你自己在内，每个人都去遵守规范（这也说明了为什么家长一边看电视一边督促孩子学习的方式总是效果不佳）。

II. 如何运用规范来促进学习

文化并非只存在于人们周边，还会作为纽带将人们联系在一起。社交规范正是编织这条五彩纽带的一股股绳线。在义务教育阶段，教学的职责之一就是帮助学生形成有效的学习行为规范，比如幼儿园的老师会协助小朋友养成举手回答问题的习惯，等等。下面我们就来介绍几条能够促进人们学习规范的总体建议。

规范的实施

只要亲身参与，人们通常不需要明确地讲解规范就能自主学习：在过程中观察并模仿他人的行为，遵循规范时得到奖励，违背规范时又受到惩罚，将不同情况进行类比并找到共性。同时，规范也是至关重要的，它会涉及多种不同的学习机制。然而有时候人们还是会错误估计大家遵守规范的程度。例如，研究人员曾在普林斯顿大学本科生中做了一项关于饮酒的调查（Prentice & Miller，1993）。绝大多数学生都认为自己对饮酒的接受程度要低于全校平均水平，也就是说在他们看来，饮酒这一风气已深入人心。这明显是一个误判，因为不可能人人都低于平均值。结果显示，如果学生自身的想法与规范的认知差距越大，那么总的来说他/她对学校就会感觉越疏远，今后回报母校或参加同学聚会的可能性也越低。因此，有必要采取一些额外的措施来帮助人们更多地了解规范，尤其是对于那些有特定用途的环境，例如教室、办公场所等。

想要在已经形成惯例的情况下引入新的规范，可以采用激励或榜样示范等技巧。我们举个例子，假设有家科技公司想引入一项新规定，延长新生儿父亲的陪产假。要知道当今带薪产假的概念已在各大公司的规章制度中初露端倪，特别是在科技行业。然而事与愿违，员工们对这项政策似乎并不积极（至于为什么大家不太愿意休带薪产假，一时间涌现出很多与性别标签有关的看法，这里不做过多讨论）。那么我们该如何通过激励或榜样示范的方法来帮助员工欣然接受这项新政策呢？首先对于激励来说，公司领导层可以将政策背后的道理介绍给大家（例如该政策能帮助公司团队吸引到看重休陪产假的高端人才，促进工作环境中的性别平等之类的）；而作为榜样示范，让公司管理层带头的方式尤其有效，可以推动大家选择休陪产假（Dahl，Loken，& Mogstad，2012）。社交媒体巨头脸书（Facebook）的 CEO 就曾宣布要休 2 个月的陪产假来迎接自己的第一个宝宝。我们预期他的这一决定会对整个公司形成休陪产假的社会规范产生长远的影响。

图 N.2　斯坦福大学 d.school 中出现的各种标语

同样是在惯例已经形成的环境中，如果想要引入一位初来乍到的新人，重点要关注的则是人际关系的建立。美国某大型公司针对新入职工程师的调查显示，80%的新员工会通过身边的同事打探公司的"游戏规则"（Korte，2009）。进入一个集体后对已有规范的学习，有时会通过正式的师徒关系来实现，有时则要靠同事间私下里相互熟悉的过程。该项调查给出的建议是：要通过增进新老员工之间的关系来帮助新员工尽快融入集体中。

上面这些例子描述了如何在环境中引入新的规范，或如何将新人引入已有规范之中。接下来我们插上想象的翅膀，思考一下如何从零开始创造一套新的社会秩序？老师们就常面临这样的挑战（在线的社交环境也免不了建立规范的过程）。举个例子，班上二十几个学生形成了各自的小圈子，且都有着不同的条条框框，老师已经要为协调各个圈子的规范而焦头烂额了，每位学生还很可能带有自己的一套行为习惯，而且对于如何调整适应新的规范还没什么概念。

对于这样一个混乱的群体，可以选择将规范明明白白地彰显出来，比如印成海报贴在墙上，并让每一位成员都清楚大家对自己的期望。同样重要的是，还要让学生相信规范面前人人平等。公平一致必须依靠对规范的公开施行，至少在规范建立的初期阶段必是如此。一旦规范牢牢扎根下去，一个群体就能够依靠大家对合规与不合规行为的反应来强化规范。在这之前，保持规范的公平约束力还有赖管理者的监督执行。

俄勒冈州阿玛迪洛技术学院（Armadillo Technical Institute，相当于我国的高职）有一项独特的规定：所有学生都要参与保持清洁卫生的工作。除了校方雇用专业人员负责有危险性或特别困难的清洁工作之外，学生们会以小组为单位，轮流负责刷洗厕所、拖地、擦窗户等工作。起初还有些学生不情愿，但没过多久，保持校园的干净整洁就成了一套人们心照不宣的规范，同学们和校领导一样，担负起监督的职责，相互督促带走自己的垃圾。

在课堂中，论述问题的规范则尤为重要。卡兹登（Cazden，2001）发现，课堂中时不时就会出现"提问－回应－评价"（inquire-respond-evaluate，

IRE)这样的交流模式。具体来说就是老师先提问，学生回答，然后老师再给出诸如"很好，回答正确"或是"并不是很准确"这样的简短评价。通过这些带有感情色彩的语气词，老师自始至终都是权威。因此有理由相信，学生会很自然地形成这样的规范：所谓学习，就是可以为老师提出的问题给出能够获得认可的答案。这也印证了卡兹登的观点，运用何种表达方式决定了学生对知识是停留在"知道"的层面，还是已经达到了"明白"的程度。因此，包括卡兹登在内的很多学者都更认同另一种"论述规范"，即学习者可以自发提出问题，思考答案，然后直接相互交流。这套模式对学习效果有这样的预期假设：学习者会形成独立思考的规范，同时有可能将自己认定为知识的生产者，而不只是知识的被动接收者。那么，对于 IRE 模式我们可以添加一个环节，变成 IRE-F，其中 F（follow-up）代表进一步思考，让学习者有机会反思评价自己给出的回答。在更为理想的情况下，他们还会提出自己的问题，当然，前提是已经形成了开放讨论的风气。例如，某企业中一位产品经理组织团队讨论新产品设计，他通过提问 - 回应 - 评价的方式与负责产品外观、功能、推广策略的部门经理进行沟通。由于该企业中盛行开放的组织文化，这些部门经理在得到评价后，还会对产品定位与发展战略提出问题，从而更好地改进各自的策划方案。不过，也是因为 IRE-F 模式相对复杂，大多数情况下人们还是会依赖简单而容易掌控的 IRE 模式，只不过学习效果就另当别论了[1]。

规范的识别

有相当多的规范定义的都是人们普遍接受的行为，因此也就出现了《知心姐姐》《好习惯阿姨》等专栏。教室、工作等学习环境也会树立参与规范来营造良好的学习氛围，比如"不许说脏话"等。但规范本身并非看得见摸得

---

1. 老师与学习者进行 IRE，与学习者之间自主进行 IRE 的结果也是大不相同的。——译者注

着，有时候直到打破了规矩，人们才会意识到它的存在。因此在学习环境初具雏形的时候就要采取主动的姿态，而不要等出现不可容忍的行为时再被动反应。在学校中，不少班级在学年伊始就会建立班级制度。有的老师会直接定下规矩；有的老师则会与同学们一起，参照大家对学习环境的共同期许来制定规范。对学生而言，亲自参与班规的制定会大大提升他们的参与感和归属感，之后也更容易"按规矩办事"。

专业领域中的建设性参与规范则更加微妙，堪称"外行看热闹，内行看门道"（Engle & Conant，2002）。例如在自然科学领域，就有"验证结论要靠确凿证据"的规范；在逻辑学中，则是"验证结论要靠严密推理"。如果不是某个学科或专业"圈子"里的人，想辨认出其中的惯例与规范就会很有挑战。为此，你可以寻求各行各业的规范标准，它们通常由相应学科专家专门制定，供学习者参考学习。当今世界的教育标准早已超越对知识与技能的关注，更加注重培养学生们形成更科学的学习规范。例如，"美国的下一代"[1]建议学习者采取以下实践标准（即学科行为规范）。

1. （在科学研究中）提出问题，（在工程领域中）定义问题
2. 归纳并使用模型
3. 计划并开展调查研究
4. 分析并阐释数据
5. 运用数学和计算思维
6. （在科学研究中）构建解释，（在工程领域中）设计方案
7. 基于证据进行论证
8. 获得、评估，并交流信息

（国家研究学会，National Research Council，2012）

值得注意的是，专家推荐的这些规范在落实到学校课堂中时，与孩子们

---

1. Next Generation Science Standards，参见 http://www.nextgenscience.org。——译者注

所亲身经历的（或是他们认为自己所经历的）恰恰相反。比如，一谈到科学研究，学生们的第一反应就是死记硬背、照本宣科。如果让学生们按照科学家开展研究的规范来操作，他们反而会觉得奇怪。但换个角度来说，也许牢记规则、谨听指导也是在为未来建设性地参与学科研究打基础呢。如何将业界专家的规范与孩子们的日常学习有机结合起来，还有很多值得探讨的空间。

Ⅲ. 运用规范能产生什么效果

正如理查德·波斯纳（Richard Posner）[1]所言，"如果你不按规则下棋，那么就根本没有在下棋。"（1997，P.365）人们只有一同遵守游戏规则，才能一同享受丰富多彩的社会生活。如果每个人都要坚持自己的意愿，各说各话、各行其是，只会带来更多的困扰，甚至根本无法共事。在学习环境中，合理的规范能够促进信息和思想的有效沟通。大家只要在学习目标与处事方式上达成共识，就能想到一起、学到一起，共同面对前进道路上的困难挑战。总之，每个人共同遵循同一套行为规范能够有效减少在贯彻实施规则上耗费的精力。

从个人层面来看，规范还会带来一些心理上的变化。首先，规范可以逐渐转为价值观。给老年人让座的风气有机会发展为敬老爱老的观念。而在科学研究中，为论点寻找证据的习惯，则会演变为以证据事实为依据的思考方式。其次，遵守公认的规范可以对群体产生归属感。若是人们习惯于以握手来问候对方，而你一见面就去亲吻对方脸颊，就会显得格格不入。最后，规范还会帮助人们形成身份认同。一方水土养一方人，不同的文化自然会带来不同的习俗规范，不断践行一套习俗就会增加对该文化的认同。

---

1. 理查德·波斯纳（Richard Allen Posner），美国联邦上诉法院法官，法律界重要人物，奠定了法律经济学的理论基础与分析架构，著有《法律的经济分析》《法律理论前沿》等书。——译者注

Ⅳ. 如何培养运用规范的能力

当进入一个新环境时，了解其规范的最佳途径就是用心观察，留意周遭。很多人已经置身于全新的环境中，却还意识不到自己与别人打交道的方式还在沿用老一套。例如，同事中有位美国人已经入职了一段时日，但在同其他中国同事打招呼的时候还总是直呼其名。经人提醒，他才发现这里的惯例是要尊称对方的姓氏，比如郭总或王老师，关系非常熟络的同事也只会叫名字而不会直呼全名。毕竟规范习俗无处不在，如果缺乏意识无所顾忌一定会造成很多问题。更有甚者，压根就不愿意入乡随俗（比如一名在日本旅游的西方游客，不但进屋不脱鞋，反而还不停抱怨当地的规矩太麻烦）。然而，一旦建立起意识，学习规范的工作就能快速步入正轨。我们可以换一个角度调整心态：**这里的人们之所以推崇他们的规范，一定是出于某些原因的，那么我的目标就是找出这些规范的由来和背后的逻辑**。时刻提醒自己，"在新的环境中，很可能到处都是陌生的规则，它们是什么呢？为什么人们会遵循呢？我是否愿意接受并融入呢？"如果条件允许的话，可以与相关经验丰富的人建立联系并寻求帮助。市面上就有专门的公司或机构帮助留学生或是国际商旅人士快速充电，通过相关课程的培训来了解异国文化中微妙的社会规范，以及如何避免失礼的行为，等等。

Ⅴ. 运用规范容易出现的问题

并不是所有的规范都利于学习。规范的约束程度和相应的惩罚措施存在着过严或过松的风险。此外，规范与文化间的碰撞还隐藏着另一种风险。比如说，为课堂制定的规范是否会将社会的主流文化强加到某些少数群体上呢？（有时即便班级中少数族裔的学生在数量上占大多数也会发生这种情况）我们该如何做到既尊重少数族裔的习俗，又能帮助他们适应主流文化并取得成功呢？下面是玛莎·克拉格（Martha Crago）提供的例子，反映了学校在面临文化冲突时的挑战。

位于加拿大北部一所以因纽特人为主的学校中,一位语言障碍病理学家正在进行研究。他请校长(不是因纽特人)把学校中言语交流有障碍的孩子列出来。结果全校1/3的孩子都在这个清单上。有几个名字旁有着校长的标注,"上课不说话"。随后,这位语言障碍的病理学家咨询了一位当地的因纽特人老师,想了解孩子们在母语环境中的表现。因纽特老师看了看名单,语重心长地说道,"有教养的因纽特孩子在课堂上就不该说话,他们会通过观察和聆听来学习……"后来这名病理学家又谈及一个自己正在着重研究的孩子,说这个孩子平时非常爱说话,非因纽特裔的研究人员都觉得他非常聪明。然而这位因纽特老师却泼了冷水:"你觉得他会不会是有学习障碍?有些智商不高的孩子就是这样,说起话来根本停不住。他们也不知道话讲到什么时候该停。"(Crago as cited in Bransford, Brown, & Cocking, 1999, p. 146)

图 N.3　很多学下象棋的人都靠观察高手的棋局,你能说他们没在好好学吗

不同文化间的冲突总会存在,大到国家,小到学校中不同背景的学生。当然,这本身是件好事,如果普天之下皆为大同,那么世界就会缺少保持社会系统健全所需的多样性。尽管如此,多样性的问题处理起来还是会非常棘手,因为总会牵扯进相互冲突的规则。希思(Heath, 1983)和德尔皮特

（Delpit，1988）曾描述过，在美国的小学课堂中，如果教师来自中产阶级，常会出现这样的现象：有些疑问句本应被当作祈使句，比如"大家都准备好排成一列了吗？"实际上要表达的含义是"大家现在来排成一列！"如果一名初来乍到的学生听话不听音，真以为老师在提问的话，就有可能会回答"没准备好呢，我还得在这儿待会儿。"然后老师就会把这种行为误解为不服管教。类似这种无视规范之间迥然差异的现象，也许可以解释为什么在一些小学校里，老师对少数族裔孩子的管教会明显多于对其他小朋友。

在美国社会中，不同文化的碰撞总会带来谁更强势的问题。多名学者都长期关注少数族裔及其文化受到压迫的问题，并提出过一些既能尊重并弘扬少数族裔的文化习俗，又对主流文化规范的重要性给予足够重视的解决方案，感兴趣的读者可以查阅相关文献，它们包括：在文化方面合理的言论规范（Au，1980），在文化方面相关性强的言论规范（Ladson-Billings，1995），以及在文化方面可持续的言论规范（Paris，2012）；此外还有充分利用文化中知识积淀的规范（Moll，Amanti，Neff，& Gonzalez，1992）。通行的做法认为，在学习内容中融入少数族裔的交流方式（以及知识内容），可以让少数族裔学生更自然、更平等地学习，同时不至于放弃自己的文化传统。如此一来，不仅学习效果得到提升，身份认同感缺失的威胁也能得到缓解。理想情况下，我们也可以尝试用一些温和的方式，将主流文化中的言语规范融入进来，让今后想在主流文化的学术标准中发展的学生也能遵循这些规范茁壮成长。

下面再介绍一个源自凯瑟琳·奥（Kathryn Au，1980）的针对夏威夷当地小学生的研究。她从以往的研究中发现一个令人担忧且普遍存在的事实，即当地原住民族裔的学生不太适应典型的 IRE 研讨规范，而且阅读能力也表现不佳。但是这些孩子却对当地一种"说故事"的交流形式非常熟悉。根据这项习俗，大家以接龙的方式轮流发言，而且"花落谁家"也非常讲究。"说故事"与 IRE 形成了鲜明的对比，后者通常以老师为枢纽展开，对话的内容既带有教学属性，又带有评价属性。凯瑟琳详细记录了一位老师的阅读课，这节课上老师娴熟地把控着课堂讨论的节奏,在"说故事"与 IRE 之间不断地无缝转换:时而在"说故事"阶段让学生展开热烈的讨论,时而进入 IRE 阶段开始讲解重点。凯瑟琳指出,这位老师培养出的学生在阅读能力方面比其他班级的学生要好很多。可见,既尊重主流文化,又顾及特色文化,会提升学生对学习的参与度,最终取得不错的成效。

VI. 好例子,坏例子

好例子:大学里的演讲课上,虽然在座的同学们早已相互认识,但是他们在练习演讲时依然要先做个简短的自我介绍,因为这在真实的公众演讲中是必要的环节之一,以此作为课堂规范,能帮助学生更快进入角色,帮助学习面对真实观众时的演讲技巧。

坏例子:一名老师告诉自己的学生,课堂上思辨式的学习是一项重要的规范。但在这位老师的随堂测试中,题目全部都是要死记硬背来回答的。因此若想让制定的规范真正落地生根,首先要以身作则,保持言行一致,学生才能知行合一。

规范
Norms

核心学习原理是什么

社会规范是指导人们社交行为的非正式规则。社交行为可以决定人们学习的内容与方式。

对学习什么有帮助，举个例子

一节小学数学课采用了"提出想法与答案需要经过数学论证"的规范，杜绝学生们不假思索地抛出答案，然后留给老师进行评判的坏习惯。这项规范能够帮助学生理解数学的含义并培养数学思维。

为什么会有用

人们希望自己合群，而遵循社会规范就是途径之一。当人们相信社会期望他们遵守规范时，或是认为他人也遵守规范时，就更倾向于选择去这样做。良好的规范有利于人们协调学习活动，既能让学习者保持良好的学习行为，又能让他们选用合适的方式探讨不同学科的问题。

能解决什么样的学习问题

- 人们还未准备好融入新环境。
    - 一名刚毕业的大学生就职咨询行业，他觉得遇到问题就应该请示领导，就像在学校中听从老师安排学什么、做什么一样，认为"听话"是成为优秀员工（三好学生）的不二法门。
- 人们在社交化的学习中遵循了错误的规范。
    - 一名博士新生本应阅读科研论文，却把大好时间都用在蹭教授的聚会上。
    - 一名 MBA 学生本应多参加社交活动，多同商界人士交流，却一个劲儿地阅读科研论文。
- 人们在学习群体中不履行自己的义务。
    - 在小组活动中，一名学生总是不按时完成分给自己的任务。

使用的范例

- 新学年伊始，组织学生制定新一年的行为规范并与大家达成共识。
- 在大厨培训班中，借鉴成功大厨的行为来制定行动准则，例如保持厨房洁净，一尘不染。

容易出现的问题

- 人们没有意识到规范的存在。这会造成遵循着不同规范的人们之间形成误解。
- 制定的规范把人往错误的方向引导。例如，要求不容置疑的绝对服从可能会影响创新能力的发展，而也许在未来社会，成功的基石之一就是创新思考的能力。
- 文化间的冲突可能会导致更糟糕的学习效果。在学校里，若老师期望所有孩子都遵循主流文化，那么其他少数民族文化中的一些行为就可能被视为调皮捣蛋。

观察
Observation——
外摹于形，内感于心

通过观察他人的言行举止来学习的方法被称为**观察学习**[1]，尤其适用于学习直观的步骤型技能、情感反应，以及社会价值等方面的内容。观察学习可以在没有明确指导的情况下自然而然地发生，而且会将目标人群身上好的和坏的地方统统模仿下来。

下面这个例子描述的是一名玛雅裔工人学习使用织布机的过程。

（这名女孩）观察织布机女工操作机器的流程（已经持续了5周）。整个过程中，她既没有提出任何问题，也没有寻求其他人的指导。5周后，她表示自己已经掌握了织布机的操作步骤，并且可以随时上手操作。于是她进行了第一次尝试，虽然她的操作手法略显笨拙，且速度不如之前那名熟练女工，但却能看出她的技术很扎实，操作起来也没有丝

---

1. 观察学习（observational learning）：又称"替代学习"（vicarious learning），即通过观察他人的行为及其结果而获得信息、技能或行为方式的一种学习方式。

毫不迟疑。那么，在"培训"阶段究竟发生了什么事情呢？……她先是认真观察每一个步骤，再在心中不断地演练一系列操作，直到有把握的时候才主动请缨（Gaskins and Paradise，2010，p.85，citing Nash，1958）。

这真是观察学习法的完美案例。没人指导、没人解释、没有试错练习、没有正向强化，整个过程全是靠她自己琢磨出来的，简直令人拍案叫绝！其实，这之中的奥妙在于观察学习法在玛雅文化中占有重要的地位。若是换成一名普通的美国姑娘，很难想象她会在观察过程中表现出同样的耐心。话虽如此，但事实上每个人出生之后就会通过观察来学习。图 O.1 展示了一名新生儿正在模仿成年人的面部表情（Meltzoff & Moore，1977）。

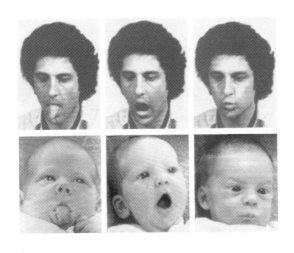

图 O.1　2～3 周的婴儿观察并模仿成年人的面部动作

观察对于情感反应的学习也尤为关键。要让一个人学会在悲伤的情境下感到悲伤，单纯靠语言描述是苍白无力的，但如果身边有人正在伤心落泪，你就会不由自主地去观察，甚至用心去感受，明白"悲伤"是一种在类似场景应该会生发出来的情绪，换句话说，你就懂得了何时该感到悲伤。观察对于直观肢体动作的学习也效果显著。若是希望借助言语来描述使用筷子的步骤，肯定会陷入令人崩溃的细节之中：手腕角度、大拇指位置、按压力度、夹食物的角度，等等。反而是直接演示出来更加简单明了，学习者也能充分发挥观察学习的强大威力。

I. 观察的原理

在学习过程中，人们通常会把观察演示与文字解说搭配在一起，双管齐下（请参考章节W）。本章我们则重点讨论为何观察学习法可以独自撑起半边天。我们会了解其背后的原理，以及人们如何仅凭借观察就能学会复杂的行为与情感反应。

模仿的奥义在于两个部分：镜像（mirroring）和心理理论[1]。首先，镜像的来源和生物进化有关，灵长类动物拥有一种叫作"镜像神经元"的大脑细胞。每当猿猴们自己做出动作或是观察到其他猿猴做出相同的动作时，这些镜像神经元就会被激活，从而模糊了"汝"和"吾"之间的界线。人类大脑需要调用成百上千万的神经元来映射出复杂行为，然而刚出生的婴儿就已经展现出这种镜像能力。研究人员在婴儿的头顶上设置好安全电极，利用脑电图（EEG）来研究婴儿的大脑。结果显示，婴儿静静地坐着观察别人抓取物体时和自己伸手去抓取物体时，脑电波信号所呈现的规律是相似的（Southgate, Johnson, Osborne, & Csibra, 2009）。

成年人也是如此，芭蕾舞演员在观察他人的舞步时和自己表演相同的舞步时，大脑中呈现活跃状态的区域也是相似的（Calvo-Merino, Glaser, Grezes, Passingham, & Haggard, 2005）。人类大脑对动作产生共鸣的能力是惊人的，但这种能力还是有限。人们需要对观察到的动作有一定了解，才能明白其背后的目的。例如，同样是去观察芭蕾舞步，芭蕾舞演员就会比一般人显示出更强烈的脑部活动。

---

1. 心理理论（theory of mind）：个体通过对自己和他人心理状态（如需要、意图等）的认识与理解，并由此对相应行为作出因果性预测和解释的系统。可视为一个推理系统，包含了一系列抽象、连贯的因果解释，使个体能借助于信念、愿望等无法观测的心理状态，来解释和预测行为。

观察的时候，你不仅会用眼睛看到，还会不由自主地用身体去感受，虽然只是在脑海中感受。这也解释了为什么当我们看到别人的手被车门夹到时，自己的手也会不自主地缩回来。同样，当看到别人哭泣神伤的时候，你也会产生共鸣，引发悲伤的情绪，嘴角下垂、潸然泪下。镜像会产生共情的同理心，而逻辑思考会带来同情心。自闭症障碍者就很难通过"镜像"和"同步"来感受情感（Begeer, Koot, Rieffe, Terwogt, & Stegge, 2008）。取而代之的是他们会利用逻辑推理来分析情感状况，"这个女孩儿的眼睛瞪得大大的，她从座位上跳起来了，她还在不停地大喊大叫……嗯……她一定是受到惊吓了。"

　　镜像之所以能促进学习，是因为人们会把他人的行为与感受映射到自己身上。再经过亲自实践或在脑海中模拟练习，之后就可以"回放"出来供人们使用。事实上，我们的镜像能力真不是一般的强，就连别人获得奖励时，我们也能暗自品鉴其滋味。学前班若是有位小萌友因为把玩具归还到了正确的位置而得到了老师的表扬，班上其他小萌友就会争相效仿"物归原位"的好表现。同理，观察别人受到惩罚也会降低观察者效仿不良行为的可能性。想象一下，如果老板当着大家的面训斥一位唱反调的员工，恐怕以后也没人敢提反对意见了（虽然这可能并不是件好事儿）。

　　模仿的第二条奥义是**心理理论**，即从他人角度思考问题的能力。人类是灵长类动物中唯一的眼白明显的物种。这可以理解为人眼的眼白是为了映衬瞳孔，好让其他人更容易辨别你的目光所注视的方向，也就为他人了解你正在思考的世界打开了一扇窗户。与其他动物不同，人类很清楚每个人都有各自的想法。如图O.2所示，换位思考的能力在儿童时期开始发展，最终形成"我知道你知道我知道……"的能力，这的确是儿童发展过程中一个不可小觑的里程碑。

　　心理理论让人们能够推测他人的真实目的。这对于观察学习来说非常有帮助，因为它能让观察者辨认清楚哪些部分是应当去模仿的核心内容，哪些部分是可以自由发挥的，从而避免盲目行动。比如一位妈妈第一次带着自己

萨莉
安安
1
萨莉有一个黑盒子
安安有一个白盒子
2
萨莉有一个水晶球，
她把水晶球放在了黑盒子里
3
萨莉出去散会儿步
4
安安把水晶球拿出来，
放到了自己的盒子里
5
萨莉回来了，想玩儿水晶球。
请问她会去哪个盒子里找呢？

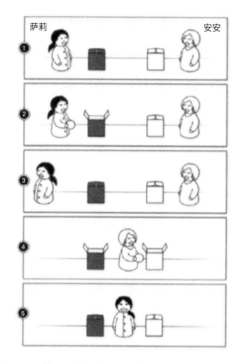

图 O.2　错误认知测试。4 岁以下的儿童通常会说，萨莉会在第 5 张图中的白盒子里去找自己的水晶球。孩子们虽然知道水晶球在白盒子里，却不明白萨莉的视角不同，她还是会去找黑盒子

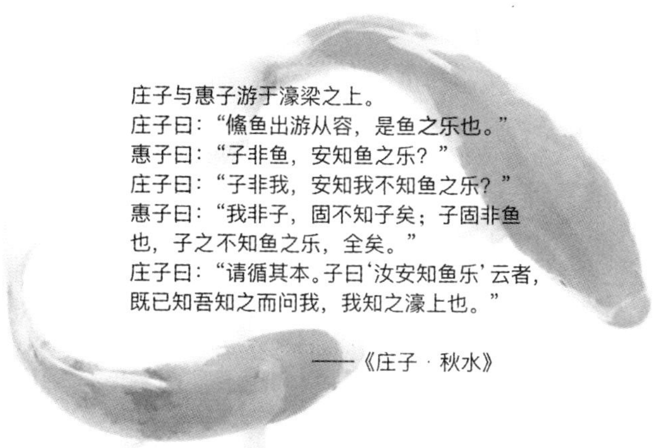

庄子与惠子游于濠梁之上。
庄子曰：“鯈鱼出游从容，是鱼之乐也。”
惠子曰：“子非鱼，安知鱼之乐？”
庄子曰：“子非我，安知我不知鱼之乐？”
惠子曰：“我非子，固不知子矣；子固非鱼也，子之不知鱼之乐，全矣。”
庄子曰：“请循其本。子曰‘汝安知鱼乐’云者，既已知吾知之而问我，我知之濠上也。”
——《庄子 · 秋水》

图 O.3　所谓换位思考

的宝宝去打保龄球。妈妈说，"仔细看好我的动作哦！"边说边快步跑向出球线，挥动右臂出球，然后忍不住咳嗽了几下。如果小朋友明白这一系列动作的目的是让保龄球滚到终点击中球瓶，那么他就不会刻意模仿最后的几下咳嗽，同时也明白不一定非要单手出球，双手扔球也行。试想，若是小朋友在家中客厅看到妈妈对着空气练习出球姿势，同时也不理解动作的目的，那他很可能会原封不动地照搬每个细节。

一般情况下，心理理论与镜像效应同时发挥作用。而事实上相比于观看随机行为的情况，当人们观察到的行为带有明确的目的性时，观察者的镜像系统会更加活跃。再加上对他人目标的理解，人们便能够把精力锁定在需要模仿的关键行为上。

II. 如何运用观察来促进学习

阿尔伯特·班杜拉（Albert Bandura）围绕观察式学习开展了原创性研究，逐渐完善了他的社会学习理论。而在当时，主流的学习理论还停留在行为主义[1]，认为人们只能通过强化[2]来进行学习（请参考章节R）。因此，向世人展示人们可以通过观察来学习，是学习科学史上极为重要的贡献之一。班杜拉和他的同事提出了几种可以提升观察式学习效果的方法。下面我们就逐条讲解，并分别列举了一个用在正确情景或错误场合中的例子。事实上，观察式学习无时无刻不在发生，我们更应关注人们有机会观察到的内容是什么。

---

1. 行为主义（behaviorism）：认为主观的心理不可捉摸、难以理解，应直接研究纯客观、可观察的人类行为的研究取向。
2. 强化（reinforcement）：通过某种刺激增强或减弱特定行为的过程，包括正强化和负强化。

提高学习者对榜样的注意力

我们一生中会遇到形形色色的人。茫茫人海中,我们该如何帮助学习者将注意力放在那些正确的人和事儿上呢?很多情况下,人们总会不由自主地效仿各界的知名人士。以此类推,若是想引起人们的关注,不妨邀请一些社会上有名望的人来做示范吧!

- **正确情景**:一位名人为慈善事业捐款并亲身投入精力参与相关公益事业。
- **错误场合**:一位受同学们崇拜的"学霸"当众吸烟。

人们也同样关注与自己最相似的人群。因此,选择一位可以让大家产生关联感的示范榜样就非常重要。例如,若是看到与自己出身相近的人能够身居高位,就更容易激发人们去效仿的动力(比如,美籍印裔人士当选了大公司 CEO,对美籍印裔的孩子就会有强大的感召力)。

- **正确情景**:在接种疫苗时,一位小朋友看到前面的小朋友在扎针时没有哭鼻子。
- **错误场合**:在幼儿园的课上,小女孩儿们看到自己的女老师遇到数学题就显得很焦虑。

如果学习者与被模仿对象进行互动的话,则可以进一步促进学习。库尔等人(Kuhl, Tsao, & Liu, 2003)的研究发现,9 个月大的婴儿与真实在场的讲话者互动(比如,眼睛注视着对方),能够提高对外国话发音的敏感度。然而在其他条件不变的情况下,若是把讲话者搬到录像视频里,婴儿就不会表现出之前的学习效果。一种推测是,婴儿在真实互动中会更加注意受模仿对象的行为。另一种推测是,受模仿对象的讲话节奏与互动行为相互协调,一连串语音被切分成了一个个语音单元,学习者更容易理解。帮助人们将复杂的行为解构成更容易掌握的小模块,是提升观察法学习效果的重要途径之一。

提高学习者观察与分析行为的能力

行为本身可以非常简单，也可以非常复杂。有些时候人们无法一下子记住所有的动作步骤，例如，当饶舌歌手在唱英文说唱的时候，估计你根本分辨不清哪句歌词是哪句。初学者在面对相对复杂一点的行为时，感受也是一样的，根本分不清楚！对此，我们可以把这些行为拆解成一系列小模块，以更容易理解的方式呈现给学习者。

- **正确情景之一**：更换打印机碳粉的过程可以用文字描述成："先按下机器侧面的黄色按键，打开机盖，再取出墨盒……"
- **正确情景之二**：芭蕾舞演员在脑海中一遍遍地演练教练示范的分解舞步。
- **错误场合**：小朋友们看到动画片里的英雄对坏人一顿胖揍，每出一个招式都伴随着"Peng——""Duang——"的音效。

了解复杂行为背后的逻辑与目的，有助于学习者自行解读分解步骤与对应场景之间的关系。

- **正确情景**：在菜园除草的时候，园丁解释说这样做的目的是给蔬菜腾出更多的生长空间。
- **错误场合**：哥哥一边教弟弟抄别人作业，一边告诉他这么做的目的是不要让老师抓住自己没做作业（如果不说这个目的，弟弟没准儿会把别人的名字也抄到自己的本子上）。

提高学习者模仿的积极性

为特定行为赋予一定的价值，可以激发人们今后模仿该行为的动力。看电影的时候，如果影院里有一个人咳嗽，很可能引发几个人跟着咳嗽几声（一种烦人却不由自主的模仿行为）。幸运的是，人们倒是不会给"咳嗽"附加上任何积极的价值，更不会有意识地多咳嗽几声。可想而知，如果人们观察到某种行为产生了积极的结果，那么之后人们会更有可能再次模仿。通过观察他人因某种行为而获得的正向激励，被称为**间接奖励**，因为人们也间接地感受到了正向强化的作用（请参考章节 R）。

- **正确情景**：住院部的实习医师观察到，如果医生对患者能够感同身受，患者对医生的态度也会不错，积极配合治疗。
- **错误场合**：班里的一名学生注意到，翘课出去玩儿的学生获得了其他同学们羡慕的目光。

示范榜样自身的能力水平以及可信度也会影响其行为被效仿的可能性。即便是襁褓中的婴儿也不太可能去模仿那些看上去不太行的对象（Williamson，Meltzoff，& Markman，2008）。

- **正确情景**：小艾薇观察到两位教练分别示范撑竿跳，然后决定选择效仿那位成功越过横杆的教练所做的动作。
- **错误场合**：一次全家出游遇到车子故障，爸爸鼓捣了一会儿没修好，孩子们误认为爸爸太笨，所以他们也不再去效仿爸爸开车时的好习惯。

如果只是观察某种行为，而没有付诸实践，想要记住该行为就比较困难。给学习者提供身体力行的机会，并创造出积极的学习体验，能够增加今后再次使用的概率。

- **正确情景**：一名积极上进的足球学员尝试练习从别人那儿看到的带球脚法。她练习了几次并发现确实能成功地过掉防守球员，决定下次上场踢球的时候就用这招儿了。
- **错误场合**：小朋友们互相讲着从电视上学到的不文明语言，还成功引起了老师的注意。

III. 运用观察能产生什么效果

观察所带来的一个独特的效果是情感学习。真人示范是教会人们该如何感受一件事、一个情景、一个人的最有效方法。从观察中学习情感反应是最自然不过的事了。比如说社交参照（Walden & Ogan，1988），当宝宝摔倒在地上的时候，他可能会看看妈妈的反应：如果妈妈笑了，宝宝可能也会笑；如果妈妈显得非常着急不安，那么宝宝也会哇哇大哭。当儿童学习如何感受陌生人与新鲜事时，社交参照举足轻重。因此，我们是否也应当认真思考一下作为家长、老师、领导，甚至是在描绘小说电影中的人物时，该如何对后辈们犯错误或失败的情况给予反馈，作为社交参照呢？

对于步骤化的行为来说，观察学习的结果应当是照葫芦画瓢，直接模仿[1]：学习者观察到步骤1，步骤2，步骤3；然后自己再重复做步骤1，步骤2，步骤3。对于抽象的概念型内容，单纯的模仿对学习来说可能就显得力不从心了。例如，模仿老师书写 $A = \pi r^2$ 这个动作，并不能促进对 $A = \pi r^2$ 的理解。因此，模仿的行为并不能体现理解的程度。单纯的观察式学习应当优先被用于那些涉及肢体动作和情感状态的内容。不过，若是由适当的文字解说相配合，人们就可以学习到行为背后的逻辑基础（请参考章节 W）。

IV. 如何培养观察的能力

人们可以有意识地训练自己的观察能力。实际上，观察学习与人们的日常生活早已融为一体。假设你刚刚搬到一座新城市居住，坐地铁的时候很可能就会通过观察来学习前面的乘客如何购票。

在不同文化中，通过观察来学习的方法也扮演着不同的地位和角色。罗戈夫等人（Rogoff, Paradise, Arauz, Correa-Chávez, & Angelillo, 2003）

---

1. overt imitation，可以理解为不需经过思考的模仿。——译者注

发现，观察式学习在诸多北美原住民文化中的地位远比在西方工业化文明中的地位更为重要。举个例子，为了教孩子观察学习，原住民家长会不动声色地给孩子指一指那些有能力做好的人作为榜样，不再做过多解释。在一些文化群体中，孩子们会一同参与大人们日常从事的事务，比如育儿、畜牧等，在这些活动中运用观察学习法可谓合情合理。西方社会中的学校就与此截然不同。孩子们并不参与大人的日常活动，而一般会通过专门为他们设计的课程、口头或书面指导，以及提出问题等形式来学习。如果我们希望在现有的学习环境中添加一些观察学习的元素，或许可以尝试把观察学习打造成一种风气（请参考章节 N）：与其总是等着别人给出明确的指导，不如学会自己做一名安静的学习者，在观察中进步。

V. 运用观察容易出现的问题

要想成功运用观察学习法，需要注意两个方面：人们是否学到了该学的内容，以及人们是否避免了不该效仿的内容。

一方面，人们在面对极为复杂的行为时，很可能搞不清其中哪些是关键动作，或者摸不透其中的逻辑关系，于是很容易忽略重要的部分。比方说，本书一位作者家里刚会走路的小儿子，看到妈妈戴着隔热手套去握热锅的把手，自己也跃跃欲试，然而却没明白用隔热手套的真正目的，在观察中也没看出问题的关键。结果在他自己玩过家家的时候，一只手像模像样地戴着手套握着玩具小锅的手柄，而另一只手却毫无保护地托着小锅的底部来保持平衡。

另一方面，人们还会在观察周围环境中的行为时不小心学到一些不可取的做法或态度。例如在一系列研究学龄前儿童的经典课题中，班杜拉（Bandura, Ross, & Ross, 1961）研究了孩子们会从他们观察到的成年人挑衅行为中学到什么。在一项研究中，第一组学龄前儿童看到一位成年人对波波娃娃[1]拳脚相加。第二组则看到成年人在一旁安静地忙自己的事情，波波娃娃则一直放在这个人身后。随后，为了引起孩子的不满情绪，研究人员会先发给孩子几个小玩具，然后又马上收走，解释说这些玩具其实是给别人的。接下来，这名小朋友会被带到一个有波波娃娃和其他小玩具的房间里。与看到大人在一旁安静做事的那组孩子相比，第一组看过大人粗暴行为的孩子们，会更倾向于模仿这些暴力行为，甚至还会添油加醋，用自己从别的地方学到的粗鲁语言和动作去"欺负"波波娃娃（请参考图 O.4）。

图 O.4　波波娃娃实验。儿童观察成年人对充气不倒翁拳脚相加，随后在与娃娃单独相处的时候也会暴打娃娃

随后的数项研究则试图了解媒体上出现的暴力言行是否也会有类似的效果（比如观看有暴力镜头的视频或动画片等）。图 O.5 展示的是一项实验中孩子们观看暴力场景之后表现出攻击行为的平均次数（Bandura，1963）。与那些只看到大人们安静玩耍的孩子，或是与压根就没看到大人做任何事情的孩子相比，观看过暴力行为的孩子都会做出更多攻击性的行为，无论这些攻击行为是发生在眼前、影片中，还是动画片里。不过有趣的是，间接强化在这里也会发挥作用，也就是说如果孩子看到施暴者受到惩罚，就会减少模仿暴力行为的概率（Bandura，1965）。

---

1. 与小孩儿的个头接近的一种充气不倒翁玩具。——译者注

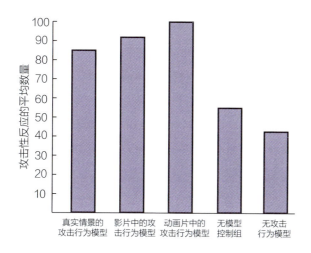

图 O.5 孩子在观看不同模型之后所展现出的攻击性反应的平均数量

VI. 好例子，坏例子

当你在为不听话的孩子而感到懊恼之时，你肯定对他们说过，"你要按照我说的去做，千万别学我现在这样。"可是孩子真的会照你说的做吗？这可真难说！很可能孩子还是会照着你做的去做，同时还照着你说的去说——全盘照搬。在利用观察学习法教学的时候，决定成败的关键就在于是否能示范出想让学习者模仿的目标行为。要想锦上添花，还可以帮助学习者尽可能理解行为的目的以及每一步的用意。就好比精彩的厨艺节目，既会讲解每步工序的目的，又会留出足够的时间让观众跟着做。厨艺主持人还会针对一些步骤讲解其他替代方法（比如说在没有打蛋器的情况下如何打鸡蛋等）。粗制滥造的厨艺节目则会在演示各个步骤的时候草草带过，也不提每一步的目的是什么。这可叫人如何模仿呢？家里又没有节目剧组帮着把所有食材都准备到位，我怎么可能像主持人那样优雅地把东西倒进锅里就完事儿呢！

图 O.6 "观察学习"

观察
Observation

核心的学习原理是什么

通过观察来进行学习的过程涉及观看并模仿他人的行为与情绪反应,以及间接看到他人行为所带来的结果。

对学习什么有帮助,举个例子

小艾薇来到了游乐场,里面的小朋友一片欢腾热闹的景象。她先是站在一旁观察了一会儿，然后就搞明白其中的游戏规则了。观察式学习对于学习直观明显的行为动作非常有效，对学习情绪反应也极有帮助。

为什么会有用

人类的大脑天生就会通过观察来学习。当人们自己从事一项行为或是观察到他人从事类似的行为时，大脑会呈现相似的活跃状态。人们可以通过观察并模仿他人来学习实际动手的技能与情感反应。同时，在看到他人行为所产生的后果时，能够判定是该采纳还是该摒弃相应的行为。

能解决什么样的学习问题

- 反复练习中试错的成本太高或是压根就没有试错的机会时，可以靠观察正确的做法一学到位。
  - 年轻的跳远运动员第一次练习三级跳，教练先示范正确动作。非要试错的话，很可能会伤到自己，多不值啊。
- 某种行为过于复杂，无法用言语解释清楚。
  - 登山运动初学者需要学会用绳子打登山结。你来用文字描述一下试试？
- 面对某种局面时，不知该如何应对。
  - 一位小朋友没站稳一屁股坐在地上，愣着不知道是该哭还是该笑。家长不担心，孩子不娇气。

使用的范例

- 新员工要跟随有经验的老员工，花几天时间一边打下手，一边从旁观察经验丰富的老员工如何通过情感反应来拉近同顾客的距离，并从容应对顾客提出的各种要求。

- 作为一名老师，在经历失败时（比如管不住课堂纪律的时候），要给学生良好的示范，坚韧不拔地继续前行（把失败当作一个学习的机会）。

容易出现的问题

- 学习者被某些行为的表象所迷惑。
  - 人们如果不理解每个步骤的目的，就无法在新的场景中随机应变。洗衣服时，孩子会看到妈妈每次都放洗涤剂和织物柔顺剂，却不明白二者各自的用途。结果当他自己洗衣服时，发现柔顺剂用完了，就认为这衣服没法洗了。
- 学习者可能在不经意间学会了不可取或者反社会的行为。
  - 其实最好的例子古人就曾告诫过我们：不要东施效颦。
  - 学生把观察到的攻击行为当作榜样并效仿。
  - 一名学生看到其他同学因为考试得了 A 被表扬，因此判定考试得 A 比理解知识更重要。
  - 员工看到给领导献殷勤的人升职了，因此认为奉承领导比认真工作更重要。

参与
Participation——
加入游戏，算我一个

　　《荀子·儒效》有云："不闻不若闻之，闻之不若见之，见之不若知之，知之不若行之。学至于行之而止矣。行之，明也，明之为圣人。"这句古话在西方也具有很强的影响力，广为引用[1]。

　　顾名思义，"参与"指的是通过亲身参加一项活动并从中学习的方法。在参与中学习的最大优势在于，学习者能在活动的过程中接触到配合特定目的、细节信息丰富的真实场景。此外，俗话说"一回生二回熟"，所以只要有了第一次参与，打破了内心那道陌生的屏障，就能为日后持续的参与开辟全新的成长空间。

　　本书中很多章节都描述了有关人的心理过程的研究。本章则会换一个视角，探讨文化在塑造我们认知世界、与之互动的过程中所扮演的角色。有些

---

1. 见 https://www.barrypopik.com/index.php/new_york_city/entry/tell_me_and_i_forget_teach_me_and_i_may_remember_involve_me_and_i_will_learn/。——译者注

学者把文化定义为人类活动熙熙攘攘之后所留下的印记（章节 N 则展示了文化的另一个形式）。人们在参与文化和传承文明的过程中学习并成长，这其中最大的挑战就是如何帮助学习者迈出第一步。举个学游泳的例子：家长想尽办法让小朋友下水试一试，哪怕一开始只会扑腾几下，但用不了多久孩子就能尝到甜头，并且明白大家喜爱游泳的原因了。很快孩子就会开始积极主动地练习游泳，学习各种与游泳相关的知识，参与水上游戏，甚至还有可能自告奋勇地挑战竞争激烈的游泳比赛！这后半部分听上去简直完美，不过要想这一切成为现实，还是需要先迈出第一步。当然，万事开头难，尤其是当小朋友只靠自己的力量时，毕竟泳池深深，所以还是站在岸边，临渊羡"鱼"吧。

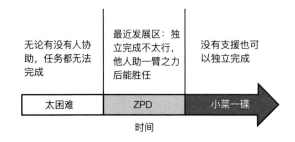

图 P.1　最近发展区理论。中间区域的难度是学生无法独立完成、在有人协助时可以胜任的

发展心理学家列夫·维果斯基（Lev Vygotsky）曾表示，"今天孩子们需要合作才能完成的事情，明天他们就可以独自胜任。"（1934/1987，p.211）这一想法奠定了他提出的最具影响力的概念——最近发展区理论[1]。该理论描述的是伴随一个人成长发展的特定区域。在该区域中，学习者只需要获得一点来自他人的帮助，就能开始从事一项活动。通过参与，学习者又可以进而提升自身水平，于是逐渐脱离对帮助的依赖，直到独立胜任。

图 P.1 总结了可能出现的三个不同阶段，我们用小朋友学骑车的例子来阐述。首先，左边区域描述的是进入最近发展区之前的学习者，此时他们无法学习目标任务。比方说，让 3 岁小孩儿学骑自行车，不管家长再怎么努力

---

1. 最近发展区（zone of proximal development，ZPD）：儿童独立解决问题的实际水平与在成人指导下或与有能力的同伴合作中解决问题的潜在发展水平之间的差距。

帮忙，他们还是年龄太小了。而那些期盼过早又期望过高的家长就会因此被自己困住，感到沮丧苦恼。

其次，ZPD 的中间区域表示，如果孩子得到了适当的精神与物质支持，就能更加平稳地迈出第一步。例如，孩子到五六岁的时候，借助辅助轮来保持车身平衡，能骑自行车啦！这时孩子们需要学的是及时刹闸、控制方向、注意前方道路状况，等等。虽然辅助轮并不能直接支持这些任务，但是解决了平衡问题，就能让孩子们可以自己骑着车转悠、体验骑车的乐趣，并且获得了练习各种技巧的机会。随着这些能力的逐步提升，孩子们就可以试着丢掉辅助轮，学习如何自己保持平衡。上述过程就是一个典型的以参与带动学习的成长路径。在学习初期，学习者并不一定了解一项活动的全貌，因此及时提供合理的协助，更有利于鼓励学习者坚持下来。

图 P.2　骑自行车的学习过程：骑带辅助轮的车子晃晃悠悠（左上），骑不带辅助轮的车子到处玩（左下），成长为职业自行车运动员（右）

最后，在图 P.2 最右边的区域中，学习者已经离开了最近发展区，完全可以在没有帮助的情况下独立完成任务，辅助轮可以彻底光荣退休了。当然，走出一个发展区，很可能就开启了另一个发展区，进入到下一个循环中。比方说，学会自行车后就可以去学骑独轮车。在学习过程中，最近发展区本质上为学习者定义了"适居带"[1]——既不太难，也没那么容易，提供一点点帮助就恰到好处。

也有人认为，维果斯基提出最近发展区的概念，意在从更宏观的角度描述儿童成长发展的规律，而非针对某个具体技能的学习过程（Chaiklin，2003）。我们则认为最近发展区的概念对这两者皆适用。

最近发展区和"精修勤练"（请参考章节 D）从某种程度上讲是对立的。最近发展区会在**人们刚开始参与活动**（骑自行车）的阶段辅助人们学习。相比之下，"精修勤练"则是针对具备一定水平且想进一步提高的人，这通常意味着人们要在短期内**暂停**正在从事的活动，而专注于一些超越特定活动之上的通用能力的训练（例如，通过健身练习体能，从而提高竞速自行车水平），进而大幅提升整体水平。

I. 参与的原理

我们推测你一定听过（或者亲口说过）这样的话："相信我！现在好好学这个，将来一定不会后悔的！"其实如果能有更好的办法，估计你也不会拿个人信用来打包票了。假如我们换种方法，让学习者亲自感受一下知识的实际作用，学习的目的也就不言自明了（请参考章节 J）。想象一下，有个小姑娘正在和家人一起在森林公园中露营，在漆黑寒冷的夜晚里希望和家人一起生起暖暖的篝火。她满心期待着篝火所能带来的美妙体验（光明、温暖，还有她最爱吃的烤红薯，等等）。这个过程中，能够对学习点燃篝火起促进作用的环境信息比比皆是。而且，配合着家人的积极辅导与热心支持，她心里也能感受到满满的力量。相比之下，如果一位小朋友从未体验过露营，单凭《露

---

1. 即环恒星适居带（circumstellar habitable zone），在恒星周围的特定距离范围之内，行星表面可以保持足够的大气压力并维持液态水的存在。这个区域的昵称" Goldilocks 区域"，源自" Goldilocks 和三只熊"的童话故事，其中小女孩 Goldilocks 总会避免太大或太小、太热或太冷等极端的选项，做出刚刚合适的选择。——译者注

营指导手册》来记忆生篝火的步骤就比较困难。毕竟这种情境下的学习体验非常单薄，枯燥无趣，就算学会了也没有下文了。

在刚开始参与一项活动的时候，人们可能会满腔热血、充满激情，但随着一只又一只拦路虎闪现到面前，学习的热情也会骤减。例如，一位小朋友看到爸爸妈妈在读书，于是也抓起一本书就要读，结果上下颠倒着翻开第一页却发现自己还不识字。这样的话，像图画书、绘本之类的读物，就可以帮助孩子更早地尝试阅读，自己学着翻翻页、猜一猜故事情节，等等。此外，带着孩子参与社区图书馆的读书会也能让他结识其他爱阅读的小朋友。这些方法都可以为培养独立阅读的能力打下基础。

最近发展区旨在探讨儿童的成长发展阶段，同时也描述了社会文化在塑造孩子思维方式中所扮演的角色。最常见的例子莫过于孩子与他人进行互动来学习说话，最终能把语音转化为脑海中思考的声音。你可能会注意到，即便是成年人在思考一些复杂问题的时候也会喃喃自语。这表明思路会先在外部产生，随后才被内化于脑海之中（所以，有些时候哪怕是找个人说出自己的想法也要比一个人绞尽脑汁闷头想的效果更好）。有意思的是，聋哑儿童是将各种手势内化。他们在思考问题时，脑海中想象的是手语，而非语音。因此，语言的习得并非全部来源于伟大的基因蓝图，来自社会的力量也发挥了重要的作用。

虽然最近发展区本质上是围绕成长与发展来讨论的，但相关理念对成人同样适用。举个例子，在初学滑雪的时候，无论男女老少，如果从短板[1]开始上手就会进步得更快，这是因为短板相对更容易操控（Burton, Brown, & Fischer, 1984）。充分发挥短板的优势，初学者很快就能学习起步、停止、转向等动作，并亲身体验滑雪的乐趣。底子打牢之后，初学者就可以升级为更长的普通雪板来提升操控与速度。

这里不得不提一个重要的领悟：**优质的学习环境可以为你开辟一条持续**

---

1. short ski，双板滑雪中，使用比正常雪板要短很多的一种雪板，初学者运用起来相较于正常雪板更自然，更易掌握平衡。——译者注

学习、深入参与的道路。体育运动就是个绝佳的例子：孩子们可以先参加小型的地方性比赛，然后再到各个社团中磨炼提升，直到最终成为职业运动员。让人无法自拔的电脑游戏也充分运用了最近发展区原理，为玩家创造一个接一个引人入胜的互动情节（Gee, 2003）。具体来说，在菜鸟阶段，电脑会负责完成游戏中的大部分任务，比如操控队友、让敌人智商掉线，等等。这个过程中，玩家既可以放心大胆地体验剧情，又能逐渐熟悉游戏规则和玩法。随着玩家水平的不断提升，游戏本身也会沿着"Goldilocks 适居带"的路径逐渐增加难度和复杂度，确保既不会寸步难行，也不至于易如反掌（请参考章节 R）。

II. 如何运用参与来促进学习

我们只要关注三个辅助初期学习的核心因素即可：实践社群、社交调节、辅助支架。

实践社群

像兴趣爱好、职业、家庭这样让人乐于全身心投入和追求的事物，往往都有一群志同道合的人，他们可以一起从事这项活动，进而形成彼此交织的社交网络。一项活动背后更大的格局会对该活动产生一定的约束，同时决定了该项活动中哪些需要人们知道的、哪些需要人们去做，以及为什么要做，等等。另一方面，若是置身于一个学习者可以进行创造、做出贡献、并能由此展望一个更美好未来的环境中时，他们对自己的认知也会大大加强。而脱离了情境的学习，可能会沦为毫无用武之地。因此，我们应当为课本学习匹配更广阔的应用场景，让学习活动的目标与意义清晰明朗。例如我们可以赋予学习活动更大的社会意义，等等。

通过下面这个例子，我们来看看如何通过赋予学习活动以更大的社会意义，来为优秀的教学技巧锦上添花。佩林卡萨和布朗（Palincsar & Brown，1984）开创了一种指导学生阅读的方法，被称为交互式教学[1]。对于起步阶段的学生，老师会在一旁给予辅助并提出一些引导思考的问题。（比如，你觉得接下来会发生什么呢？）一段时间后，老师会让其他同学来扮演助攻的角色，彼此提出问题，**交互式教学**也因此而得名。理想情况下，孩子们可以把扮演老师时的问题内化于心，在自己独立阅读时也可以边读边问，启发自己思考类似的问题。交互式教学的理念很好，也被广泛采纳，然而研究人员却发现了一些致命的问题，例如有些情况下，提问本身变成了走流程：扮演老师角色的学生提问"接下来会发生什么"，另一位学生随口编个答案；然后这位小老师也想都不想，开始"尽职尽责"地问下一个问题，要求相互提问的初衷显然已荡然无存。为了解决类似的问题，研究人员尝试为阅读设定一个更大的目标（Brown & Campione，1994）。研究人员让孩子们设计一个团队协作的研究项目（当然这个环节中老师的协助也必不可少），比如题目是"为校园内的小动物安家"。由于研究项目是孩子们自己选的，他们的自主性就会被调动起来。学习想学的内容，评估相互提出的问题，衡量相应解决方案的质量，等等，毕竟这一切都是为了校园里的小动物们呐！（章节 Q 和章节 L 提供了更多内容翔实的任务，可以作为发展共同实践社群的例子。）

社交调解

社交调解指的是由一位知识渊博的人给予支持，帮助选择合适的学习任务，提供解释说明，点明学习内容背后更大的社会意义，等等。学徒制和引导式参与都是颇具历史的社交调解模式。罗戈夫（Rogoff，1990）讲述了一名来自危地马拉的玛雅儿童学做玉米薄饼的过程：妈妈先是给了小姑娘一小团面并指导她如何擀成面皮。随后妈妈把玉米薄饼做熟，吃饭的时候全家人

---

1. 交互式教学（reciprocal teaching）：通过师生之间以及学生之间的信息交流，引导学生使用有效学习策略以加强对所学内容的理解和保持的一种教学方式。

一起享用。这位小姑娘既参与了制作薄饼的过程，又感受到了自己对全家的贡献。随着技巧变得越来越娴熟，妈妈开始给她加任务，让她逐渐胜任更多的工作——"我真棒！"

实际生活中，有些场景并不具备建立学徒制的条件。即便如此，老师和家长也可以扮演导师的角色，引导孩子们在学习的道路上不断前行。巴伦等人（Barron, Martin, Takeuchi, & Fithian, 2009）研究了家长在培养孩子对科技的兴趣时所采用的方法。他们发现家长可以扮演多种角色，包括老师、合作者、学习资源提供者、学习方法顾问、雇主、学习者，等等。在教学设计中，我们可以突破课堂中单一的师生关系，让更多可以提供支持的人以不同的身份参与进来。例如，学长们可以作为新同学的校园向导，让他们尽快融入校园的新生活。

在设计学习者的参与规则时，很重要的一点就是想办法鼓励公平参与。这并不意味着所有人要做同样的事情，而是指所有人都要有贡献的机会。各种参与规则往往有一个共同的特点，那就是参与者可以选择不同的角色来协助完成任务。比如在新闻编辑室，就有记者、编辑、排版设计师，等等。而反观传统的课堂，就只有学生和老师区区两个角色，孩子们只能扮演学生这个单一的角色。如此一来，每个人自身的特征便显露无遗，包括个人能力、性别、人缘，等等。这些特征会影响其他同学或是自己对自己的看法，质疑自己到底是否有能力做出贡献？这会为不公平的参与埋下隐患。而好的参与规则能够依靠对多种角色的包容，为平等参与创造机会。例如创办班级刊物，学生们就可以选择作者、采访人、文字编辑等不同身份来做出贡献。

在针对课上小组互动的研究中，科恩和洛丹（Cohen & Lotan, 1995）发现一些特定的做法可以帮助后进生提高参与度，而对排名前列的学生没什么作用。这些做法主要侧重于提高对后进生能力的认可与期望。例如，可以突出他们对团队的贡献，或是讨论任务所需各种角色的重要性，改变只有一种能力维度能通向成功的片面认识（更多讨论请参考章节 L）。

辅助支架

用"辅助支架"[1]来形容帮助学习者迈出参与初期第一步的物质支持与社会支持再贴切不过了（Pea，2004；Wood, Bruner, & Ross, 1976）。架设桥梁或搭建大跨度结构的建筑时，通常会先搭建一套辅助支架来承载尚未完成的部分。一旦建筑物（或者学习过程中的孩子）能够依靠自己的力量屹立不倒，辅助支架就可以拆除了（图P.3）。实物类型的支持，通常都会为具体任务而设计——短款滑雪板、击球练习座、自行车的辅助轮，等等。它们的共同秘诀是消除了那些阻碍初学者参与的技能门槛，让初学者通过某种方式暂时摆脱对该技能的依赖。比如阅读方面刚入门的孩子，虽然能听懂很多单词，但看到的时候却不认识。那么我们就可以用更简单易懂的单词来替换，用图片作为线索，或是让纸质书变成语音书（比如点读功能）等。

初学者常遇到的另一个拦路虎是几种新技能交织在一起使得复杂度陡然上升。此时我们可以通过减少其中某项任务的认知负担来缓解这一问题。例如，初学吉他的人可以在琴品旁贴上贴纸来提醒指法位置。如果要教老奶奶用电脑，在指导她用鼠标点选的时候，可以手把手教她移动鼠标、按下按键。

当辅助支架的使命圆满完成后，下一步就是确保它能够优雅地功成身退，免得成为丢不掉的拐杖。例如，超市收银机就可谓是收银员的一大利器，然而多少年来收银机都没有退休的意思——它们已经变成了"收银找零"这个任务中，收银员的分布式认知系统中的一部分了，即收银员和收银机共同承担了收银找零的脑力劳动。所以，只要收银机不下岗，收银员找零钱的能力就不会有显著提升。而随着移动支付的迅速普及，未来超市中的支付环节会变成什么样子呢？

---

1. 支架式教学（scaffolding instruction）：为促进学习者的深入理解而为其提供各种支持并随其发展进程而适时减少支持的一种教学方式。

图 P.3 修建拱桥的过程中，人们会先搭建辅助支架来支撑建造中的拱。一旦两边的拱合龙，辅助支架即可拆除，拱依靠自身结构承载重量

Ⅲ. 运用参与能产生什么效果

"让曾经的围观者，变成现在的参与者"（Bruner，1983，p. 60）。根据定义，在合理的最近发展区与合适的辅助支架的共同作用下，结果就是学习者最终无须任何特别的帮助就能独立完成任务。"嘿，你看！小艾薇已经可以不用辅助轮骑车啦！"从更长远的角度来看，学习者通常期望向着更深度的参与不断前行。正所谓"能者多劳"，圆满完成任务后的奖励就是……更多的任务。正因如此，判断一个人在参与过程中是否学到了东西，一种方法就是观察他们是否在核心任务中逐渐承担了更多的责任（Lave & Wenger，1991）。

最经典的例子就是,"发迹于传达室,奋斗到董事会"。

参与的学习模式还能帮助教育者改变对考试的看法。维果斯基提出了如下的类比。

> 一位果农在评价果树的产量时,只关注果园里挂在树上已经成熟的果子,而并不知道如何判断那些还在孕育果实的树木是否会有好收成,那么他最终的结论一定不准确。同样,一位心理学家如果仅限于判断已处于成熟状态的孩子,却忽略其他正在迈向成熟的孩子,那他永远也无法了解一套完整发展过程中核心环节的真实状态或全面情况(1934/1987,p.200)。

大多数考试评估的都是成熟的知识(比如是否已经熟练掌握一项知识或一项技能):"参试者能否回答出这个问题""能否熟练地解决问题",等等。这种盖棺论定式的评估方式,只能对应到图 P.1 右边的区域。或许我们可以另辟蹊径,衡量学习者是否处于学习过程中的最近发展区。为此我们需要一项动态测评体系,考察学习者在获得机会与资源时所展现出的学习能力。在研究认知障碍儿童的过程中,鲁文·福伊尔施泰因(Reuven Feuerstein,1979)就采用了动态测试的方法。他在传统 IQ 智商测试中增加了一部分,尝试教孩子如何解决问题,并由此判断他们能否从有关逻辑推理的教学中受益。在反映孩子的潜能方面,他的动态测试法比传统的 IQ 测验更为灵敏。整体上来说,在测试中为学习者提供一个学习的机会,可以帮助我们更好地了解先前接受指导的过程能否拓展他们的最近发展区,从而让他们具备独立学习新内容的能力,当然,这一能力也正是教学的核心目标之一(更多关于动态评估的讨论,请参考章节 K)。

IV. 如何培养参与的能力

人们会学着想尽一切办法来辅助支撑自己的参与过程。我们最喜欢举的一个例子来源于一项有关多米诺骨牌的研究（Nasir, 2002）。小米粒还是个玩多米诺骨牌的新手，他挑了一枚骨牌，却叫他的玩伴艾薇帮他摆，说是"自己够不到骨牌棋盘"，但实际上他就是不知道应该摆在哪儿。他的小伙伴接过骨牌帮他摆好，游戏就很自然地继续下去了。这样小米粒既给自己创造了参与游戏并观察学习的机会，又没有打断游戏的进程，小伙伴们还可以和他一起开心地玩耍。

混剪（remix）也是一个值得借鉴的自我辅助学习策略。它指的是先选取一个较为完整的作品，再修改或替换其中的一部分，将自己的思想融入进去。这种办法适用于多种学习情景。例如，学习制作网站时，我们可以选取自己最喜爱的网站，将其后台代码直接拷贝下来，然后再选择其中一部分按照自己的想法重新改写。这个过程就利用了现成的代码来作为学习的辅助支架。

V. 运用参与容易出现的问题

问题1：参与模式的系统性缺失。比方说，你希望带着某个地区的孩子学习数字媒体和电脑编程。你决定采用参与学习法，因为与捐赠一批纸质书本相比，这能给他们的学习带去更丰富和多样化的支持，而且还能激发他们树立起更饱满的目标感，唤起他们内心的创造者意识。然而你四处搜寻，发现周遭根本没有针对数字化能力的合适的参与模式：学校中没有相关主题的社团，校外也没有适合的实习机会，就更不用谈社会上的兴趣小组了（比如美国加州奥克兰的Youth Radio，即青年电台）。像这样一没社团，二没实习机会，三没兴趣组织的现状就意味着，打造参与学习"基础设施"的重任就交给你了，虽然任务艰巨，但要相信功夫不负有心人，放手去做吧！（Barron, Gomez, Pinkard, & Martin, 2014）

问题2：不懂得将学到的知识举一反三。在参与过程中收获的知识，通常都是配合特定活动以及特定情境下的体验的。因此，要将学到的知识盘活，服务于其他应用场景，还需要学习者多加一个"举一反三"的步骤。一种解决方案是，老师挑出活动中适用于其他领域的部分进行讲解（请参考章节 J）。

问题 3：对学习者所处的最近发展区判断失误。人们很容易误判学习者何时需要帮助，何时已经准备好独自完成任务。举个例子，家长们似乎普遍会遇到的问题是，在孩子很小的时候，买了一大堆非常复杂的玩具。在婴儿连自己的双手都还没搞明白的时候，家长就幻想他们能抓着小汽车到处玩儿了！另一方面，如果自己能独自胜任一件事，谁也不喜欢别人热情帮忙。因此，对于没什么危险性的兴趣爱好来说，最简单的办法就是帮助从零开始，再按需增加。而对于危险系数较高的活动，比如在平衡木上做后空翻之类的，最好一开始就尽可能多提供辅助，随后再逐渐减少到合适的程度。

问题 4：辅助支架不经意间变成了丢不掉的拐棍。孩子如果从六年级作文开始就让家长帮着写，一直到出国申请大学时文书也让家长帮着写……这样的家长真该为这些"辅助支架"感到难为情。因此，一开始打算用辅助支架的时候，就务必要计划好何时让它们退出。

问题 5："把孩子和洗澡水一起倒掉"——提供辅助支架的同时，难免会刚好把学习的重点给"辅助丢了"。这是因为人们在简化任务的时候没去认真思考想要得到什么样的学习结果。例如老师给学生们布置了一道复杂的数学题，意在模拟生活中需要处理的真实问题。这类问题就是想让学生去理解不同问题情境背后的数学模型。然而老师最终还是不忍心难为学生，就将问题直接简化成了蕴含其中的数学公式。结果，之前的工作就全部付之东流了。

VI. 好例子，坏例子

填色绘本或是拓写字帖都是值得推敲的例子。这些"神器"让不会画画或者写不好字的人也能创作出优美的作品（见图 P.4）。但它们是理想的辅助支架吗？首先，我们需考察它是否能帮助学习者参与到更广的"社交圈子"中去。如果填色绘画或练书法的活动是在艺术工作室中进行的，那么它们就能促进参与学习，因为这些活动可以促进大家彼此间的认同感和亲近感。某种意义上讲，学习者能否通过填色本或者字帖提高水平并不重要，关键是能通过这个方式进入书画圈。但如果只是自己拿着填色本或字帖随便涂涂写写，那就意味着没有能够深入延续的学习路径，顶多也就至此了。

图 P.4　按提示进行填色的书籍和 App

其次，我们可以再认真地审视一下，填色本或字帖是否真的能提高绘画技巧。按照线框区域涂色能够帮助孩子们独自完成绘画的任务，也能锻炼孩子在完成精细动作时所用到的小肌肉群。不过，想要通过填色本或字帖让书画水平上一个新台阶恐怕有难度，更不会像这些产品所宣传的那样"有效提高孩子的创造力"。对于任何具有教育意义的事物而言，我们都应尽量准确地理解预期学习成果，从而反过来评判教学策略的优劣。

参与
Participation

核心的学习原理是什么

通过参与社交情境中的实践活动，学习者可以切身感受到学习目标、结果、方法，以及学习的意义。其首要挑战在于如何找到合适的方式，帮助初学者迈出第一步。

对学习什么有帮助，举个例子

学习冲浪：教练拖着初学者出海练习，在关键时刻把冲浪板一推，正好赶上浪潮之巅。冲浪者就可以在体验冲浪的同时，专注于如何保持平衡。随着初学者日渐熟练，一方面教练的辅助会逐渐减少，另一方面则可以解锁其他酷炫的冲浪技能。

为什么会有用

配合着恰到好处的帮助或实物支持，初学者就可以开始参与一些之前无法独自开展的活动。随着时间的积累，学习者最终能够依靠自己的力量来把握复杂的活动，不再需要特别的支持。

能解决什么样的学习问题

- 开始参与一些超越个人现有水平的活动中。
  - 小朋友无法准确击中棒球投手投出的球,但还想继续参与玩耍。
- 学习者体会不到具体问题,不理解为什么要学习应该学习的内容。
  - 学生们抱怨微积分和自己没什么关系,以后也用不到,所以也不参与微积分课上的讨论。
- 传统的测试方式低估了学习者的潜力或是一些引人入胜的体验所蕴含的价值。
  - 学生在传统形式的测试中没有收获感,却在参与课外活动时收获了具有人生指导意义的宝贵学习经历。

使用的范例

- 家长可以适当分担一些学习任务。
  - 孩子练习演奏钢琴曲时,家长可以负责弹奏左手部分,并帮助孩子保持住节拍。
- 老师为课堂上的学习活动赋予了一个更广意义的应用场景。
  - 老师将传统讲书本知识的课堂转变为了以小组为单位完成一项研究任务的挑战。

容易出现的问题

- 辅助支架变成了甩不掉的拐杖。
- 学习者无法将一种参与模式下学到的内容应用到新的参与模式中去,即不会举一反三。

- 给的辅助不合适，要么太多，要么不够。
- 为了提高参与程度而过分简化任务，结果为了降低门槛把学习的核心活动给替换没了。

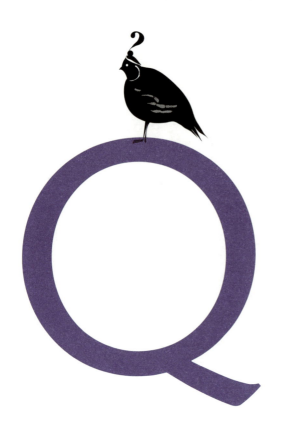

问题驱动
Question Driven——
为求知创造一个理由

　　问题驱动式学习[1]指的是以解决问题的过程来学习的方法。问题的出处并不重要，只要是好问题都能提升学习效果。如果该方法运用得当，可以充分激发学习者的好奇心、明确学习目的、集中注意力，并形成触类旁通的记忆效果。而复杂的综合性问题更可以进一步提升学习者解决问题的技巧与策略。

　　自打我们咿呀学语开始，以问题驱动的学习形式就已显现：坐在婴儿椅中的小朋友把满满一碗糊糊扣在地上，好奇地观望着接下来会发生什么事情；跑来跑去的小朋友们总是忍不住好奇地抛给大人一个又一个问题；就连成年人也经常会上网搜索健康养生方面的问题。问题驱动式学习真是如影随形、无处不在。而在学校的环境中，有批评的声音指出向学生提问的过程彻底走样了。在电影《春天不是读书天》(*Ferris Beuller's Day Off*) 的一个桥段中，

---

1. 问题驱动式学习：也称问题学习 (problem-based learning)，是以学生为中心，要求学生合作解决问题并对习得经验进行反思的一种教学方式。

饰演经济学老师的本·斯坦（Ben Stein）拍摄时即兴发挥，顺便讽刺了一种糟糕的课堂教学方式。

1930年，共和党控制的众议院力图减轻"什么"产生的影响……有人知道是什么影响吗？有人知道吗？嗯……大萧条的影响，对吧。通过了"什么……"有人知道吗？有人知道是什么草案吗？关税条例草案？还是《霍利－斯穆特关税法案》[1]？有人知道是哪个吗？其中是提高还是降低了关税？提高了还是降低了？……结果是提高了关税，这是为了增加联邦政府的税收。最终这个法案起效果了吗？有人有想法吗？有人知道产生了什么效果吗？答案是没什么效果，反而让美国陷入了更大的萧条。[2]

类似这样的自问自答真是既无趣又无用，还很滑稽。相反，更加开放的复杂问题可能反而会引起学习者的兴趣，比如"如果时间回溯到1930年，你认为众议院应当采取一种什么样的不同做法？以及会引发怎样的结果呢？"显而易见，好问题会创造一个思维连锁反应，而不仅仅是引出一个符合事实却死气沉沉的标准答案。

I. 问题驱动的原理

问题驱动式学习运用了促进学习的基本作用原理，也为人们提供了学习如何解决复杂问题的机会。下面，我们先从好奇心的基本原理谈起。

好奇心的机制

1923年，一名英国神经学家 Sir Francis Walshe 在测试半身瘫痪

---

1. 美国一项 1930 年列为法律条文的有关保护性贸易的关税议案，由参议员 Reed Smoot 和众议员 Willis C. Hawley 共同提出。——译者注
2. 请参考 http://www.filmsite.org/best-speeches38.html。——译者注

患者的神经反射时，注意到了一个有趣的现象：在患者打哈欠时，他们的运动机能会暂时不由自主地恢复。随后一个又一个患者都出现了相同的现象，在打哈欠的大约6秒钟时间里，瘫痪的症状似乎消失了（Konnikova，2014）。

"咦？这是为什么呢？"此刻是不是有一股力量在驱使着你发掘其中的奥妙？这就是好奇心的强大力量。一旦好奇心被激发起来，你就会把"我为什么要学"之类的问题抛到脑后，直奔主题。好奇心也会激活大脑中的奖励与记忆系统（请参考章节X）。为了自己感兴趣的问题，人们会动用各种时间、精力、金钱等资源去刨根问底，即便没有任何外部奖励也无所谓（Kang et al.，2009）。另外，人们对自己好奇问题的答案也能保持记忆犹新，今后用在解决类似的问题上。下面我们就来考考你的洞察力和预测力。

著名的超级灵媒尤赖亚·富勒（Uriah Fuller），据说可以在任何一场棒球比赛开始之前就告诉你比赛的分数。他的秘诀是什么？

亚当斯和他的同事（Adams，1988）利用一系列诸如此类的问题，来考察初始学习时两种不同的"打开方式"对解决后续问题的影响。在"事实陈述"组中，参与者先阅读一系列事实信息，例如：

任何比赛在开始之前比分都是0比0。

随后，参与者需要回答尤赖亚·富勒预测比分的问题。令人惊讶的是，他们完全没联想到之前刚刚读到的事实描述。从理论上分析，参与者虽然获取了相关信息，但是事实陈述的"打开方式"却不能帮他们主动地将获取的信息与要解决的问题挂上钩。也就是说，如此的描述方式并不能让学习者看出来信息与问题间的关联。

在"问题描述"组中，参与者也会先阅读一系列事实信息，只不过信息的呈现形式有点类似提问。例如，先抛出一个问题背景，然后停顿一下，再陈述事实信息。

> 你可以在任何比赛开始前准确说出比分——（停顿 2 秒钟）——因为开赛前比分都是 0 比 0。

以上述方式来获取信息，参与者更有可能主动运用信息来解答后面的问题。由此可见，以问答的形式来获取知识，更有可能让学习者将知识用到解决问题的情境中。

解决复杂问题的机制

大部分问题驱动式的课程都会采用层次丰满，耐人寻味的问题。例如，"我们能将北极光的能量利用起来吗？如何设计出可回收重复利用的火箭？"要回答这类问题，我们往往需要融合多种想法才能构建出解决方案。以问题为聚焦的方式可以把信息聚集为一个相互关联的思维网络，而非零散孤立的事实信息。这个过程本身就能加深理解、增强记忆效果（请分别参考章节 S 和章节 E）。

解决复杂问题的过程还会锻炼重要的问题解决能力，比如用目标分解法来制定子目标，等等。打个比方，你要和朋友一起组织一场研讨会，这就需要针对预算、嘉宾、场地、宣传等方面设立子目标并逐一完成。因此，目标分解通常也适用于协作学习，小组成员各自认领任务，过程中还能学习如何与同伴进行沟通和协商，增加对彼此的了解。

问题驱动式学习所需的高阶技能中，有不少都属于 21 世纪人才所需的核心素养，包括提出问题、评估证据、辩证思考、收集反馈与资源，等等。不过，对于问题驱动式学习能否针对性地培养这些能力，有关测评研究才刚刚起步，因此如何在学习过程中尽可能最大化地培养这些能力还有待探索（Schwartz & Arena, 2013）。

II. 如何运用问题驱动来促进学习

问题驱动式学习通常会出现在基于问题、基于项目、基于案例，或基于提问的学习模式中。除了教会学习者进行有效协作之外（在章节 L 中讨论过），还有三个关键点能促进问题驱动式学习的效果：①提出优质的问题，②担当指导教练的角色，③对提问的过程提供辅助支持。

提出优质的问题

俗话说，"好的开始是成功的一半"。如果学习要以问题为开端，那么这个问题最好别太差。那么什么样的问题算好呢？首先让我们来区分一下结构良好与结构缺失这两种问题。结构良好的问题一般具备清晰的目标、明确的目标实现步骤或规则。有些时候，结构良好的问题可以通过合理的步骤或算法来保证获取最佳答案。例如："一辆汽车以每小时 80 千米的速度匀速前进。多长时间能到达 40 千米外的目的地？"结构良好的问题能够有效地帮助我们将学过的概念变得条分缕析、熟稔于心，让掌握的技能手到擒来、游刃有余。相比之下，结构缺失的问题没有标准的正确答案，比如"我们该如何解决全球变暖的问题？"研究这类问题的切入点可以有很多，不同约束条件下的方案也各有侧重。相较而言，结构缺失的问题更适合让学习者深入钻研。

对于学习者来说，问题应该是有意义的（或者逐渐变得有意义），在内心形成"我确实需要知道这件事情"的意识。有几种方法可以帮助实现这一点：首先，我们可以为学习者提供自主提问的机会。科技馆的展品就经常鼓励学习者在惊叹中引发疑问，"这太神奇了，怎么实现的？"其次，对于需要学习的特定内容，比如数学课上百分比的概念，我们可以根据内容本身量身定制出一个引人入胜的问题。有人会问，如果不是学习者自己提出的问题，怎么会"引人入胜"呢？那么不妨先试着设计出一个吸引人的情境？

在贾斯珀·伍德伯里冒险（The Adventures of Jasper Woodbury）[1]系列中，学生们在开启新的数学教学单元之前，首先会观看一个大约20分钟左右的故事短片。短片以综合性的问题为开端，逐渐引出众多知识点（Cognition and Technology Group at Vanderbilt，1992）。学生始终围绕这个问题去探寻方案，就像停船时抛下的锚，因此得名**锚定教学**[2]。其中有一集，主人公贾斯珀（Jasper）在一个偏僻的地方发现了一只翅膀受伤的老鹰需要救援。随着故事情节的展开，救护工作中的各种约束条件和可行的方案逐一显露出来，包括位置和距离、人力投入、交通方式、行进速度，以及燃料储备，等等。一周后，学生们会再次观看短片，并制定出符合资源条件的解救方案。尽管老师们在最后总会围绕一个最优的方案来讲解，但可行的方案往往不止一种。

贾斯珀·伍德伯里（Jasper Woodbury）系列围绕精心设计的问题而展开学习活动，它具备两个关键特征：第一，短片描绘了一个细节丰富、引人入胜的情境，即便孩子们阅读能力有限，理解起来也毫无障碍。短片中的内容相对独立完整，为解决问题提供了充足的信息。第二，学生们会以项目式学习的方式解决现实生活中存在的问题，比如"如何让学校中更多的人参与电池回收的项目？"诸如此类的问题通常是开放性的，具有现实意义的，且能对生活产生实际影响。学习者能从中收获良多，然而对老师的要求也节节攀升，毕竟过程中涉及的问题与资源可能范围太广，难以驾驭。短片式的学习活动则能有的放矢，为老师们减轻负担。

作为折中之策，有些教育者会采用专门设计出的问题，当然这些问题也要尽量贴近真实生活中可能遇到的情境。发源于20世纪60年代医学院的**基**

---

1. 美国范德比尔特大学（Vanderbilt University）的研究人员开发制作的系列短片，意在通过融入不同知识点的问题情境来引出需要学习的知识内容。每一集都围绕主人公 Jasper Woodbury 和他的几个十来岁的小朋友所遇到的问题而展开。——译者注
2. 锚定教学（anchored instruction）：围绕真实事件、案例或某个主题安排教学内容和教学进程，以促进学生主动参与学习，培养其问题解决能力的一种教学方式。

于问题的学习（poblem-based learning，PBL）是个非常恰当的例子。医科学生在选择要申请的学校时，一般会考虑自己希望接受哪种类型的专业学习，传统课程还是PBL。一方面，传统课程包括为期两年的讲座和研讨会，学习内容覆盖基础科学，如解剖学、病理学、化学等。随后的两年则是临床教学。另一方面，以问题为导向的学习体系从一开始就把多个学科整合到一起，通过案例分析来示范医生在实际诊断过程中的思维逻辑。例如，学生们可能会以小组的形式讨论如下问题。

> 一个美妙的夏日，5岁的小叶叶放学后回到家，想喝一杯热茶。清香四溢的茶很快就泡好了，但在倒茶时，妈妈一个手抖把滚烫的茶水浇到了小叶叶的腿上。虽然妈妈赶紧抱起哭得撕心裂肺的小叶叶，并用大量的凉水冲洗烫伤的地方，但看上去还是烫得不轻；小叶叶的水泡已经破了，整个大腿前侧一片鲜红。随后妈妈立刻带着小叶叶到医生那儿处理了伤口，医生要求他第二天再来诊所做个手术处理一下。第二天就诊时发现，由于伤口比较分散，有些部位还泛白，医生随即把小叶叶转到大医院。经过那里的医生全力医治，整整三周后小叶叶还有部分伤口（10厘米见方）没有完全愈合（Schmidt, 1993, p.427）。

学生们在小组讨论时，会分享自己从上述问题中了解到了什么，并结合已经掌握的知识来做出最初的假设。他们还会讨论自己不清楚的或是需要学习的地方，并在辅导老师的帮助下设定学习目标。随后他们各自开展学习，完成功课。当再次回到小组讨论时，他们会分享自己的研究成果，不断调整最初的假设并逐渐完善对问题的理解。有时候小组要经过好几轮类似这样的学习和讨论才能达成共识。最终，他们会跳出学习内容本身，从客观的角度对自己的学习过程进行反思总结。

担当起指导教练的角色，而非神坛上的哲人

如果你认为老师的主要职责就是传授知识，那么要想理解问题驱动式学

习，就需要思维上的变革。在问题驱动式教学中，老师的角色是帮助学生搜寻、评估和整合不同渠道的信息，让学生构建属于自己的知识。老师应当为学生树立逻辑思考与科学学习的好榜样，而不是剥夺他们亲身实践的机会。一位好的老师会在恰当的时机提出恰当的问题。例如，找准时机要求学生为自己的论点提出论证，或是阐述自己的推理过程（Hmelo-Silver，2004）。有时候老师还要及时补充知识点或关键问题，确保重点内容全部覆盖。比方说，当小组讨论忽略了个人偏见在医疗诊断时的影响时，老师就会及时抛出这一问题供他们思考（这与法学院中的案例式教学相似，只不过讲台上的教授会以更强势的姿态出现，运用苏格拉底式的对话——各类问答教学法的鼻祖，来引导学生的思考过程）。

问题驱动式的教学并不轻松，因为老师要始终保持高度集中的注意力，并根据学生的情况及时进行判断，时刻把握教学节奏。当然，从积极的一面来看这也会让人十分兴奋！自己就好比一位优秀的篮球教练，虽然不亲自披挂上阵，但更要为球员出谋划策，帮助球队夺取最终胜利。平日里需要训练他们共同协作，处理好场上的各种状况，赛后也需要对比赛进行分析总结。当然，这时可能又要变身"神坛上的哲人"，指点江山一番了（请参考章节J）。

对提问的过程提供辅助支持

在诸多行业中，从业人员的日常工作就是不断处理开放型的问题，根据工作内容和性质的不同，往往会形成一些具有明确阶段划分的规律性步骤。例如，产品设计师会采用设计思维的创新方法论、科学家们则遵循"假设、验证、调整"的论证流程。当然，虽然有固定的流程，行业专家们也可以做到不被束缚，根据需求来选择适合的步骤，做到游刃有余。然而初学者就略逊一筹，他们才刚刚开始学着如何围绕问题展开相关活动，很容易就会晕头转向、不知所措。这时，帮助学习者提出好问题就会大有裨益。

我们可以把解决问题过程中的理想流程，用明确易懂的方式展示出来。

如此一来，学习者便能够清晰地判断自己所处的阶段。图 Q.1A 展示了一种提问循环的流程（Sharples et al., 2014）。该循环始于"选择需要讨论的话题"，然后在（老师的帮助下）"确定要讨论的具体问题"。比如说，学生们希望讨论噪声污染的问题，随后聚焦到"噪声如何影响鸟类喂养"这个具体的问题上。接下来，学生们"规划调研方案"，并"收集相关证据"（比如对比小鸟在喧闹日子里和在安静日子里的进食量）。然后，学生们分析证据，解答初始的研究问题，分享结果，最后总结反思。

对于专业人士来说，把每一步如此明确地抽离出来会显得既突兀又多余，毕竟这些步骤早已了然于心，比如图 Q.1A 那些相互穿插的虚线，代表的就是在各个阶段之间灵活跳转的路径。但对于初学者来说，明确的提示还是非常有必要的，最起码不要让他们误以为只能按顺序一步步应用。

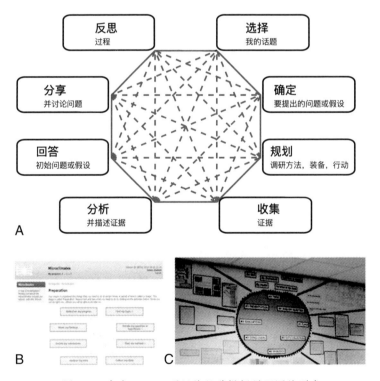

图 Q.1　来自 nQuire 项目的几种提问循环图的形式

在幼儿园到高中阶段的教育中，还有一些其他版本的提问循环，包括在线提问科学环境[1]和STAR.Legacy软件（Schwartz, Brophy, Lin, & Bransford, 1999）。哪怕是最简单的内容整理模板也会非常有帮助，比如在纸上画出下面这几栏（Hmelo-Silver, 2004）。

事实	想法	学习问题	行动计划

图 Q.2　内容整理模板

假设你想要解决的问题是了解更多与学习有关的方法，那么在每一栏下，你会写下哪些内容呢？

Ⅲ. 运用问题驱动式学习能产生什么效果

让我们再回到医学院的例子中。证据表明，问题驱动式方法和传统方法下的学生们在知识测试中表现得旗鼓相当；更有研究显示，传统方法在传授基础科学知识上略胜一筹，问题驱动式学习的优势则在处理应用型问题时表现更为突出。而应用型问题才真正是工作生活中广为存在的（Hmelo-Silver, 2004）。问题驱动式学习能够提高我们应对、解决相关问题的能力。

此时有人会说，医学院的学生都已是"人中吕布，马中赤兔"（美国医学院的门槛非常高），而且他们也都是成年人，这种学习方法换在孩子身上可能就不适用了吧？那么，为了搞清楚问题驱动式学习对孩子到底有何影响，研究人员请来了一群来自不同背景的六年级小学生，并教给他们"群体思维"[2]

---

1. WISE；请参考网址：http://wise.berkeley.edu。——译者注
2. 群体思维（groupthink）：又称"小群体意识"，指在凝聚力很强的群体中其成员从众倾向显著而在群体决策中表现出的过分追求一致，从而阻碍不同意见发表和问题分析解决，导致决策失误的现象。

这一概念，即当团队缺乏认知多样性且思维趋同时（集思广益的对立面），经常出现的一种团队决策机能失调。实验中设置了①讲座式学习，②以小组为单位的问题式学习，③以个人为单位的问题式学习三个条件组（Wirkala & Kuhn, 2011）。不出意料，作为参照对比的讲座组学生接受的是老师授课加课堂讨论的教学（似乎这一设定总是被各种研究拿来作对比）。其他两个问题驱动条件组中，学习都围绕一个核心问题来展开——一封虚构的来自 NASA 项目负责人的信件，叩问当初哥伦比亚号航天飞机的任务团队为何无视爆炸前出现的种种征兆，以及如何避免类似事故再次发生[1]。学生们首先独自思考问题的症结所在，听一节集中讲解群体思维的课程，随后配合着刚获取的信息综合思考该问题。这两个条件组之间的区别是，学生是独自解决问题还是以小组形式解决问题。

课程结束大约 9 周之后，学生参与一项测试。其中一道题是这样的：

> A 国宣布即将停止向 B 国供应天然气，这将会进一步加剧双方的紧张局势，武力冲突一触即发。你现在的身份是 C 国政府任命的首席外交谈判代表，率队参与多国会谈解决这个箭在弦上的国际争端。此刻，你必须充分利用沟通技巧和谈判智慧来解决这一问题。为确保谈判顺利进行，你该如何组建你的团队？请尽可能提供详细的解答。

研究人员希望了解学生们是否会主动运用他们曾学过的群体思维知识（比如，"……我们希望避免出现群体思维……这种情况很不好，因为你无法全面透彻地分析这次谈判可能会涉及的各个方面"，附录 E）。其他较为传统一些的测试题目则包括给出术语的定义和解释，等等。对于每个测试项目，两个问题式学习的条件组都比讲座组表现得要好。其中有趣的是，虽然人们很容易认为小组成员互动会是问题式学习法中一个非常重要的元素，但结果表明小组学习和个人学习之间并无区别，这确实有些出乎人们的意料。

---

1. 指的是 2003 年 2 月 1 日美国东部时间上午 9 时，美国"哥伦比亚"号航天飞机在返回地球的过程中解体。——译者注

那么除了对内容知识（鱼）进行举一反三之外，学生能否将更高等的问题解决能力（渔）迁移到新场景中呢？相关的证据支持并不多，但的确给出了肯定的回答。赫密洛 - 西尔弗（Hmelo-Silver，2004）针对医学专业学生的研究表明，在应对新问题时，学生会自发运用之前学过的假设驱动型策略。而对锚定教学的研究发现，上过贾斯珀·伍德伯里（Jasper Woodbury）课程的学生更善于把复杂问题分解为易处理的子目标（Cognition and Technology Group at Vanderbilt，1992），同时其他有关问题驱动式学习的研究中还发现，该课程改善了学生对数学的态度（Boaler，2002），学生们更倾向于认同"课堂之外也有很多用得到数学的地方"，以及"我喜欢解决涉及数学的复杂问题"；同时对于"我害怕数学考试"这样的想法认同感则表现得更低。这些发现真是振奋人心！而相比之下，控制组中接受传统形式教学的学生们，则发现自己对数学越来越提不起兴趣。

IV. 如何培养问题驱动式学习的能力

根据传言，著名物理学家阿尔伯特·爱因斯坦曾说过，"如果我遇到一个生死攸关的难题，要在一小时内解决它，那么我会用前55分钟来思考并提出正确的问题，因为只要问题得当，解决它的过程就用不了5分钟。"学习如何提出高质量问题，然后再努力解决这些问题是博雅教育[1]的重要目标之一（请参考章节K）。这也是为什么很多开放式的论文会让学生自由提出问题并给出解答。

V. 问题驱动式学习容易出现的问题

一些学者担心，问题驱动式学习对儿童群体没有明显效果，因为小朋友

---

1. liberal arts education，古希腊时期倡导的博雅教育，强调培养人的广博知识和优雅气质。现代社会所谈的博雅教育，则更多是基于社会交往而培养综合素质的通才素质教育。与之相对的则是专业教育、专才教育。——译者注

们所积累的知识还远远不够，同时解决问题的过程也会占用本该用于学习的认知资源。例如，基尔希尼等人（Kirschner, Sweller, & Clark 2006）的研究表明，通过提供最少的指导来激发学生自主探索问题，其学习效果并不如演示案例教学好。然而，研究中所指的最少指导连教学辅助与支持都不包括，比如没有经验丰富的辅导老师或者不提供提问循环等学习工具。这些元素对于不同形式的问题驱动式学习都是极为关键的（Hmelo-Silver, Duncan, & Chinn, 2007）。可想而知，初学者若是缺乏合适的帮助与支持，极有可能陷入糟糕的问题中艰难前行、不堪重负，到最后付出了努力也没学到想学的东西。

第二个问题涉及知识点的覆盖面。问题驱动式学习通常由一个点展开，根据学习者的问题循序渐进，学习过程也并非按照自上而下的结构顺序进行，因此知识点就会较为零散，花费的时间精力也较多。为此我们可以通过精心设计的问题活动、充分准备的学习资源来加以应对，或者改变策略，以问题驱动式方法专攻特定内容，而不求知识点的全面覆盖。

最后一种问题在于，老师在运用问题驱动式学习的过程中需要把握好辅导的火候。一方面，如果给予的指导太少，学生们就会因为找不到方向而困惑迷茫。虽然靠学习者自己解决问题是实现学以致用的好方法，但是想要学到新的知识，肯定不能缺少学习资源。另一方面，如果提供的指导过多，老师又会在不知不觉中喧宾夺主，失去了提问教学的价值。如果将问题过度简化，就有可能把核心问题与关键信息都直接喂到了学生嘴边。

VI. 好例子，坏例子

项目式学习和**问题式学习**有很多共同点，但是项目式学习更强调做出东西来（正因如此，项目式学习也出现在有关动手创作的章节 M 中）。巴克教育（The Buck Institute for Education）收集了很多优秀的项目式学习案例，你可以通过年级和主题进行检索（请参考网址 http://bie.org/project_

search)。下面是高中二年级的经济课上的一个小组项目。

由于新颁布的法律中新增了有关校园中"机智零食"（smart snacks）的规定，学生们需要重新设计校园里的自动贩卖机，从而利用贩卖机创造的收益来支持学生课外活动，比如田野考察、歌唱比赛、学生活动，等等。学生们需要先列出符合新标准的零食，在学生群体中调查潜在需求并分析定价，联系供应商，然后再挑选出他们认为最具潜力的几种零食进行大力推广（Baer，2014）。

坏例子（指导过少）：老师把项目完全丢给学生，即没有行动上的辅助也没有资源上的支持。学生只能依靠自己有限的知识来尝试解决问题。

坏例子（指导太多）：老师将学生需要做的每个步骤列在纸上和盘托出，学生只需简单填几个空即可。

好例子（指导的刚刚好）：老师提供适当的辅导支持，帮助学生们理解问题的核心概念，例如供求关系、政府法规、消费者行为，等等。学生们需要自行决定问题的优先顺序，确定相应的约束条件，并思考如何从各方获取并整合信息。

问题驱动
Question Driven

核心的学习原理是什么

通过回答提出的问题来开展学习可以激发好奇心、增强学习的目的、集中学习注意力、让知识融会贯通，还有可能提高学习者解决问题的能力。

对学习什么有帮助，举个例子

在人类与环境的单元中，同学们希望探究噪音污染如何影响学校周边的野生动物。老师帮助学生们提出合理的研究问题，分析了他们的知识水平与有待探索的内容，并决定了如何评估、汇总不同来源的信息，等等。学生们则全身心地投入到学习过程中，在科学、数学、社会学等不同学科的知识海洋中徜徉。

为什么有用

问题驱动式学习能够调动多种有效的学习机制：好奇心驱动奖励和激励机制；以解决问题的眼光来学习，能够帮助学习者以同样的心态去应用知识；核心问题能"以点成面"，把零散的信息聚拢到一个逻辑网络中来，增强记忆效果，便于日后回忆。

能解决什么样的学习问题

- 学习者无法应用学过的知识。
  - 学习者已知大量信息，却看不出信息与问题之间的相关性。
  - 学习者缺少有效应对复杂问题的方法策略。
- 学习者对学习感到越来越疏远。
  - 学生认为在校学习的目的只是取得好成绩。
  - 学生不明白，"为什么我要学这些？"
- 学习者不会自己定义问题，提出问题。
  - 小朋友抱怨说这个新的问题老师没有教过他，完全不知道该怎么办。

使用的范例

- 学习者自发提出导引问题。
  - 科学博物馆不仅为参观者提供丰富的实验材料,一旁的讲解员还会辅助参观者提出各式各样的问题。
- 老师围绕着导引问题组织学习活动。
  - 在一节讲授社会与经济的课上,全班都在尝试解决一个与自己生活息息相关的问题,例如怎样说服学校在校门口铺设几个减速带。
  - 医学院的培养方案围绕着患者的诊断案例来组织课程。

容易出现的问题

- 学习者可能在解决问题的过程中屡屡受挫、不堪重负。
- 老师提供的辅助过多或过少。
- 介于课程的深度、广度、课程大纲,以及教学时间等的限制,让问题驱动式学习很难融入课堂。

奖励
Reward——
塑造学习行为

　　所谓奖励[1]，指的就是在完成某项行为后所获得的称心如意的回报。正是如此，奖励什么行为就会鼓励什么行为再次发生，而惩罚某种行为则会抑制该行为的发生。每当我们谈及学习时，总会很自然地关注如何促进对知识的理解，却忽略了另一个非常关键的因素，即如何养成良好的行为习惯。就好比家长们的心声，"如果孩子每天放学回家后，第一件事情是写作业而不是打游戏，那该多好啊！"

　　桑代克（Thorndike）的效果定律对强化行为的基本规律进行了概括：如果做一件事能引发你想要的结果和回报，你就会不断重复它；而如果导致了你不希望看到的结果，你也就不会再去做了。更为有趣的是，这条定律可以超越理性思考，让人对某些行为本身产生盲目迷信。想来点儿证据？看看旧

---

1. 奖赏（reward）：通过食物、药物、金钱等物质或心理刺激使个体产生愉悦感，从而强化行为的过程。

金山巨人棒球队的奥布里·赫夫（Aubrey Huff）吧！由于锦标赛期间竞争激烈、气氛紧张，他就穿着红色内裤来缓解压力。而与此同时巨人队势头正盛，连续取得胜利，于是赫夫就迷信红内裤会给他带来好成绩，后来愣是连续穿了（据传闻，同一条内裤）好几个月！

同时，一系列有计划、有安排的合理奖励，可以逐渐塑造出相对复杂的行为。行为主义的主要倡导者斯金纳（B. F. Skinner，1986）讲述了一个培养艺术鉴赏兴趣的故事。两名同宿舍的学生商量着要在宿舍墙上挂一幅油画作为装饰、陶冶情操，然而另一位室友贺子飞却坚持在那儿挂上自己的棒球比赛奖状。两人拗不过他，决定当贺子飞表现出与艺术有关的行为时暗中奖励他，从而彻底改变他对艺术的看法。例如，在一次聚会中，两人邀请了一位年轻貌美的姑娘与子飞谈论艺术相关的话题，每次当子飞谈到艺术等关键词时，这位姑娘就会对他给予由衷的赞许。随后两位室友又带着子飞去艺术博物馆，当他正专心观赏一幅画作时，悄悄地丢了50块钱在他身边，创造个意外之喜。此外，每当子飞提到艺术话题时，这两位室友就都会放下手头的事，转过身来把注意力放到他身上，认真地聆听他对于艺术的分享。随着故事继续发展，一个月后，子飞终于买下了他人生中的第一幅画，并把画挂在了宿舍的墙上。

I. 奖励的原理

奖励通常被分为两类：外部奖励与内部奖励，这两者之间存在明显的区别。**外部奖励**[1]通常发生在行为完成之后，且不属于行为的一部分。比如说，音乐家演奏乐器时不会用到任何纸币或硬币，但出色的演奏家在表演圆满结

---

1. 外部奖励（extrinsic rewards）：指外在的任何使个体满意并强化其反应的刺激。

束后会获得金钱的奖励。相比之下，**内部奖励**[1]则来自于一个人自身，且属于活动的一部分。陶醉于演奏的过程中身心愉悦，这种满足感本身就是一种对自己的奖赏，就算没有金钱的回报也无妨。

以外部奖励塑造[2]行为

外部奖励在教育中主要用在塑造学习行为上。通过引导塑造，学习者会逐渐展现出我们期待的目标行为，在目标行为出现后，再进一步巩固强化。举个例子，假设我们希望让小鸡学会背对篱笆（其实是否理解为什么要这样做并不重要，因为外部奖励无论如何都会生效）。过程中我们需要循序渐进地塑造小鸡的行为，直到出现我们想要的最终结果。图 R.1 展示了塑造行为的整个过程。

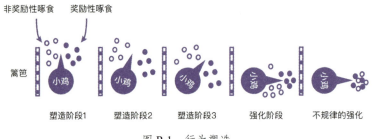

图 R.1　行为塑造

塑造阶段 1：小鸡在地上啄食，啄的位置呈现出自然的随机性。每当它稍稍转向右边啄时，我们就立刻正向强化[3]这个行为（比如，给吃的）。我们需

---

1. 内部奖励（intrinsic rewards）：也称"内部报酬"，从工作或学习本身获得的快乐与满足。源自对自我的一种奖励，一般不是物质奖励，多属于精神方面的奖励，即个体感觉到自我快乐和自我满足的体会。
2. 塑造法（shaping）：采用操作条件作用原理，对当事人的行为分步强化，渐进地形成目标反应的一种治疗方法。
3. 强化（reinforcement）：通过某种刺激增强或减弱特定行为的过程。

要迅速精准地完成强化的过程，否则很可能会在拖延中不经意间奖励了其他行为。总之，对于理想行为的奖励，越及时越好。

塑造阶段 2：小鸡啄食的范围稍微向右偏了一点，啄食位置随机分布在新的区域中。我们还是继续奖励向右的啄食行为，而当它不小心回到左边时就什么也不给。虽然我们可以在它向左转时惩罚它，但其实这样做没有必要，反而还会带来额外的压力。更何况惩罚并不能让它知道该做什么，它既有可能转向另一边，也可能受到惊吓而跳开到一旁。对人来说也是一样：惩罚可以阻止某个具体的行为，但对鼓励理想行为却毫无作用。

塑造阶段 3：继续塑造小鸡向右转的行为，直到最终朝向期待的目标方向（背对篱笆）。

强化阶段：终于，我们可以奖励"小鸡背对篱笆"这个期盼已久的行为了。这个阶段中，奖励会进一步帮助小鸡区分被奖励的行为是"向右转"还是"背对篱笆"。为了防止小鸡一直向右转圈圈，奖励强化只出现在篱笆的正前方。

不规律的强化：这个部分理解起来可能不那么直观。事实上，我们并不会在每次出现目标行为时都给予奖励，时有时无的奖励反而更加有效。通过时有时无的奖励，小鸡慢慢就会明白一个道理：虽然这次好好表现没得到食物，但是只要继续好好表现，最终一定会得到食物的！随机给出的强化奖励能够避免行为过度依赖奖励，否则一旦奖励终止，目标行为也就烟消云散了。令人出乎意料的是，随机强化比稳定强化发挥的作用更持久、更稳定。不信就看看那些在麻将桌旁坐下就起不来的人吧！"

以内部奖励促进持续投入

内部奖励会调动起人们的内在驱动力，促使人们持续投身于那些能产生愉悦感的活动中。人们之所以这么做是因为活动本身的魅力，而非任何来自外部的奖励。与此同时，每个人内在享受的点也是不同的。比如大厨享受的可能是烹饪佳肴的过程,而球迷则喜欢沉浸在比赛的喝彩声中。对于学习来说,符合每个学习者兴趣的个性化学习路径可能是最完美的状态。然而美好的愿景在面对实际情况时,总显得有点遥不可及,毕竟学生人数众多,来自不同的成长背景,每个人的兴奋点与兴趣点也各不相同。幸亏有一些能够激发内在动力的情境,几乎人人受用。瑞安和德西(Ryan & Deci,2000)提出了三种基本的内在动机:自主权、胜任感,以及社交关联。

自主权指的是对自己的决定与行为具有掌控力的感觉。我们发现那些赋予学生更多自主权的班级,要比那些控制欲强、喜欢发号施令的班主任管理的班级展现出更强的好奇心、对挑战更强的渴望,以及对学习更持久的驱动力。

胜任感指的是当你完成预期目标时一种驾轻就熟的感觉。例如,练习投篮时不断提升的命中率,就会在无形中促使人乐此不疲地继续练习。

社交关联涉及的是人们渴望与他人建立关联的基本需求(请参考章节B)。虽然社交关联对于内在驱动力来说并非必要条件(很多适合一个人独自完成的活动也能激发人们的积极性),但它还是能起到一定程度的提升作用。例如,对自酿啤酒或自制家具感兴趣的业余爱好者来说,如果能有机会与他人分享自己的劳动成果,那该是一件多么值得骄傲的事情啊(请参考章节M)!

因此,任何能产生上述感受的活动都会非常鼓舞人心,毕竟触及人类心理需求的事情往往能发挥巨大的威力。

理想型挑战则是一种非常重要的内在激励,它能持续不断地吸引人们投身于更加困难的任务中去,在一往无前的闯关过程中边做边学。正如图R.2所示,任务难度与自身能力相差太远会导致焦虑,任务过于简单又会令人厌倦(这并非是说简单的任务都会无聊,如果是与好闺蜜一边聊天一边织围巾,就算重复相同的图案也会令人愉悦)。那些现有水平基本能够胜任,但还需要跳一跳才能达成的任务尤其引人入胜。理想型挑战正是由一系列这样的任务构成,因此理想型挑战常常会把人带入到这样一种状态:完全沉浸于眼下的任务之中，忘记了时间的流逝。这种状态被米哈里（Csikszentmihalyi）称为**"心流"**（flow）。我们在打扫房间的时候就经常有类似的感受：这边擦一擦，那边摆一摆，回过头来一看才发现已经过去好几个小时了！从学术的层面来看，并没有太多实验证据能够证明心流状态能够提升学习效果。但对理想型挑战的渴望，却能够不断驱使人们投身于新的挑战之中，开启新的学习篇章。

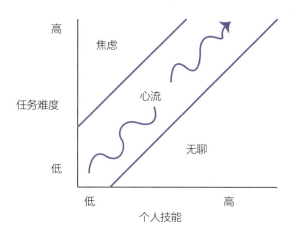

图 R.2　理想型挑战。当任务难度适中的时候，人们会达到一种内在动力处于巅峰的状态，这被称为"心流"

此外，其他能让人们感到内心充满动力的因素还有：精彩的故事、美好的幻想、自主选择的机会，比如在游戏中捏一个自己的人物角色等（Malone, 1981）。以此类推，如果可以让学习者自己选择先从哪个任务下手的话，也能稍稍提高一些学习的动力呢！

II. 如何运用奖励来促进学习

创造能够令人内心充满动力的学习体验是我们的目标。然而，在一些情况下，物质奖励的效果可能会更好。提示：**当逻辑思维和内在动力沦陷的时候，物质奖励就该登场了**。你可能会认为能够跟自己刚刚喂养的小狗狗讲道理，然而再怎么讲也是徒劳的，不如一颗零食这样的物质奖励来得简单直接。甚至有些时候你对要做事情的原因心知肚明，但还是会三天打鱼两天晒网，比如每日至少锻炼 30 分钟，每天至少阅读这本书 30 分钟，等等。如果我们谨慎地运用奖励来塑造强化自己的期望行为，也许会慢慢看到神奇的效果。

可实现的目标

无论是塑造行为还是保持心流状态，背后的秘诀都只有一个：为学习者提供一条循序渐进的上升路径，其中每个任务的难度都稍微超出现有水平一点点。斯金纳（Skinner，1986）提出了程序教学[1]的概念：计算机会提出一系列难度递增的问题，每正确完成一步均会配合着强化巩固。这种形式仍广泛用于很多教育类游戏中：学生从入门级的问题开始，当能够轻松完成当前这一级别时，计算机就会提升难度抛出新问题。这类游戏能帮助学生掌握关键的目标行为，例如看到"2×5"，脱口而出"10"（当然，强化本身并不能帮助学生理解答案为何是"10"）。在我们的日常生活中，制定可实现的小目标也能发挥巨大的作用。就比如说，减肥 30 斤的确是个宏伟目标，但是在漫漫减肥路上，我们可以不断奖励那些有助于减肥的行为，比如每天走 10 000 步？或者至少 5 000 步？总之，需要谨记于心的是，制定当下可以实现的、值得嘉奖的小目标，是引领我们最终走向成功的不二法门。

奖励正确的行为

鉴于奖励的针对性非常强，在实际操作中我们需要谨慎留意是否奖励了真正期望奖励的行为。举个例子，在一节西班牙语课上，学生们要选出与英文"four"（4）对应的西班牙语单词：① cuatro，② uno，③ tres，④ dos，回答正确就会得到老师的奖励。这种做法在不经意间奖励了"从列表中选单词"的行为，对单词本身只要看个大致形态就好。而我们真正希望的是学生

---

1. 程序教学（programmed instruction）：根据强化原理，将学习材料分解为小单元，由浅入深、逐步呈现的一种个别化教学方式。

可以准确地说出，或是拼出 cuatro 这个单词。因此我们设计的学习场景，要让学习者能准确地展示出目标行为，而不是展现出"影子替身"行为。从学习形式上讲，开放式的问题可能比选择题更胜一筹，除非我们的目的就是训练学习者做选择题的能力（比如为标准化考试备考）。

开放式的问题对学习者来说难度也会更大。那么我们认为，在学习初期直接告诉学习者正确的答案也是可以接受的。斯金纳表示，"正如亚里士多德坚持的观点，人们并不通过实践本身学习，而是通过实践后的结果来强化学习。那么教学也是同理，就是要设计安排那些足以强化学习行为的结果。"（1986，p.107）你希望学习者展现出哪些行为，就去奖励哪些行为。随后再慢慢撤去当初的辅助工具与奖励手段。

选择恰当的奖励

众多形式的奖励中，效果最强的当属**一级强化物**[1]（也称为非条件强化物，即人类天生就理解的奖励方式）。一级强化物有多种形式，包括食物、水、关爱，等等。这些强化物关系到我们的生死存亡，因此其重要性不言而喻。从伦理道德的层面来讲，教育工作者不应当使用一级强化物作为要挟，迫使学习者去完成一些事情。例如在实验研究中，在孩子身上使用一级强化物是被禁止的。研究人员既不能利用食物或额头一吻作为奖励，也不能以不给水喝或剥夺关爱作为惩罚。

鉴于以上情况，**二级强化物**[2]就更容易被人们接受，比如成绩、分数、勋章，等等。二级强化物（也称为条件性强化物[3]）之所以具有奖励效果，是因为它与其他奖励体验形成了关联。每当你夸赞小狗狗"做得真棒"的同时，给

---

1. 一级强化物（primary reinforcer）：能满足生理需要的非习得性强化物。
2. 二级强化物（secondary reinforcer）：习得的强化物。通过与一级强化物联系而获得强化性质。
3. 条件性强化物（conditioned reinforcer）：与由生物学因素决定的一级强化物联合在一起，对操作反应起作用的中性刺激。

它喂点好吃的，就是在建立"好吃的"与"做得真棒"之间的关系，于是"做得真棒"这句表扬就变成了二级强化物。在本章一开始，艺术之所以变得具有奖励性，正是因为它和其他奖励形成了关联（异性的注意力、金钱、受到大家关注）。

二级强化物具有成本低、易实现、不突兀等优势。各类二级强化物中，代币体系[1]是最常见、最易操作的策略之一。学习者按照要求完成任务，会得到相应的代币，比如积分或是小星星。当学习者攒够一定数量的代币时，就可以兑换自己想要的奖励，比如到外面多玩一会儿，或是在游戏中给主角升级，等等。在我们的日常生活中，航空公司的常旅客计划就是一套极为有效的代币体系。人们为了积累更多飞行里程，甚至会花更多的钱付机票，或者转乘一大早/半夜才起飞的航班，而这一切所换来的实际经济价值，可能还远不及为此所花费的金钱与精力。

另一个能让奖励大显身手的情景是对行为的改造，这通常需要依靠奖励的效力来实现最终目标，例如帮助人们戒烟、减肥，或者改变其他不良习惯，等等。我们需要特别注意那些"立竿见影"的应对方法，因为这些方法很可能会在不经意间节外生枝。比如，为了能够让公共场合下吵吵闹闹的孩子迅速安静下来，很多家长会把手机无奈地递给孩子。虽然孩子们立刻就安静了下来，但是这却强化了吵闹的行为。于是当孩子们又想玩儿手机的时候，就会继续吵闹，这时你意识到每次都用手机来安抚孩子是行不通的，于是就拒绝了玩儿手机的要求。这就等同于对吵闹的行为进行了时有时无的随机强化，吵闹会愈加频发，也愈难平抚。显然这并非长久之计。学校中的课堂管理可以算是类似情况的升级版。如果老师对那些上课调皮捣蛋的学生给予更多"关注"，反而会在不经意间鼓励了他们的不良行为，因为被人关注本身就是一件很有成就感的事情。为了应对这种情况，威尔奇维茨（Wielkiewicz）提出了一条课堂管理的黄金法则："忽略，尽可能忽略那些恼人的不良行为。同

---

1. 代币强化物（token reinforcer）：使用代币物可换取的真正强化物，如钱币、扑克牌、食品等。

时，尽可能多的关注那些举止端正、表现优良的学生（1995，p.5）。"

诱人的环境

引人入胜的游戏绝对是奖励机制的集大成者。游戏中会运用多种外部奖励的强化机制，包括几套并行的积分系统、精美绝伦的画面、新技能解锁，以及环环相扣的升级体系等。游戏中还常会时不时出现随机强化，即偶尔让玩家输几局，但是只要坚持下去总会获得最终的胜利。这还只是冰山一角，游戏中还设置了内部奖励机制，包括跌宕起伏的剧情、充满神秘的幻想世界、琳琅满目的定制系统（给玩家提供选择的机会），以及符合理想型挑战的成长路径。人们受到游戏中强大的奖励机制的启发，总结出了"游戏化"的概念，用于改造那些不那么吸引人的任务（Reeves & Read，2009）。例如，电话客服中心的员工流动率往往很高，毕竟很少有人愿意天天在电话里听陌生人吼吼叫叫。所以我们可以把接听工作变成游戏的一部分。员工们通过完成接听来获得分数、解锁新任务、提升等级，等等。

值得注意的是，游戏化策略并非万能。对于学术研究来说，游戏化机制能发挥的空间有限。强化机制是物种进化过程中一种古老的学习机制，在动物和人类身上都很奏效。虽然它能够促使特定行为的发生，但对于理解该行为背后的目的却爱莫能助。所以围绕强化机制而构建起的教学体系，很可能会与理想的目标结果（如促进理解、举一反三等）南辕北辙。即便如此，我们依然可以为创造优越的学习环境而建立起多维度内外结合的奖励机制，从而更好地融合其他章节中的学习技巧。比如，我们可以将类比学习（请参考章节 A）与有趣的游戏情境相结合，让学习既高效又有趣。

Ⅲ. 运用奖励能产生什么效果

有奖励就会有期待，有期待就会有动力，奖励既能鼓励人们初次尝试，又能确保持续的投入。事实上，尝试参与新活动的行为本身就是学习的有力证明，因为自身的行为已经发生了改变（从不参与变为参与）。若是再借助随机强化的奖励机制，即便在没有规律奖励的情况下，人们还是会持之以恒地遵循所期待的行为。

奖励行为具有很强的针对性。它会在具体的行为与特定的情境之间形成关联，具有一定的情景局限性，颇有一番"橘生淮南则为橘，生于淮北则为枳"的感觉。因此要想将奖励的这种关联推而广之，则需要将对应的奖励行为也应用到新的场景中。以图 R.1 中的小鸡为例，如果把它放到一段新篱笆面前，恐怕背对着篱笆的事情就会被抛之脑后，更不用说把小鸡放在消防栓或是草垛前面，转身背对着这些新的物品更是想都不用想！

要想深入了解行为与奖励情境之间的特殊关系，我们还可以反过来思考，参考一下戒除后天习惯的过程。举个例子，在加油站上班的万保鹿先生想要戒烟，实质上就是要打破吸烟（行为）与不同情境下获得快感（奖励）两者之间的关联。比如，万保鹿先生习惯每天早茶后抽支烟。他通过克制自己的欲望，成功打破了该情境下吸烟与快感之间的奖励关联。接着，他继续攻克"工休一支烟"，然后是"饭后一支烟"等，如此这般，通过全方位的努力，这位仁兄已经在日常的诸多情境中破除了吸烟与快感之间的关联，于是他宣布自己戒烟成功了。然而，可怜的万先生，在一次回乡探亲时，他突然又烟瘾大作。原来，他还没来得及打破"二舅聊天一支烟"的关联！所以客观地讲，人们很难做到全方位的戒烟，只能说是在某些情境下不再抽了。这对我们的启发是，如果希望通过奖励来塑造新行为的发生，**就要在期待它发生的所有场景中，分别奖励该行为**。同理，若是希望摒弃某种行为，就要分别排除所有场景中的奖励。

IV. 如何培养奖励的能力

人们确实可以主动设计出一个适合塑造自身行为的学习环境。例如，史辛格先生希望自己能够坚持健身，但他总是会找出这样那样的理由给自己放水。但是为了自己的终生幸福，他绞尽脑汁地激励自己至少每周去健身房运动三次。于是他专门预约了一位美女教练的健身课，每次只要认真完成课程，教练就会送他一个甜美的微笑。周末的时候，他也会请朋友叫上他一起去登山。只过了半年，史辛格就已变身为肌排男了。

相信我们大多数人都会通过自我对话的方式来保持意志力，比如"我在看到冰激凌的时候能够做到岿然不动"。是的，这正是诱惑占据上风，理性一击即碎的时刻。与其每逢诱惑见真章，不如提前做好防御的强化机制。在一项研究中，研究人员给一群高中生讲解自我激励与目标维护的技巧，比如设定提醒、设计合理的小目标、创建自我奖励的积分系统，以及在目标完成后及时从家长那里换取奖励等（Oppezzo & Schwartz, 2013）。随后，学生们给自己设立了多吃蔬菜水果的目标。三周后，这组学生的确提高了吃蔬菜水果的总量。作为对比，第二组高中生只学习了自我对话的应对策略（比如，给自己加油鼓劲，不给自己找借口等）。他们吃蔬菜水果的总量则没有明显提高。

V. 运用奖励容易出现的问题

人们天生喜爱奖励。假如此时的你坐拥金山，可能会认为只要拿出金子作为奖励，所有人就都会遵照你的意愿行事。然而凡事都没有那么简单，有时候也要为奖励而付出相应的代价。

在人们内心已经认定一些由衷热爱的事物时，外部奖励可能会让人们的理解偏离自己的初衷。若是为一件事许下奖励的诺言，那么人们源自心灵深处的热情就会冷却，取而代之的可能是一副更加功利的态度。针对幼儿园小朋友画画的一项经典研究很好地证明了这一观点（Lepper, Greene, & Nisbett, 1973）。研究人员希望考察孩子们在使用水彩笔画画时的真实目的（要知道这些彩笔在当时可是幼儿园里的新玩意）。实验一共包括三个条件组。

在"许诺奖励"组里，孩子们得知如果自己拿水彩笔画画，就会得到一个"最佳表现"奖状和一枚金丝带。孩子们画了6分钟后，如愿以偿获得了奖励。在"出乎意料"组里，孩子们并不知道画画能得奖，但是在画了6分钟后，意外地获得同样的奖励。最后，在"无奖励"组里，孩子们没有任何奖励，并且也不知道其他小朋友获得了奖励。一个星期过去了，研究人员把几支水彩笔散落在小朋友的游戏桌上，观察他们在自由活动时画画所持续的时间。

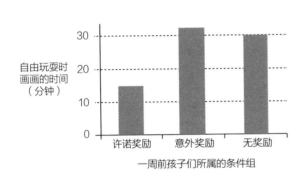

图 R.3　奖励背后隐藏的代价。起初，幼儿园的小朋友们对用水彩笔画画都非常感兴趣，但是如果孩子们接受了奖励的条件，那么这刚刚萌发的兴趣很可能就戛然而止。获得意外之喜与没有奖励的小朋友们则依然保持着用彩笔画画的兴趣（Lepper，Greene, & Nisbett, 1973）

图 R.3 表明，"许诺奖励"组的孩子们用彩笔画画的时间只有"无奖励"组的一半。正是因为当用水彩笔画画再也换不来之前的奖励时，孩子们就会对水彩笔的兴趣骤减，"都没奖励了我画画还图啥呢"可以说是奖励浇灭了兴趣。不过有趣的是，获得意外奖励的孩子们对画画的兴趣依旧如初。事实上，起初那些对画画感觉一般的孩子们，在获得意外的奖励后则会兴趣大增。因此，对于人们起初不太感兴趣的事情，如果在圆满完成后给予适当的嘉奖，就能够提高人们参与的积极性。另一方面，如果告知人们完成任务后可以换取奖励，就算这个人对任务是真爱，那他内心由衷的积极性也会被削弱。

人们在最初参与一项新活动时最容易掉进奖励的温柔陷阱里。这是因为在刚刚开始的时候，我们还听不清自己内心真实的声音。而那些经验丰富的人们则早已明确自己的初心，面对奖励的诱惑时也能不忘初心，客观接受，不为奖励而折腰。就比如说，与画廊签约的专业画家，面对潜力无限的商业利益时也能保护好心中对艺术创作的巨大热情。

奖励中暗藏的第二个陷阱在于它会造成人们思维的局限性，负面影响创造与探索的意愿。当人们明确得知一件事情会带来相应的奖励时，事情本身就会沦为换取奖励的手段。一心想的就只是如何能尽快地完成任务，哪里还会关注事情的本质是什么，就更不用说花时间去探索其他的可能性了（但这种探索却是创造过程中的关键一步）。例如在前文提到的幼儿园小朋友画画的实验中，研究人员发现在作画的 6 分钟内，"承诺奖励"组孩子的作品质量明显低于其他组。承诺奖励对创造力产生的副作用，在不同年龄层的人群中都被证实是广泛存在的（e.g., Amabile, Hennessy, & Grossman, 1986）。同理，以事先答应好的奖金作为激励员工创新的方法，很可能会适得其反（具体请参考 Pink 在 2009 年的 TED 演讲）。而更为有效的方法则是那些可以直接作用于激发创新活力的策略（比外出考察、林间漫步、湖畔观赏，等等）。以能够丰富灵感的活动作为基础，奖励才能更好地服务于目标本身（Oppezzo & Schwartz, 2014）。

奖励还可能会反过来奴役人们的心灵，看看那些暴饮暴食、嗜赌如命、沉迷游戏的人们吧！至此境地，也并非无可救药。如果你觉得孩子们实在是沉迷于游戏无法自拔，可以尝试提供一些其他的奖励方式来吸引他们（比如做一桌美味的菜肴用香味吸引他，或者买一辆炫酷山地车把他的兴趣吸引到别的地方）。请注意，如果事情已经发展到了无法控制的局面，或是日常生活也已受到影响，那就尽快去寻求专业帮助吧。

VI. 好例子，坏例子

我们来分析一下当下十分流行的运动传感器这个例子。比如手机计步，人们可以在应用程序里随时查看今天走了多少步，同时随着每天的持续累积，应用程序还会提供一些令人愉悦的奖励，比如，用积累的步数兑换成边疆防护林种植基金，等等。奖励目标设置得非常明确，且对运动量的要求不断递增,比如随着步数增长可以分别兑换梭梭树、沙柳、胡杨树,等等。除了对行为的引导塑造作用之外,系统还会带有随机奖励的强化机制,比如今日没有走到 10 000 步也会给予一些意外之喜。灵活多变的奖励机制能够让人们更加主动地多锻炼,多种树。

有些时候被奖励者可能会反客为主,出现下面这种糟糕却极富戏剧效果的画面:在一个嘈杂混乱的班级中,老师刚管住了左边又漏掉了右边,完全陷入了恶性循环之中。最终她终于受不了了,爬到讲台上冲着全班大喊,"给我安静!"此时此刻,就成了学生们变相地塑造老师的行为。训练小狗狗的时候也可能会出现类似的情况,我们需要留意究竟是它在听到指令后坐下来,还是它主动坐下来等待你乖乖地交出食物。

奖励
Reward

核心的学习原理是什么

奖励某种行为会促使人们(或动物)重复该行为。人们在学习新行为的过程中,可以借助持续的奖励来提供源源不断的动力,直到他们成功完成目标行为。

对学习什么有帮助,举个例子

奖励可以鼓励人们尝试原本不会去参与的事情。很多家长都希望自己的孩子按时完成作业,但是孩子们从来都不听话,依旧我行我素。作业本连碰都不碰，怎么有机会给奖励呢？因此我们可以先从"打开作业本"这个小目标开始塑造。孩子回家后及时掏出作业本的时候，家长奖励给孩子一朵小红花。过了几次，孩子把作业本放到了书桌上，此时家长可以奖励孩子两朵小红花。又过了几次，孩子主动翻开作业本的时候，可以奖励他三朵小红花，以此类推。

为什么会有用

通过来自外界的奖励或是内心产生的满足发挥作用，任何形式的奖励都能鼓励人们在相似的场景下采取被奖励的目标行为。

能解决什么样的学习问题

- 人们无法激励自己完成某项任务。
  - 孩子不明白为什么要做一件自己不理解的事情。
  - 成年人虽然明白做一件事的目的，但却无法坚持下来。
- 学习者对于教学内容提不起兴趣。
  - 学生们没有及时完成自己的数学作业。
- 人们需要改变自己的行为。
  - 课堂管理手段没有发挥作用。

使用的范例

- 老师创建了一套代币体系，学生们上交作业可以获得积分。当学生们攒够一定分数后，他们可以用积分兑换更多自由活动的时间。
- 在精心设计的学习程序中，电脑会给学生提出 ×1 的算术题，比如 $1\times1, 1\times2, 1\times3$。当学生回答正确"三连击"的时候，游戏中的人物会长高一些。当学生熟练掌握这些问题时，电脑会继续出 ×2 的问题，比如 1×2，2×2，3×2。连续答对 5 道题时，又会解锁一件帅气的新衣服，放到游戏中的衣橱里供学生自由搭配。

容易出现的问题

- 奖励可能会让人们把行为视作达到目的（即获得奖励）的手段。
  - 学习者可能缺乏深入理解事情本质的耐心，因为他们琢磨的都是如何尽快完成任务，获取奖励。
  - 当学习者本身就对一项新任务充满积极性的时候，给予参与的奖励很可能会造成天然兴趣的丧失，造成没有奖励就没有参与动力的局面。
  - 对奖励的期待会限制人们的创造力，因为一心追求奖励的心态会让他们放弃探索更多可能性的机会。
- 学习的内容可能无法被举一反三到新的场景之中。
  - 一名学生虽然在体育运动中能够做到锲而不舍，但是面对历史课却毫无动力。
  - 一位资深烟民虽然成功戒掉了"饭后一支烟"的习惯，但却依然逃不过"酒后一支烟"的冲动。

自我解读
Self-Explanation——
拨云见日,参透字间含义

  自我解读,指的是人们通过积极解读学习内容来加深理解的学习方法。这种方法并不是告诉你如何理解某个单词或句子,而是告诉你如何理解作者想要表达的完整含义。该方法对于文字、图片、表格等说明讲解型的学习材料均适用。

  语言文字博大精深,看似相同的文字实际上却可以有不同的解读方式,就比如"一语双关"。所以如何解读就显得颇为重要。想不想试试下面的挑战?这是我们多年来收集的各式各样的新闻标题,看看你能否发现其中的"深意"(有的还是黑色幽默哦):

- Drunk Gets Nine Months in Violin Case
    - 一名醉汉在小提琴的官司中被判了 9 个月
    - 一名醉汉在小提琴盒子里待了 9 个月
- Survivor of Siamese Twins Joins Parents

- 连体婴儿幸存者和家长连体了
- 连体婴儿幸存者和家人团聚
- Iraqi Head Seeks Arms
  - 伊拉克首脑征集武装力量
  - 伊拉克脑袋找寻胳膊
- New Study of Obesity Looks for Larger Test Group
  - 一项关于肥胖症的新研究寻求更大范围的测试群体
  - 一项关于肥胖症的新研究需要更胖的测试人群
- Kids Make Nutritious Snacks
  - 孩子们制作有营养的零食
  - 孩子们是很有营养的零食（对于怪兽来说？）
- Miners Refuse to Work after Death（Schwartz, 1999）
  - 矿工们在死亡事件后拒绝工作
  - 矿工们拒绝在死后工作

辽宁某岛海域遭遇冷洋流侵入，扇贝纷纷逃跑，但真正的原因竟然是——"扇贝最害怕遇见粉丝"。同样一句话竟然还能有如此逆天的解读，实在太深、太深！

自我解读的意义并不仅限于发掘文字背后的含义，它还能作用于各种其他抽象的表达形式，比如数学、撰写精妙的文字说明，甚至图像表格。下面引述了一本畅销教科书中有关人类心脏的两句话。

  心脏隔膜把心脏分为左右两侧。右侧把血液泵到肺部，而左侧把血液泵到身体其他部位。

很多时候我们并不会细细理解句子之间的深意，只会是一扫而过，心想读过一遍不就已经收获很多知识了吗？然而如果不放慢速度，不去思考句子之间的逻辑联系，那就只能读到一段段孤立的文字。因此想要识别出这种粗犷的阅读方式也很简单：如果读到任何内容，不论难易与否均保持一样的阅读速度，基本上就可以判断这是在做"不动脑"的阅读。那么机智的你会怎么办呢？如果花时间思考并解读上述文字所蕴含的完整信息，大概会读出以下内容。

"所以心脏隔膜是一个隔断，为的是不让血液混在一起。隔膜右边的血液是去肺脏的，左边的是去身体的。那么心脏隔膜就像一道墙，把心脏分隔成两部分……分隔开后，血液就不会混在一起了。(Chi, De Leeuw, Chiu, & LaVancher, 1994, p. 454)

这位读者通过自己的理解把两句话联系在了一起。如果再看原文，会发现文中确实没有明确指出心脏隔膜是为了防止血液混合，但是这位读者就机智地悟出了这一点。那么有人会说，何必藏得这么深？直接把其中的关系点明不就好了。事实上，**如果在文字或图表中把所有潜在的关系都呈现出来的话，势必会导致内容的指数级增长，令人手足无措**。因此，发掘深层信息的主导权还是应当交还到读者手里。

自我解读是一个自主构建的过程。人们基于眼前的信息，构建出更深一层的理解与知识。比方说，擅长自我解读的学习者，会在信息缺失的情况下进行合理推测。过程中，还会与自己已知的事实进行关联思考（比如，肺可以给血液增加含氧量）。而低效读者很可能就不会花工夫来构建对文字的深层理解，顶多就是把原文重读几遍，或者换种说法。简而言之，低效读者**读**文字，高效读者**学**文字。

出色的自我解读者还会在学习的过程中不断审视自己的理解。比如，时不时用自己的逻辑来分析一下文中某句话或是解释图表的某一部分，看看是否行得通、逻辑是否自洽。巴索克等人（Chi, Bassok, Lewis, Reimann, & Glaser, 1989）在有关自我解读的原创研究中发现，善于自我解读的读者能够识别出理解错误的次数是低效读者的 9 倍。这并不意味着前者的理解能力较差。与此正相反，这说明他们更勤于自我检查思考逻辑中的漏洞。他们自始至终都会积极地质问自己，"这句话与前文有何联系？这样理解是否准确？"一旦意识到理解中出现了偏差，就能够立刻采取行动来纠正误解。

自我解读的过程涉及元认知[1]。元认知是一种对自身思考与学习过程进行审视和调节的主观意识，也就是说思考自己是如何思考的。在阅读时，理想情况下人们可以通过不断进行自我解读来审视自己的理解。一旦发现哪里解释不通，就可以有意识地放慢阅读速度重新理解，或是回顾前文来确认是否漏掉了某些关键信息。

自我解读能够形成对事物通透的理解，所以在面对各式各样的相关问题时也能有备而来。例如上文的例子中，"当心脏隔膜上穿孔时，身体的供氧效率就会降低？"请问这是为什么呢？

I. 自我解读的原理

要想明白自我解读的工作原理，我们首先需要了解思维模型这个概念。所谓思维模型，指的就是人们在解决问题的过程中，参考真实世界而构建出的思维形态。假设你刚刚搬到一座城市生活，初来乍到之时对城市的印象估计只有住处周围的那几条街道小巷，而且还需要详细的导航才能避免迷路，"下个路口左转，然后立刻右转"。然而随着时间的推移，人们慢慢熟悉了周围的环境，脑海中城市的模型也愈加完善，到后来甚至可以准确地预估从住处到自己没去过的地方需要花多少时间，等等。对于出行来说，人们构建出的思维模型就如同一张巨大的鸟瞰图，随时可以调用参考。

在阅读文字时，人们也可以构建出思维模型。比如下面两句话：

一只青蛙蹲在一段圆木上。一条鱼在这段圆木下面游动。

假如我们给你列举了若干类似这样的句子，然后过一段时间后要求你基

---

1. 元认知（metacognition）：个体对自身认知活动的认知。

于阅读到的内容作答。比如会出现这样的问题，"请问你是否读到过以下这句话'一条鱼在青蛙下方游动？'"（不要偷看上文哦。）如果你同大多数人一样，就会给予肯定的回答。然而这个答案是错误的（现在可以看原句了，原文的确不是这样说的哦）。人们之所以会犯这样的错误，是因为当初记住的是构建出的思维模型，而非句子本身（Bransford, Barclay, & Franks, 1972）。这种记忆偏差是在对文字形成理解之后所出现的一种典型的结果。这是因为当人们理解了文字之后，记忆中更倾向于呈现内容的主旨大意和思维模型，而非构建思维模型时所用到的字句。由此可知，考试中经常出现的考察文章细节的习题，并不能有效地检验学习者对文章内容的整体理解。

在上述例子中，人们构建思维模型的过程自然而然地就完成了。然而在很多学习过程中，我们需要有意识地投入更多精力才能构建出逻辑清晰的思维模型。此时充分运用自我解读的话，则可以有效地起到促进作用。随着文字、图像信息的逐渐丰富，思维模型也在渐渐完善。请思考下面的例子来感受自我解读运行的原理。

1. 发烧时人的体温会升高。
2. 高温下细菌难以生存。
3. 身体通过收缩皮肤表层下的静脉血管来让体温升高。
4. 收缩后的血管输血量减少。
5. 血液流经皮肤表层时会被冷却。
6. 如果血液不流经皮肤表层，人们会感到寒冷颤抖。

能熟练运用自我解读的读者会将阅读到的每一句话，与正在成形的思维模型进行比对。图 S.1 展示了第 3 句到第 5 句的推理过程。读到第 3 句的时候，学习者尝试融合进自己过往习得的"摩擦生热"的原理。然而读到第 4 句的时候立刻就摒弃了这个想法，因为"摩擦生热"的逻辑说不通。第 5 句话提供了构成合理逻辑的关键信息，表明血液流经皮肤表皮时会被冷却。收缩的血管让流经皮肤表层的血液减少，因此能被冷却的血液也就相应减少。通过构建发烧的思维模型，学习者意识到人们之所以发烧并不是因为体内产生了更多的热量，而是因为一部分降温机制关闭，实现了体内热量聚集的效果。

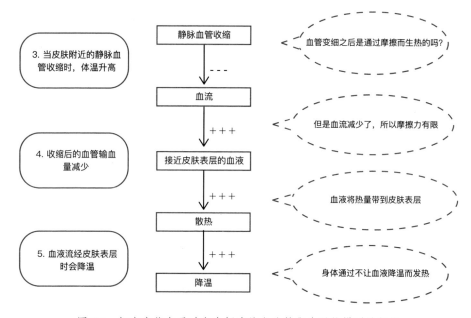

图 S.1　把文字信息通过自我解读的方法转化为思维模型的例子

第 6 句可能需要我们仔细推敲一番，因为这乍看上去与第 1 句自相矛盾呀！为什么体温升高人还会觉得冷呢？我们可以很负责任地讲，能问出这个问题的读者肯定是走心了，此时他们担心的肯定是"难道我的逻辑中存在漏洞？"所以这到底是为什么呢？要不要试试自我解读呢？

现在让我们来回顾一下，人们为了透彻理解一段文字所需要下的功夫，主要包含四个步骤。

- 认识到阅读的目的是为了构建思维模型。
- 将说明的信息与已知的事物联系起来。
- 想办法把独立的句子带入到同一个逻辑通畅的思维模型中去。
- 及时检测思维模型中可能存在的逻辑漏洞。

II. 如何运用自我解读来促进学习

对于讲解型的学习来说，自我解读能起到很好的补充作用。例如在学习描述世界运行的客观规律时（比如生物学、物理学），以及在涉及推导步骤的学习时（比如计算机编程、几何证明），自我解读均被证明能起到不错的补充作用。

日常教学过程大多采用较为直接的方式来学习自我解读：先了解自我解读的原理，再配合着一些实例，然后再总结成一些能够灵活套用的模板。例如，金（King，1994）提倡要给学生讲清楚三大原则：①尽量用自己的话来表达，②更强调如何、为何，而不是何事、何时、何处，③尽量把新知识与之前学过的知识联系起来。此外，金还建议我们在阅读时借助一些特定的句式辅助自我解读，比如，① X 与 Y 有哪些相似点？②如果……会怎么样？③ X 与我之前学过的 Y 有什么关系？

针对银行实习生学习计算利息的一项研究也展示了，采用直接法学习自我解读所带来的学习效果（Renkl，Stark，Gruber，& Mandl，1998）。过程中，实习生们参考着一个实际案例来模仿学习解题步骤（请参考章节 W）。研究人员要求实习生们每算一步暂停一下，然后写出这一步所实现的目标（比如"乘以百分比表示赚了多少钱"），与其单纯地代入公式计算利息，通过这种方法实习生们能理解每个步骤的逻辑与目的。与另一组没有进行自我解读的实习生相比，这组实习生更擅长把习得的知识应用到处理新类型的问题中。自我解读的程度也可以由浅入深，哪怕只是在学习几何的电脑程序中，单单是从下拉菜单中选择自我解读的内容，也能实现类似的学习效果（Aleven & Koedinger，2002）。

当然还有一些较为轻松间接的方法，同样能够引导学习者在阅读的过程中展开深入思考。这些方法往往需要在学习开始之前先提出一个"导引问题"（请参考章节 Q）。例如在一项研究中（Mayer，Dow，& Mayer，2003），学生们通过一个互动视频来了解一套电池驱动的马达装置。在学习开始之前，一部分学生会得到一个导引问题，并了解到想要解决该问题需要收集哪些相关信息。例如，"如何才能提高马达转速"或者"如何提高电动马达的可靠性"。学习结束后，研究人员对两组学生进行了对比，发现带着导引问题学习的小组比没有导引问题的小组，在处理全新问题时要表现得更好。当然，导引问题本身也发挥着重要的作用，如果是个好问题，学习者则需要借鉴综合完整的思维模型，而并非仅靠记忆中零星的细节碎片就能解答。以上文介绍的人体发烧的例子来说，好问题应当类似于"人们为什么在发烧的时候还会感觉冷？"因为要想回答就必须要对这几句话进行整体思考、全面分析。而问题如果是"收缩后血管的运输量是增加还是降低？"那就有点太索然无味了，"答案在文中已经写得很明白了"。

Ⅲ. 运用自我解读能产生什么效果

自我解读对学习带来的显著成果，通常与思维模型有着千丝万缕的联系。其中具体的表现形式之一是，人们能对从未遇见过的相关问题进行合理的推理判断。例如，具备完善思维模型的情况下，人们可以在特定系统中更好地回答假设性的问题，即"如果……会发生什么变化？"例如在学习食物链的过程中，虽然文章中并没有直接讨论狮群数量和青草量之间的关系，但是学生们完全能够推测当草原上青草量减少时，狮群规模会受到怎样的影响[1]。

具备完善的思维模型造就的另一项优势在于，人们能够更加有效地学习与之相关的信息。下面介绍一个以电视剧为背景的研究实验，十分有趣。当时正值电视剧《星际迷航》热播期间，"企业号"星舰用舰载光炮攻打敌人的镜头时常出现。于是研究人员希望了解人们学习操控如图 S.2 所示的控制面板的过程（Kieras & Bovair, 1984）。在思维模型组中，学生们得知可以通

---

1. 青草量下降，如果是因为干旱的原因，那么就会导致牛羊等牲畜的数量降低，以它们为食的狮群规模也会相应减小。然而，如果我们观测到青草量的下降，是因为牛羊数量的增加导致的，那么狮群的食物增加，规模也会变大。这些逻辑推理过程你都自我解读出来了吗？——译者注

过该面板来控制舰载光炮。学生们还会拿到一份关于旋钮和指示灯所对应装置的说明指南。比如,"当战舰能量开关(SP)打开时,能量将从战舰导入两个聚能器之一(EB 或是 MA)……"这样一来,学生们就可以尝试构建"企业号"星舰战斗系统的思维模型了。反观对照组的学生们,他们没有得到控制面板的说明,自然也无法理解这些操控背后的关系,只能单纯地研究眼前的这些旋钮和指示灯。

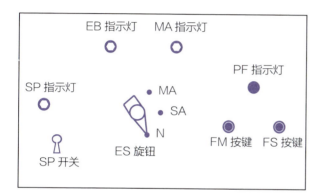

图 S.2 光炮能源库的控制面板。人们需要学习如何搭配旋钮和指示灯的操作来实现 10 种不同的目标。具备相应思维模型的人就能更为高效地学习操作步骤

随后,两组参与者均接受了内容形式完全一致的操作培训。例如,"当 SP 指示灯亮起时,拨动 SP 开关。接下来如果 MA 指示灯亮起,则把 ES 旋钮转到 MA……"随后参与者需要执行这一系列步骤。如果过程中操作有误,就必须重新再来,直到做到零失误为止。以此类推,一共完成 10 套操作步骤。

研究结果一出,高下立判。思维模型组的参与者平均 3.2 分钟左右掌握全部操作,而对照组的参与者则需要 4.5 分钟。一周后的跟踪测试也显示,思维模型组参与者的操作准确度比对照组高 10%,完成速度快 17%。可见,完善的思维模型能够帮助人们更好地学习新内容。

与此同时,研究人员还发现,当达到目标的操作方式不止一种时,思维模型组的参与者选中执行效率最优方案的概率,也要比对照组高 400%。这是一个极有价值的发现。这意味着思维模型既保证了记忆的效果,又促进了

理解的灵活度。很多企业培训班的老师抱怨员工脑筋死板，不够活络。然而讽刺的是，过错可能出在培训老师的身上：他们过度关注员工是否能够执行具体的流程步骤，而忽视了帮助他们强化思维模型的工作。然而出现这样的问题也在情理之中。如果人们需要学习安全操作，那么最要紧的事情也的确是严格执行。但是，"记住"与"理解"之间有着天壤之别，自我解读能够促进后者，如果员工的确需要在今后的工作生活中灵活运用所学知识的话，那这点就非常重要。不可否认的是，运用自我解读和构建思维模型的过程确实要花费更多时间，因此也需要权衡利弊。研究中的思维模型组的学生虽然可能收获更多，但是他们也在培训开始前，额外花费了20分钟的时间来研究控制面板的说明指南。

IV. 如何培养自我解读的能力

自我解读的主要应用场景正是自学，因此可以肯定的是，人们能够主动地运用自我解读。它能帮我们解决很多常见的学习问题，例如内容读得不透彻（比如确实逐字逐句读了文章，却完全不明白在讲什么），学得很死板（比如，只背会了加粗的重点句子），看得不明白（比如，指导手册讲得太跳跃看不明白更记不住）。

自我解读最关键的第一步就是让学习者明白，我们的目标是构建出完善的思维模型。下面这个针对六七岁的孩子开展的研究就是个极好的例子（Glenberg, Gutierrez, Levin, Japuntich, & Kaschak, 2004）。首先，参加实验的孩子要阅读一系列简单句子，然后用迷你小人偶摆出每句话所描述的场景。比如说，小朋友读到"爸爸睡觉了"，他们就会把爸爸小人偶放到小床上。孩子们按照这样的方式完成几个段落。随后，想象条件组的孩子们被要求在阅读文章的同时，也要尝试想象出小人偶在场景中的样子。文字在脑海想象中对应的视觉场景，可以帮助孩子们理解本就应该随着阅读过程而生成的思维模型。对照组的孩子们则没有得到要去进行想象的提示。一段时间后，两组孩子都要阅读一篇新的文章，随后回答问题。想象条件组的孩子不仅能够记住更多内容，还能更准确地回忆出故事主人公之间的相对位置。因此，只要能意识到自己应该为学习的内容构建思维模型，就能获益良多（见图 S.3）。不过，对于这个年龄阶段（以及更大一点）的孩子来说，这还不是他们能自觉主动完成的事情。

当意识树立起之后，下一步就是学习具体的自我解读策略与技巧了。这些策略大多来自于对高效阅读人士的分析，因此若想传授它们，为学习者提供一个可以参照学习的模范榜样当是不二之选。举个例子，在一项针对大学生的培训项目中，学生们有机会观看一段视频，其中介绍了那些把自我解读运用到炉火纯青的学习者（McNamara，2004）。学生们的任务是从下面 6 项策略中辨认出专家所运用的方法：核对理解、转述表达、详尽阐述、逻辑推理、预测下文，以及为上下文建立联系。对于成绩较差的学生来说，参加培训能够帮助他们在之后的阅读中发掘更多信息（对于成绩优秀的学生来说效果一般，也许是因为他们已经掌握了自我解读的技巧）。

图 S.3　通过主角的空间位置来辅助记忆

与此类似，研究人员在实验中安排大学生观看一段介绍自我解读高手如何学习计算机编程的视频，从而了解自我解读的技巧（Bielaczyc, Pirolli, & Brown, 1995）。在练习阶段，研究人员应用了一种逐步推进的提示体系。如果学生们没想起来自我解读，研究人员就会及时提醒；如果他们自我解读的效果一般，研究人员就会介绍一些有效的应对策略；如果以上均无效果，研究人员便会亲自示范。与未参与培训的学生相比，接受了培训的学生在之后用教材学习编程的过程中能够学到更多。他们运用自我解读相关技巧的频率也几乎是对照组的两倍。

V. 运用自我解读容易出现的问题

自我解读容易出现的问题主要来自三个方面。

第一个问题是自我解读是一件既花时间又耗精力的事情，因此单纯知道要做解读并不意味着一定会付诸行动。有时候文字本身能够激发人们思考，比如侦探推理小说的故事情节就会不断引发读者自我解读，将文字中获取的线索串联在一起，最终揭开真相的谜底。而其他情况下文字可能就不具备提示的作用，而没有了明确线索的助攻，我们很难判断自我解读的最佳时机。甚至还有可能存在更加"简明快"的解决方案，人们可以不求所以、直接照做，就更省得去自我解读了。就比如在"企业号"星舰的例子中，可能根本没必要深究所谓10倍光速的行驶速度在物理上是怎么实现的，这种细节就不要自我解读了，接受这个设定就好。总之，第一项挑战就是如何让人们形成这样一个既费功夫，适用范围又有限的学习习惯。这个问题要是能破解，也应该算是学习理论史上的一大贡献了。

第二个问题是人们自身所具备的知识含量可能不足以进行自我解读。在几乎所有鼓励自我解读的研究中，与接受自我解读的相关培训相比，目标内容的先前知识充足更意味着学习效果会很好。缺乏相关的知识储备，会让构建思维模型的过程无法进行，毕竟巧妇难为无米之炊。比如，请看下面这段文字。

其实这些步骤很简单。首先你要把东西分几堆。当然，如果东西不多，一堆也可以接受。接下来看看身边有没有设备，如果没有的话就该去哪儿去哪儿，如果有的话就基本上齐全了。另外需要提醒的是，千万别想一口吃成胖子，一次少弄点儿也比太多弄不过来强。短期来看，一锅端倒也没什么问题，但如果时间稍微久一些，事情就麻烦了，犯错的代价可能会很高哦。好了，你可以让设备先运转一会儿，喘口气儿休息一下。一开始的时候你可能还会觉得这事儿非常麻烦，但很快它就会成为日常生活的一部分。目前看来这件事情还得继续做下去，但毕竟未来犹未可知，兴许哪天这事儿就成为历史了呢！好了，当设备停下来之后，我们要再次把东西拿出来分好类，然后再收纳到原来的位置去即可（Bransford & Johnson，1972）。

虽然上面每句话都看得真，但是放到一起之后就感觉完全是在读天书了。这是因为我们的思维模型还没有搞明白发生了什么事情。但如果此时我告诉你，这段话的标题是"洗衣服"，估计你就会一下子恍然大悟。这时再读一遍，每句话所表达的含义也就了然于心了，这就是知识储备的力量。当然，大多数情况下对于知识储备的要求要比"洗衣服"这段话高不少，即便是再聪明的大学生，在不了解相关领域专业词汇、科学方法、写作惯例的情况下，面对神经科学的研究论文也难以下手！

所以如果缺乏相应的知识储备，自我解读一条路走到底只能是一片黑。如果此时再向学生强调自我解读的种种技巧，也只会令他们更加沮丧。因此若是在讲解自我解读时配合学习者完全不熟悉的话题，学习效果也会非常不理想。

第三个问题虽是老生常谈，却值得再次强调：**不动脑子的照搬模仿是促进理解的下下策**。学习者很可能只是鹦鹉学舌一般地模仿自我解读的提示语句，这样的话再怎么提示自己也可能是徒劳的。要想真正发挥作用，自我解读必须是一个符合逻辑的思考过程。

VI. 好例子，坏例子

在学习或者讲授自我解读的过程中，我们到底该如何理解所谓"上乘"的解读方式呢？在此我们提供一些优秀与糟糕的解读案例，供读者参考。

发烧的时候，身体通过四种机制使体温上升。一是通过收缩静脉血管来减少流经皮肤表层下的血液。当更少血液接近皮肤表层时，散发的热量也就会随之减少。

糟糕的例子

"当更少血液接近皮肤表层时，散发的热量也就会随之减少。"	逐字逐句的重复，其实就是无效学习，或者顶多有助于死记硬背。
"静脉血管，血液和皮肤这些概念都挺重要的。"	何事／何时／何处／何人……这些基础信息只适合于死记硬背，但这样未经深入理解的零散信息常常难以建立逻辑关系。

用得稍好些的例子

小艾薇读道："当血管变细并且／或者缩短时，流经皮肤表层的血液就会减少。"	用自己的话来复述原文，能够帮助学习者把信息整合进自身的思维模型中去，并且捕捉到错误的理解／逻辑矛盾之处。

小艾薇心想:"等等,体温升高?我以为降低了,因为人会感觉冷啊。"	时刻监督并及时纠正错误的认知,可以确保思维模型的逻辑顺畅、准确具体。
小艾薇又想:"文章说体温之所以升高,是因为把血液中的热量留在了身体里,所以如果血液中的热量散发出去的话,体温就会降低。"	对缺失的信息进行推测,这就是读出了字面含义之外信息的典型例子。
小艾薇继续想下去:"一共有4种方法,除了不让热量从身体周边散失之外,还有3种方法。"	通过自我解读对信息的不断整合,可以加强与大脑中其他相关知识间的联系。
小艾薇总结道:"当热量通过皮肤散失的时候,可能只会让皮肤温度稍微提高一点点。发烧的时候觉得冷也许是因为没什么血液跑来给皮肤带来热量了,而温觉传感器可能就在我的皮肤表层上。"	结合已经习得的知识内容进行的自我解读,将新信息非常自然地融入到了思维模型中。这段话中还非常巧妙地复述了原文内容,并且包含了何人/何事/何时/何处等细节信息,因此这段解说把不同类型的解说合三为一了。

自我解读
Self-Explanation

核心的学习原理是什么

通过把学习内容给自己讲解一遍的过程来加深理解。

对学习什么有帮助，举个例子

"暗物质是宇宙学中假设存在的一类物质，它们占据了宇宙中一大部分看似消失了的质量。"高效读者会尝试从这句话中进行推理，比如思考宇宙中一部分物质既然已经消失了为何质量还会存在。高效读者通过仔细思考句子与句子间、句子与自己已知的事物间的关系，构建出文字内容所对应的思维模型。过程中还包括搜寻理解逻辑上的漏洞。最终形成的思维模型可以促进记忆效果，更易于进行推理，产生重要领悟等等。

为什么会有用

人们通常认为学习就是要背,而且他们的学习习惯也反映出了这一点:通过反复阅读文字,逐字逐句地死记硬背。然而,文字本身并不能反映出内容中间存在的所有关联,因此学习者需要构建出超越文字本身的理解。自我解读之所以有效,是因为人们填补了缺失的信息,将整体逻辑变得更加顺畅了。

能解决什么样的学习问题

- 学习者无法意识到自己理解中的错误。
  - 学习者表达的内容自相矛盾。
  - 学生很惊讶自己考砸了(预期与实际相差很远)。
- 学习者无法理解阅读的内容。
  - 学习者速读了整个章节,却记不得任何内容。
- 学习者忽略了文章中的关键点。
  - 考试的时候,学生们碰到了无法用课本知识直接解决的问题,抗议道,"我们压根就没学过这些!"

使用的范例

- 以说明型材料为学习内容。
  - 提示学生,让他们把阅读材料和学过的内容结合起来。
- 以步骤型的学习样例为参考。
  - 要求学生每完成一步计算,就要这一步的目的写下来做解释说明。

容易出现的问题

- 学习者可能对某领域的知识储备匮乏，无法进行自我解读。
- 学习者发现自我解读的过程太费时费力。
- 学习者可能会鹦鹉学舌一般模仿自我解读的提示语句，却并没有在用大脑构建思维模型。

以教促学
Teaching——
为他人的学习负责

　　以教促学，指的是利用教导他人时萌生的责任感来提升学习动力的方法。人们在扮演"老师"这个角色时，对"学生"的责任感会油然而生。这种责任感会促使我们严谨治学，以免误人子弟。需要强调的是，本章中所出现的老师与学生，都是广义上的教学者和学习者。随着学习领域的不同，任何人都可能担当老师或学生的角色。同时，教学是一个双赢的过程，不仅学生在学习，老师也在学习。教学之所以有效，是因为它将几种有利学习的条件汇集一身，包括责任感带来的学习动力、对信息进行梳理和解释的必要性、学生表现所带来的反馈，等等。在教会他人的过程中，"老师"自己也会将各种知识融会贯通，形成相互关联的知识网络。

　　大学教授们常说，直到自己踏上讲台将知识讲给学生的那一刻，才能真正悟出自己所讲授内容的含义。如果学生有机会把知识讲给别人，同样能从中受益。在同辈辅导的模式中，学生们有机会面对面给其他小伙伴授课。在综述了 38 个有关同辈辅导的研究后，科恩等人（Cohen, Kulik, & Kulik,

1982）指出，87% 的研究结果都表明，辅导过程中"老师"的收获几乎与"学生"不相上下。由此可见，让学习者以老师的身份参与学习，是一种效果显著的学习方法。

I. 以教促学的原理

"以教促学"这道佳肴须经多种食材搭配调和烹制而成，强烈的社会性动机[1]则是烹饪所需的熊熊炽焰。蔡斯等人（Chase, Chin, Oppezzo, & Schwartz, 2009）的研究展示了所谓门徒效应[2]：学生为他人而学要比为自己而学更加努力。例如，他们在研究中发现，学生如果是为了教别人而准备课程，会比为自己而学多花费近一倍的时间。大部分老师都会对自己的学生产生强烈的责任感，希望他们能表现得优异。扮演老师的学习者还希望能展现出自己有能力的一面，毕竟没什么比毫无准备来上课讲得磕磕绊绊更让人丢脸了。

教学的形式可以多种多样，持续的时间尺度也不尽相同：长至贯穿整个学期的课程学习，短到一小时的视频学习、30 分钟的面对面辅导，甚至 10 分钟的课上讨论，等等。图 T.1 解析了构成各类教学活动的三大阶段：准备、教导、观察。

为教学做好准备

人们在辅导他人备考时要比为自己学习时学得还要通透。学习之后的测试中显示，教别人所带来的益处尤其体现在那些必须将知识融会贯通才能解决的综合问题上（Benware & Deci, 1984）。这是因为老师在备课时，必须

---

1. 社会性动机（social motivation）：又称继发性动机（secondary motivation），指通过学习获得的，与心理和社会需要有关的动机。包括友谊、爱情、亲和、归属、认可、独立、成就、赞许等。
2. 该研究中所描述的现象：学生在为了教会他们的同伴而学习时要比为自己学习时更为努力。——译者注

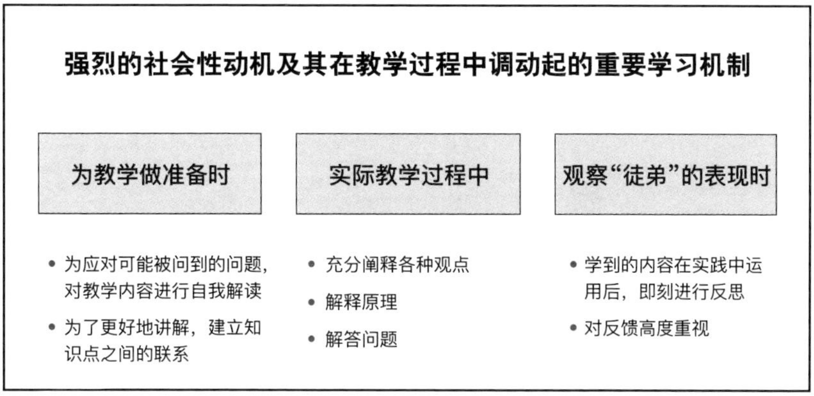

强烈的社会性动机及其在教学过程中调动起的重要学习机制

为教学做准备时	实际教学过程中	观察"徒弟"的表现时
• 为应对可能被问到的问题，对教学内容进行自我解读 • 为了更好地讲解，建立知识点之间的联系	• 充分阐释各种观点 • 解释原理 • 解答问题	• 学到的内容在实践中运用后，即刻进行反思 • 对反馈高度重视

图 T.1　教学的三个阶段。其中每个阶段都依托于几种重要的学习机制。强烈的责任感可以让老师充分运用这些学习机制，实现更好的教学效果

要充分思考讲解的内容以及相应的合理展现方式。为了让知识点在讲课时能够信手拈来，就需要把它们整合到一个完整的框架体系中去，只有这样才能游刃有余地畅游在知识点之间（请参考章节 S）。同时，老师还需要为学生可能提出的千奇百怪的问题做好充分准备。相比之下，反观自己准备考试的时候是怎么做准备的？大概也就是预测一下试卷上可能出现哪些题目，然后背背答案，仅此而已吧。

实际教学过程

实际教学的过程对学习也颇有帮助。菲奥雷拉和迈耶（Fiorella & Mayer，2013）在一项针对大学生的研究中发现，同样是完成备课工作的两组学生，之后又多录了一段讲课视频的那组学生学习效果更加明显。在真正面对学生时，老师们通常要根据课堂情况随机应变，为解释一些即兴出现的话题而临场发挥。虽然课程内容这样展开并不一定严格符合原本的教学计划，但各种知识点还是会在过程中被有机地串联在一起，让我们的理解更全面、印象更深刻（请参考章节 E）。例如在学生小组协作中，那些主动把知识点讲

给别人听的学生，就比被动听讲的学生掌握得更牢固（Webb，1989）。此外，回答学生的问题也是激发"详细阐释"与"自我解读"的天然催化剂（请分别参考章节 E & S）。

同时，学生们提出的问题也能帮助老师发现、修正自身理解中存在的漏洞。博尔科等人（Borko et al.，1992）列举了一类极为常见的情况：一位见习老师被学生问道，"为什么除以 3 和乘以 1/3 是一样的呢？"这时空气突然安静下来，老师才意识到自己也说不清其中的原因。罗斯科（Roscoe）和奇（Chi）这样总结道，教学者在反思中构建的知识，2/3 都来自于学生提出的问题（2007, p. 23）。除此之外，老师们在授课过程中往往处于兴奋状态，高度集中的注意力与高度唤醒的意识也都有助于学习（请参考章节 X）。

观察学习者的表现

当我们要求学习者扮演老师的角色时，经常会遗漏一个环节，那就是让"老师们"观察自己学生应用所学内容时的表现。例如，学生在课堂上展示自己的项目（project demo）就是以教促学的一种形式。不过，做完展示的学生却很少有机会能够了解其他同学的收获和疑问。这种做法存在明显的问题，"老师"白白错过了可以收获有效反馈信息的机会！要知道对于希望提升自身水平的老师来说，没有哪种反馈要比直接观察自己学生的学习效果来得更直接了（请参考章节 F）。

奥基塔和施瓦茨（Okita & Schwartz，2013）的研究显示，学生们通过观察自己的"徒弟"回答问题，要比亲自回答相同的问题收获更多。研究人员要求参与实验的大学生阅读一页有关生物学的文章，然后稍作准备，将文章内容讲给另外一名学生（徒弟）。随后出现了两个条件组，在"亲自回答"组中，讲解的学生要亲自回答一系列有关生物学的问题。在"观察徒弟"组中，讲解的学生只需观察自己的徒弟是如何回答问题的。尽管这两组学生均没有得到关于问题答案正误的反馈，但在学习之后的测试中，那些观察徒弟回答问题的学生，在面对全新问题时能表现得更为出色。

观察学生的表现或许是通过以下两种机制来为我们的学习带来福利的。首先，老师会特别用心地观察自己的学生何时处于顺势，何时遇到问题。正如运动场上的篮球教练，会先把自己放在一边，百分百地心系正在场上挥洒汗水、拼搏奋斗的球员们。当她看到球员们表现欠佳时，就会反思自己指导他们的方法是否有问题，想尽办法提高指导水平并寻找破局的方法。其次，观察学生是一种特殊的"站着说话不腰疼"的状态。客观来讲，当我们自己全心投入一件事的时候，可能根本无暇顾及自己的表现如何，自然也就无法进行反思和提升。而在没有任务干扰的情况下观察自己的学生，则可以不受干扰地评估并反思他们的表现。更美妙的是，自己教出来的学生，脑子里想什么你通通都知道，所以也就能知己知彼地监督教学过程中出现的漏洞并及时弥补。

Ⅱ. 如何运用以教促学来促进学习

以教促学的形式多种多样。例如，同班同学互帮互助就是常见的一种：一名学生承担起辅导另一名同学的重任。这是一个双赢的过程，成绩好的同学可以通过给其他小伙伴讲题而进一步加深理解，而被辅导的同学也会因此获得更多关注与支持。

图 T.2 展示了一种有效的协作学习组织方式，被称为"拼图"。在该模式下，每位学生都有机会成为彼此的老师。这种安排的精妙之处在于，没有人能够独自完成任务，团队成员必须相互支持才能共同圆满完成任务。

对于老师这一角色来说，除了发自内心的责任感之外，我们还需要创造一些外在的动机来鼓励他们关心自己的学生。这会让扮演老师的学习者更加投入，而不是装个样子教两下就完事儿了。例如在学校课堂上，我们可以将小老师所教的学生的分数，也一起打给扮演老师的学生，如果期末考试你得了 90 分，你教的王小宇得了 60 分，那么你最终的分数就是你的 90 分与王小宇的 60 分的平均值。但真实情况下我们并不建议用这种方法，因为它会让学生们相互指责，产生矛盾。更好的办法则是让扮演老师的同学有机会观察自己学生的表现，如果学生表现得好，老师自然也有面子。教得学生如果表现好，相应的老师也可以得到全班公认的嘉奖与勋章，比如"明星小老师""荣誉小教练"，等等。说到底发挥核心作用的还是我们内心深处的社会责任感，奖励反馈只是起到辅助作用罢了。**所以，观察自己学生的表现不仅能对老师的学习效果提供准确反馈，还能激励他们好好教课呢！**

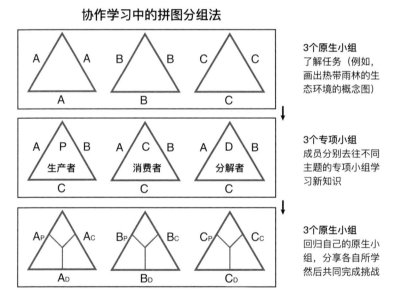

图 T.2　协作学习中的"拼图分组法"。每个大写字母代表一位学生。一开始，学生们分在自己的原生小组里，解决一项综合任务。随后换到专项小组中，为了完成综合任务，学生们分别学习一个相关主题。随后，学生们再带着自己的专业知识回到原生小组，并给组员讲授自己专攻的题。最后，融合每一位成员的知识，综合任务也就迎刃而解了（P 为生产者，C 为消费者，D 为分解者）

要想成为一名好老师，单靠自己努力还是不够的，还需要掌握相应的教学资源。那么，如果你是一名学校老师或是单位的领导，就应该考虑为扮演老师的学习者提供丰富的材料。学习者只要在讲课前将材料内容充分整理、消化吸收即可。由此可见，完整的以教促学过程应当包含教学准备、实际教学，以及观察学习者表现三个阶段。

Ⅲ. 运用以教促学能产生什么效果

要想实现一气呵成的教学效果，就需要把各个知识点融会贯通。此外，老师在回答学生的问题时也经常会用到逻辑表达，例如"因为火的燃烧过程需要氧气""因为水可以灭火"，以及"水可以将火与氧气隔绝开"，等等。可想而知，这些重重考验造就了老师对知识间逻辑关系的纯熟理解。扮演老师的学生正是因此而受益。例如，与"水可以灭火"的理解相比，"水能灭火是因为能将火与氧气隔绝"这样的理解则更为准确和具体。类似这样的精准理解积少成多，就会逐渐形成学习上的优势。

一项被称为"可塑之才"（teachable agent，TA）的教育科技把环环相扣的逻辑训练推向了极致（Blair, Schwartz, Biswas, & Leelawong, 2007）。可塑之才是计算机里运行的一个角色，一开始什么都不会，学生通过与它互动来训练它，并全权负责其学习效果。为了教会自己的"可塑之才"，学生需要在其"大脑"中创建知识节点，并在其间建立各种逻辑关系。例如图 T.3 所示，一名学生正在帮助自己的"可塑之才"学习全球变暖的知识。他添加了两个节点：垃圾填埋和甲烷，然后以正向因果的关系将二者联系到一起，表明随着垃圾填埋的增加，甲烷含量也会随之升高。"可塑之才"一旦获得了一些知识，就可以开始回答问题了。图 T.3 前方弹出的窗口显示，学生提问，"如果甲烷含量上升，地球热辐射会怎样变化？"随后"可塑之才"就会根据学生教给它的逻辑关系进行推理，同时在屏幕上显示出推理路径。在这个例子中，"可塑之才"判断甲烷的上升会让热辐射降低，推理路径如下：甲烷是一种温室气体——温室气体是一种隔热物质——隔热物质的增加会降低地球对太空的热辐射。此外，学生还可以让自己的"可塑之才"完成小测验或者与其他人的"可塑之才"进行对战。培养"可塑之才"的过程中，学生们采用的是我们熟悉的"教—测—改"教学法。如果"可塑之才"答错了，学生们就需要在知识地图中查找错误源头，然后及时修改"可塑之才"的（同时也是自己的）知识体系。

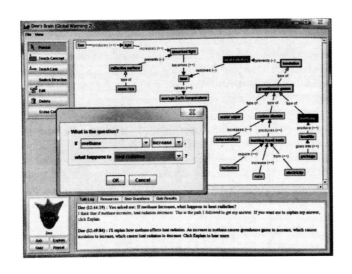

图 T.3 被称为"可塑之才"的学习应用。学生通过构建知识地图来培养自己的"可塑之才"。一旦"可塑之才"获取知识，它们就可以回答问题，如图中弹出的对话框所示。随后"可塑之才"便可以通过知识地图推理出答案

与单纯地绘制知识地图相比，学生们在教"可塑之才"的过程中，能够学习构建更长的推理路径。（比如，为什么汽车数量的增加会对远在千里之外的北极熊造成不利影响？）甚至当学生们不再使用这个应用程序的时候，他们还能自己想起来用因果关系来学习新的内容（Chin et al., 2010）。因此在"可塑之才"的训练中，学生不仅学会了知识，更学会了通过构建因果关系来学习新知识的方法，也就是说不仅学会了"鱼"，更学会了"渔"。"可塑之才"是专门为以教促学的方法而量身定制的教育科技，但它带来的好处却能推而广之到人与人的学习活动中去。需要强调的一点是，就像"可塑之才"中用推理路径的可视化来展现逻辑思路一样，平时的思考过程最好都能通过一些可视化的方式展现出来。例如在讲解诗歌的韵律时，可以利用可视化的方式把押韵的部分标示出来。当语言无法准确表达出我们想传递的信息时，视觉表达可能会让这个过程更为简单准确（请参考章节 V）。

Ⅳ. 如何培养以教促学的能力

教学是人类无与伦比的先天技能。虽然人类与一些动物一样，都会教育自己的下一代，但是与它们不同的是，人类家长会留意自己的孩子是否掌握了所学内容。在日常生活中，人们还喜欢与他人分享自己知道的事情，也会找各种各样的借口来"好为人师"，比如在外聚餐每逢佳肴必先讲解一番的烹饪达人、见到有趣产品就要评论一番的设计大师、从电影院出来能围绕剧情画面音效特技讨论一路的电影迷，又或是在大街上见到一款刚上市新车就评头论足的汽车专家，等等。他们会乐此不疲地跟你讲解其中的门道儿，滔滔不绝令人毫无招架之力。

话虽如此，但人们或许还没有充分意识到教学是一种很好的学习方法。我们可以通过一些练习让人们慢慢体会到其中的好处。例如，在大学生撰写自己的毕业论文前，让他们先给其他朋友讲解一下要写的内容。这样，他们在讲解的过程中就可以不断整理思绪、疏通脉络。当积累了足够多以教促学的经验时，人们自然就会看到其中的价值了。

Ⅴ. 运用以教促学容易出现的问题

以教促学是一种适应性强且应用范围广的学习方法。然而，在实际教学的过程中依然有三个方面值得我们留意。第一，学习者在扮演老师的时候可能会采取不太理想的教学方式。例如，讲解的人一不小心进入了权威式灌输教学的状态，学生没机会提问，自己也失去了问答互动中学习的机会（Chi, Roy, & Hausmann, 2008）。因此我们可以尝试多加入一些互动场景，让老师有机会主动去观察或倾听学生们的想法。第二，教学所带来的内在动力也需要合理管理，因为责任心太强很可能会升级为对自己的教学水平过度焦虑。第三，在为他人讲课时，如果作为老师的一方对知识本身就理解得不够透彻，则会很容易给接受教学的人造成困惑，甚至误人子弟。为此，在旁边安排一位专业的辅导老师进行监督，一定程度上可以起到缓解作用。

VI. 好例子，坏例子

坏例子：老师让两位学生互为一组来学习简单的数学公式，然后再把学到的内容讲给对方听。这对于练习学生的表达能力来说还算是有可取之处，但这并非以教促学。首先学习的内容太简单，学生并不认为自己真正在教别人，自然也不认为对方真正在学习，大家只是装装样子而已。这种情况下，老师一方的责任心完全没有被激发出来，学生一方也只是配合演出，问不出有水平的问题来。

好例子：老师要求王博睿同学给全班上一节课，让大家学习一些新东西（例如博睿可以结合幻灯片、做小项目等方式进行讲解）。课前老师为博睿留下了充足的时间来备课。准备完毕后，他自信满满地给大家上了一课，然后暗中留心观察同学们在回答问题时的表现。一天课程结束后，博睿根据所获得的信息对自己的授课方式进行了反思与调整，并有机会在第二天再给大家重新讲一次。

以教促学
Teaching

核心的学习原理是什么

教学的过程能够提升老师自身对知识的理解，边教边学、以教促学。

对学习什么有帮助，举个例子

教学不仅使学生受益，老师也能收获颇丰。教授们常说，不到最终讲课时，知识总在浮云间。教学者可以结合自身所处的环境来合理搭配学习资源。比如在学校中，让高年级的学生来辅导低年级的学生就是以教促学的好方法。辅导他人的一方与被辅导的一方对内容理解的提升几乎不相上下。完成教学任务后的一大收获是对所有相关知识点能够融会贯通。

为什么会有用

教学利用的是人们的社会责任感，这种责任感促使老师严谨治学。老师在备课的过程中需要做好万全的准备，来应对学生们可能提出的千奇百怪的问题。同时学生们提出的问题也会帮助老师梳理知识内容中蕴含的逻辑关系。老师还能以学生在运用所学内容时的表现作为有效反馈，不断完善自身对于知识的理解。

能解决什么样的学习问题

- 学习者无法把知识点串联起来思考。
  - 科学实践课上，学生虽然知道电池可以点亮灯泡，但却不明白需在电池与灯泡间搭建导线构成回路。
- 学习者不关注反馈建议。
  - 学生在拿回批改过的作文时，直接跳过详细的反馈建议，只看总结评语，比如"很好""不错"和笑脸。
- 学习者没有动力学习。
  - 学生们不好好完成老师留的阅读作业。

使用的范例

- 采用跨年龄的辅导学习法。

- 已经学完代数的高年级学生可以辅导刚开始学代数的低年级学生。
- 让学习者以拼图协作法的形式开展小组活动。
  - 学生们需要解决一个有关热带雨林生态环境的问题，其中一组学生学习生态环境中的消费者，另一组学习生产者，最后一组学习分解者。然后从这三个学习小组中各出一人，在新组建的学习小组中相互分享各自所学知识，共同完成挑战。

容易出现的问题
- 学习者可能并不真心相信他们需要为自己的学生负责。
- 过度的社会责任感可能会造成对教学表现的焦虑与担忧。

纠正误解
Undoing——
消除错误认知，
修复正确逻辑

  纠正还原，指的是削弱思维中固有错误认知的学习方法。人们会在日常生活中形成一些特定的观念或思维方式，它们虽然大多数情况下都能奏效，但事实上却存在种种逻辑漏洞，说不定什么时候就会爆发出这样那样的问题。这些"顽疾"包括坏习惯、错误的认知，以及自相矛盾的逻辑推理等。为了防止对今后的学习产生负面影响，积累下来的这些问题必须及时发现并得到纠正，这就需要我们对错误思维追根溯源，从根本上铲除问题，而不是治标不治本。

  并不是所有的错误都"生而平等"。有些问题只是单纯出错或错误的猜测，有些则是日积月累而成的系统性问题，与我们生活的方方面面盘根错节，难以根除。**因此，纠正一次错误只能暂时让问题消失，对于彻底根除问题并无实际作用。**

  很多系统性问题之所以形成，是由于我们在思考问题时将问题过度简化，不经意间扭曲了客观事实。本章中会提供一些有趣的思维测验，帮你切身感受到这些问题的存在，下面请听题："美国加州的圣迭戈（San Diego）位于内华达州的里诺（Reno）的东边还是西边？"事实上，大部分当地人都可能会答错，这是因为人们在回忆和思索的时候，大脑自动校正了两者的空间位置。所谓"校正"指的是人们把不规则的事物变得更加规整的过程。比如，人们会在脑海中把州的边际线勾勒得更加整齐，这样政治和地理的界限就可以吻合。图 U.1 中的左图描绘了人们臆想出来的地理位置，而实际情况则如右图所示。

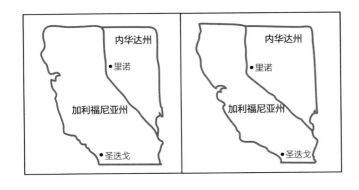

图 U.1 圣迭戈位于里诺的东边还是西边？这个例子展示了人们如何简化问题来便于思考

下面我们就来讨论一下错误认知的三种来源：错误概念[1]，推理偏见，以及单纯出错。

错误概念

日复一日，年复一年，为了应对日常的生活琐碎或是保护自身的相关利益，人们形成了各种逻辑自洽的思考方式与行为准则，它们虽然大多数情况下都管用但却不见得正确，时间一长就变成了松散交织在一起的错误概念。因此在很多情况下，人们犯的错误看上去颇有规律、如出一辙，就好像凭直觉自然形成了一套理论似的（McCloskey，1983）。但是在其他情况下，这

---

1. 错误概念（misconception）：又称"迷思概念"，学习者拥有的与科学概念不符的知识。

些错误概念就缺乏内在的统一性和效果的一致性，很容易在执行的过程中时灵时不灵，而且人们对于相关知识的理解也呈现出"碎片化形态"（DiSessa，1988）。朴素物理学就是个很好的例子，可以同时说明上述两种问题：直觉理论与应用效果的不一致性。欲知详情，请先回答图 U.2 中的问题。

（1）一颗弹珠从管子里射出，弹珠离开管子后的运动轨迹是哪个？

（2）一个人在跑步时掉落一个球，它会掉落在哪个点上？

（3）一门大炮射出一枚炮弹，炮弹的运动轨迹是哪个？

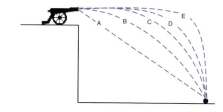

图 U.2　朴素物理学中错误概念的例子

　　正确的答案是：1B，2C，3B。如果你给出的答案是 1C 或者 1D，2B，3C、3D 或者 3E，那说明你对物体运动的理解还停留在"冲力说"（McCloskey，1983）。根据推测，这个理论讲的可能是"运动中的物体含有内在的力量，即'冲力'。'冲力'在运动中会不断消耗、直到用尽。"所以根据该理论，第一题的 C/D 选项可以解释为：因"曲线力"的作用，物体还会进行一段圆周运动；对于第二题的 B 选项，物体垂直下落是因为它是掉落的而不是被抛出的，因此不具备内在冲力；而第三题的 C/D/E 选项则是因为，物体会在冲力耗尽前先维持一段直线运动，然后开始坠落……虽然这套说法在每种情况下都能解释得头头是道，看似完全符合朴素物理学的逻辑原理，但却完全不符合客观事实。

与此同时，错误认知也常会露出马脚，在实际应用的时候前后矛盾，远远达不到正牌理论的严谨性与普适性。比如，第一个问题中如果从管子里射出的不是弹珠而是水（就像拿水管喷水一样），那么就算是冲力说的铁杆支持者也会预测水会直着喷出来（而不是打转转）。既然冒牌货已经被证伪了，那人们为什么还不知错就改呢？这很有可能是因为人们会把某个问题判定为例外，然后继续按照老思路行事。所以这对我们的启示是，即便纠正了某一次问题（例如，上文中以水代球进行思考的情况），对于彻底根除朴素物理学所发挥的作用可能也只是微乎其微。

推理偏见

在 20 世纪 30 年代，扁桃体切除术的实施率引起了美国儿童健康协会（American Child Health Association）的密切关注。因为该类手术不仅费用较高，且存在因手术麻醉而死亡的风险（那时的麻醉剂用的还是氯仿[1]）（1934，pp. 80～96）。为了研究该问题，美国儿童健康协会收集了纽约市 1 000 名 11 岁儿童的病例作为样本，发现其中 61.1% 的孩子扁桃体已经被切除（相比之下，今天扁桃体切除术的实施率大约徘徊在 1% 上下）。这项研究随后变得有趣起来：研究人员把没有切除扁桃体的 389 名儿童安排给新的医生，结果其中 45% 的孩子又被建议切除。于是，好奇的研究人员又重复了上述步骤，将两轮后被确诊为正常的孩子选出来，继续安排给新的医生，（果然）

---

1. 三氯甲烷，也有麻醉的作用，因为会和空气发生反应生成剧毒的光气，现在早已不用了。现代手术常用笑气（N_2O）或乙醚做全身麻醉药，用普鲁卡因盐酸盐、丁卡因盐酸盐、利多卡因盐酸盐等做局部麻醉药。——译者注

又有46%的孩子被建议接受手术。最终剩下的"幸存者"又见了一轮医生，结果又有44%的孩子中招。于是几轮下来后，1000个孩子里只剩65位"幸运儿"。如此荒唐的事情怎么会发生呢？很有可能是因为当时的医生普遍认为人群中大约45%的儿童需要接受扁桃体切除术，于是对任何一个群体给出的判断都不知不觉地往这个数字上靠了！

作为患者，此刻的心情是沉重的，因为我们都希望医生能够根据自己的病情、"望闻问切"一番之后再做出合理的诊断。再加上谁也无法保证百分百能治好，所以在看病的时候，比较明智的做法是多找几位大夫问问诊。从另一个角度来说，医生们在诊治患者的时候，需在不确定的情况下做出各种判断，这时偏见推理就很可能乘虚而入，比如前面例子中45%扁桃体切除术的"参考指标"。

对疾病进行诊断只是一个例子，下面这则生活中更为常见的例子，也需要我们在面对不确定情形时作出判断。

> 张婷婷今年33岁，单身，性格直率，机敏过人，主修哲学。作为一名关心人类福祉的学生，她密切关注着与社会公平相关的问题，也加入了全球反核武器运动。请做个猜测，下面两条陈述中哪一条符合张婷婷情况的概率更高？
> 1. 婷婷是银行出纳
> 2. 婷婷是银行出纳，并且积极参加社会公益活动
>
> （Tversky & Kahneman，1983）

基于上面对张婷婷的描述，仿佛一眼就能看出她是一名积极的社会公益活动家，于是85%的人都会错选第二条。咦？选项2怎么会是错的呢？这不科学！张婷婷听上去妥妥的就是一名社会公益活动家啊！然而从概率上来看的话，既是社会公益活动家又是银行出纳的概率必然不会高于只是银行出纳的概率。而且任何情况下，同时符合两个条件的概率一定不会高于只符合其中某一个条件的概率，条件越多，命中的概率就越低（请参考下面的文氏图，

图 U.3）。

面对不确定情形时进行判断，人们应尽量从概率的角度理性思考。然而实际情况中，人们大多数时候还是会很自然地靠直觉来下结论。直觉的确也是一种"抄近道"的思考方式，适用于**大部分**情况（而精确的逻辑推算则可以保证**每次**都得出正确答案）。在张婷婷这一问题中，人们运用的是**典型代表**（representativeness）的直觉思考方式：选择 2 明显与张婷婷的形象更加相似，或是更能代表她这一类人。在做判断时，典型代表的直觉思考方式很容易让人忽略掉概率的客观存在。诚然，从事物相似性和代表性的角度进行思考是非常自然的推理方式，不过在本例中，这种方式并不适用。

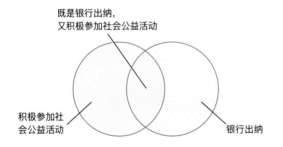

图 U.3　需要满足的条件越多，符合条件的概率越小

人们有些时候依靠直觉做决定，是因为确实不知道如何利用概率来思考。科诺德（Konold，1989）曾就下面的问题对人们进行了采访。

一个骰子的六面有五面被涂成黑色，一面涂成白色。掷 6 次骰子，下面哪种结果概率更高？

1.5 次黑色，1 次白色

2.6 次黑色

很多人会选择选项 2。他们的推理过程是：每次掷骰子，出现黑色的概率都更高；因此掷 6 次骰子，每次都是黑色的概率也会更高。乍一听这推理过程还真有道理呢！然而遗憾的是，它并不正确。通过计算发现，得到 6 次全黑的概率是 0.335，出现 5 黑 1 白的概率则是 0.402。出现错误的根源在于人们倾向于以单独事件的概率来看待整体的概率，却忽略了每次事件连续出现而叠加起来的概率。

这些例子都太有意思了，忍不住（淘气地）再举一个。卡尼曼（Kahneman, 2002）深入探究了人们在面对不确定情形时如何进行思考判断，并凭借开创性的研究获得了2002年的诺贝尔经济学奖[1]。

一所空军学校的日常训练中，教官大人会奖励当天表现最佳的飞行员，而惩罚表现最差的飞行员。每到第二天，他发觉昨日最佳之星表现变差了，而最糟之星的表现却提升了。于是他琢磨了一下，严肃地认为应当改变自己的教学模式——只惩罚不奖赏。对此，机智的你怎么看？

你可能会说，"奖励可是一项极好的激励手段，千万不要轻易弃用啊。"你看，我们就是这么自然地扑进了因果推理的"温柔怀抱"里。然而此时，概率推理才是我们的好朋友。怎么讲？正所谓风水轮流转，"三十年河东，三十年河西"，第一天训练的时候，有些人会撞大运表现奇佳，有些人则走衰运不在状态。然而上帝是公平的，到第二天训练的时候，每个人的表现就会回归到平均水平，这种现象被称为**趋均数回归**"（regression to the mean）。因此，不管教官惩罚与否，前一天表现悲催的飞行员第二天多半会有所提升；而不管教官奖励与否，前一天超常发挥的飞行员在第二天也会趋于正常。

在生活中更为常见的情节可能是"体坛新星的诅咒"：在球员的职业生涯中，新手一般都会有着无与伦比的破局之年，各种奖杯拿到手软，各种杂志照片拍到眼瞎。结果第二年可能就会遭遇事业上的滑铁卢。此时就会有人指指点点说，"你看，就是因为分了心，才误了业"。然而，真的是因为我们的新起之秀堕落了吗？此时请出我们的好朋友概率推理来分析一下当前的局势：

---

1. 丹尼尔·卡尼曼将心理学视角与经济学视角结合起来，是经济心理学的奠基人。他最重要的成果是关于不确定情形下人类决策的研究，证明了人类的决策行为如何系统性地偏离标准经济理论所预测的结果。他论证了在不确定情形下，因为人们依照"倾向于观测小样本"的小数法则行事，或因为人们对容易接触到的信息更为熟悉并对主观概率准确性的盲目偏信，而导致人的决策行为会系统性地偏离基本概率论的推断结果。——译者注

如果希望自己今年能从新秀之中脱颖而出，就需要比别人多那么一点点运气。等到第二年的时候，去年的最佳球员就会回归到新手们的平均水平，除非奇迹发生了……那他真的是撞大运了。

推理偏见的身影并不只会出现在不确定情形下做判断的时候。哈默（Hammer，1994）也指出人们对于某些学科会产生特定的认知，即知识观（epistemic beliefs）。这些观念可能会成为学习过程中的拦路虎。例如，学生们可能会认为物理就是一个又一个事实信息，彼此毫无关系，或者他们认为专家的讲解就是醍醐灌顶，自己的思考毫无价值。下面的访谈节选就充分说明了这个问题。

> 我真心觉得不需要推导这些公式，你看，我证明不证明它又能怎样呢？反正前人早已证明过了……不就是个概念嘛……你说我一年花 1.5 万美元的学费……可不是来这儿干这个的。应该让老师替我推导才对，而且还得把其中的道理给我讲得明明白白的（Hammer，1994，p. 159）。

我们并不清楚这名学生到底是因为懒惰，还是真心认为物理学习就是坐等权威解答，居然会展现出这样一副态度。总之我们也不去深究了，毕竟这种消极的学习态度怎么说都不利于学习。类似这样的知识观并不同于直觉推理或是直观判断，因为这很可能是灌输式教学造成的结果。可想而知，一群这样的学生背后就一定存在着一位只关注结果的老师或家长。

单纯出错

那些在独立事件中出现的差错相对更容易纠正一些。比如说，很多人认为做菜时加的料酒会在后续烹饪过程中很快蒸发掉。然而事实并非如此：在菜里加入料酒后炖一个小时，料汁中仍会保留 25% 的酒精成分（Augustin, Augustin, Cutrufelli, Hagen, & Teitzel, 1992）。纠正这类问题并非难事。事实上，你对料酒的这个错误印象可能在读完刚才那段话之后就消失得无影无踪了。毕竟这种源自独立事件的问题只出现于我们生活中的某个瞬间，即烹饪时用到料酒的时候，因此只要稍加提醒就能彻底纠正。

人们在"拍脑袋"得出答案的时候也常会出现差错。例如，有些人可能从未思考过春夏秋冬四季出现的真正原因。因此当被问到这个问题的时候，就会直接拍脑袋去想最容易想到的类比："离热源越近就越感觉热嘛，所以夏天就是地球离太阳更近了。"这个说法不攻自破，因为类比中存在着明显的逻辑漏洞，"要照这么说，南北半球应该同时进入夏天，对吗？"这么一问，对方估计会一时语塞，当空气突然安静下来之时，我们可以抓住机会将地球自转轴倾斜的概念引入进来，解释四季形成的真正原因。有时，纠正错误认知的工作也可能会较为繁重，但至少可以摆脱深层意识中错误概念的干扰。在意识到错误的前提下，只要错误概念的根基不在，想清除它们就并非难事。

I. 纠正误解的原理

著名发展心理学家让·皮亚杰提出了人类认知发展的不同阶段，并将儿童提升对世界认识的方式归纳为**同化**[1]和**顺应**[2]两个过程。**同化**指的是人们将新信息融入当前想法的过程。**顺应**则指的是通过改变自己的想法来适应新信息的过程。纠正错误认知需要借助顺应的过程，因此也极具挑战性，因为改变想法远比巩固想法更为困难。

要想运用顺应进行改造就不得不面对其中的两大难点。第一，人们的直觉意识和推理方式并不如正式理论那样严谨。对于一套严密的理论来说，一个反例就足以证伪，但对于逻辑松散的错误概念来说，用反例证伪就好比一拳打在棉花上，有劲儿使不上。第二，如果没有一套新理论来替代之前的想法，人们就很难轻易转变思想。

---

1. 同化（assimilation）：皮亚杰认为同化是指个体运用已有的图式解释外部世界的过程。
2. 顺应（accommodation）：皮亚杰认为顺应是指当不能同化客体时，就要引起图式的改变或创新，以适应环境的过程。

只有当新想法足够强大、能够与之前的想法相抗衡的时候，顺应才会发生。陈和西格勒（Chen & Siegler，2000）的研究展示了儿童会不断给出错误的判断（比如，他们会认为三块分开放着的饼干要比放在一起的三块饼干多），而脑海里的另一种认知则在逐渐强化（三块饼干无论分开放还是放在一起，数量都一样，见图 U.4）。当经验积累到足够多的时候，渐渐强化的认知就会脱颖而出，进入主观意识，让孩子最终能够给出正确答案。此时，他们也就可以开始建立正确答案背后的合理解释了。

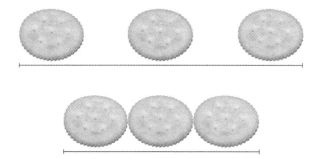

图 U.4 不同摆放方式的六块饼干

关于被取代的错误认知还有一个经典问题，那就是它们在被替代后，是会彻底消失，还是会潜藏在脑海中的某个角落等着卷土重来呢？对于简单的联想记忆[1]来说，有证据表明存在一种被称为**提取诱发遗忘**的现象（即回忆一部分内容，导致另一部分内容被遗忘），但这是否同样作用于错误认知，目前还不得而知。下面我们先来看看，记忆中的关联是如何被替换掉的。

在一项研究中，参与者的任务是将一个单词与两幅不同的图片联系起来（Wimber, Alink, Charest, Kriegeskorte, & Anderson, 2015）。图 U.5 展示了该研究的几个阶段。第一阶段，参与者要记住该单词与两张图片的关系（实验中类似的单词和图片会给出很多组）。随后当人们读到该单词的时候，研究人员检测到大脑中与两张图片有关的区域均被激活。第二阶段，参与者

---

1. 联想记忆（associative memory）：通过与其他知识单元联系所进行的记忆。

需要反复练习回忆其中一张图片,即当看到图 U.5 中的单词时,只去回忆右边的图片(女人头像)。这样至少重复五轮,最终当人们再看到单词时,有 80% 的概率会回忆出右图(女人头像)。那么问题来了,对左图(帽子)的记忆会如何变化呢?研究人员给参与者展示了各种样式帽子的图片,并让他们判断哪个是之前见过的。结果显示,人们不仅对那顶帽子的辨识度下降,同时大脑中与帽子相关的活跃区域也不如之前集中。有种解释是说旧的记忆正在慢慢消解,因为要想努力记住女人头像,就需要抑制对帽子的记忆。

阶段一:记住同一个词对应的两个关联物

阶段二:只复习其中一对组合中的关联物

阶段三:试着识别出之前未出现过的关联物
你还记得之前看过的是哪个吗?

图 U.5　测试记忆受到抑制时是否会逐渐淡忘

从这个观察中得出的方法如果用来应对错误认知,或许可以先帮助人们把错误的想法描述得更加具体和明确。当目标明确了,我们就有可能借助其他的替代物来实施"强行碾压"(否则就会像拳头打棉花一般)。

还有些时候,人们只是把正确的概念用在了错误的场合,就像前面的例子中用日地距离来解释四季变化一样。离热源越近感觉越热这个概念本身没毛病,只不过这并不能用来解释四季的变化。所以在这种情况下,我们无须改变对概念的理解,只要重新构建概念与应用场景之间的关系即可。正如前面提到的，要想彻底取代旧关系（如四季与日地距离的远近），必须要不断强化新的关系（如四季与地轴倾斜）。给我们的启示是，如果只告诫他人"你用错概念了"，不要期望会发生什么实质性的改变，因为这句话并不足以构成新的关系，也就无从取代旧关系。

II. 如何运用纠正误解来促进学习

运用纠正误解的第一步是，学习者要意识到可能存在的错误认知和推理偏见。萨德勒等人（Sadler, Sonnert, Coyle, Cook-Smith, & Miller, 2013）的研究展现出老师对学生的了解程度与学生学习效果之间存在相关性，即老师对学生会犯的错误越了解，学生们的成绩就越好。研究中两百多名中学物理老师以及他们的一万多名学生在学期伊始完成了一套多选题测试。除了自己要解答题目，老师们还需要推测学生们最可能选择哪些答案。例如下面这道题，选项后面括号中的数字就是选择各选项的学生比例。

> 小艾薇正在认真地观察一支燃烧中的蜡烛。当蜡烛燃尽后，她很好奇蜡烛上的蜡都去哪里了？以下是她给出的一些猜测，你同意哪一个呢？
>
> A. 烛蜡转化成了不可见的气体（17%）
>
> B. 烛蜡变得看不见了，但仍存在于空气中（6%）
>
> C. 蜡烛在燃烧后就彻底没了（8%）
>
> D. 烛蜡全部都融化了，并滴在了烛台里（59%）
>
> E. 烛蜡转化成了能量（10%）（Sadler et al., 2013, p. 1030）

结果中59%的学生都选了D，说明学生们普遍对这个概念存在误解（正确的答案应该是A）。

接下来，研究人员评测了学生们在这一学年中的学习表现。最终的研究结果显示，如果物理老师们在当初多选题的测试中表现很糟糕，可想而知，他们教学的班级也应该表现平平。而那些能够准确推测学生错误判断的老师所教的班级，进步效果却是最明显的。这样的研究结果也是情理之中的事，毕竟想成长为一名优秀的老师，不仅打铁还需自身硬，对知识本身有着透彻的理解，同时还要对自己的学生做到了如指掌，这样才能更有针对性地开展教学工作（Shulman，1986）。

要想了解学习者思维中存在的问题，我们可以专门制造一些机会让其暴露出来。比如一些预先设计好的物理小测验，就可以帮助我们发现学生知识体系中的错误认知（e.g., Hestenes, Wells, & Swackhamer, 1992）和偏见推断（e.g., Adams et al., 2006）。如果不借助小测验，我们也可以采用一种被称作"预测—观察—解释"循环的方法（POE，predict-observe-explain，White & Gunstone，1992）。具体来说，学习者要先假设实验结果，再观察实验的真实结果（通常与想象的结果存在差异），然后再解释为何之前的假设不成立以及该如何修正。循环中最后这一步可以将学习者的推理过程与思考方式展露无遗，这使得POE方法成为教学决策过程中一种非常有用的形成性评价[1]（formative assessment）。

有些时候，老师们还会直接把POE拿过来作为教学方法，因为他们觉得学习过程中出现的认知矛盾会促使学生积极地自我纠正。然而证据显示，单靠这种方法本身并不能发挥显著的作用（Limón，2001）。预测判断与实际结果不一致所产生的认知失衡，并不能让学习行为自然发生，因为即便人们不学习正确的方法，也能找到各种各样的理由来自圆其说（Shemwell, Chase, & Schwartz, 2015）。

前面的铺垫工作已准备完毕，接下来让我们真正开始磨刀霍霍向"误解"。首先需要澄清的是，没有绝对的万灵药可以做到药到病除，但只要从以下这3点出发，就能实现不错的修正效果。

首先是提升学习者**思考问题的精度**，让他们能察觉到直觉判断与正确解答之间的区别。精确的认知可以避免学习者把新知识盲目地带入漏洞百出的思维

---

1. 形成性评价是指在教学过程中为了解学生的学习情况，及时发现教和学中的问题而进行的评价。——译者注

体系之中，因为他们缜密的思考和犀利的眼神能够发现这二者根本不匹配。沃斯纳多等人（Vosniadou, Ioannides, Dimitrakopoulou, & Papademetriou, 2001）曾尝试以学生提问来开展科学课程。实验中，学生要先详细陈述自己的观点，比如以小组为单位进行合作，预测实验的具体结果并作出相应的解释等等。正所谓"磨刀不误砍柴工"，开展实验前学生们需要学会如何精确地测量数据，并且准确区分那些容易混淆的概念（比如，力和能量）。

下一步，学习者需要建立起能够替代错误旧观念的新概念。在科学课程实验中，沃斯纳多和同事们会为学生介绍一些描述物理现象的外显型表达方式，比如利用矢量表达力的大小与方向，或是用能量计显示能量的多少等。这样一来，学习者就可以借助新工具来重新思考问题了。比如说，与其把电流理解为水管中流动的水，不如把它想象成排队进入火车站的拥挤人群（后者更有助于思考电阻的概念）。

然后，我们需要做的就是耐心等待。凡事都需要个过程，新观念的培养形成也需要时间，直到逐渐成长为可与错误旧观念势均力敌的新观念。与此同时，学习者也需要了解新观念所使用的范围。上述实验中，沃斯纳多和同事们宁愿牺牲内容的广度，也要保证学生学习基本概念的深度，打下良好的基础。毕竟消除误解的过程可能是漫长而艰难的。

III. 运用纠正误解能带来什么效果

纠正错误认知和推理偏见所产生的效果显而易见，那就是帮助我们远离弯路、重回正轨。而它在现实生活中更会带来深远的影响。首先，正确的认知能够帮助我们做出更理性的判断。举个例子，我们可能不会盲目追捧那些因为今年业绩飘红而牛气哄哄的基金经理，因为他们的真实水平不见得比其他人高多少，可能只是今年行大运了！如果他们连年表现出色，那么货真价实的可能性还会高一些。其次，正确的认知能让与之相关的新内容的学习过程变得倍加轻松，具体的例子可以参考本章最后的部分。

Ⅳ. 如何培养纠正误解的能力

整体来说,目前还没有令人信服的证据表明,人们能依靠自己的力量轻松学会自己纠正自己的错误认知和推理习惯。其原因也很明显:如果根本不知道哪里出了问题,何谈纠正呢?就比如说,欧洲人曾在相当长的一段时间内认为地球是平的。

因此要想学会自我纠正,学习者首先要细心留意那些不一致的地方并及时进行调整。然而在这个过程中也很可能会杀出个"程咬金"——**证实性偏差**[1]。通俗来讲,证实性偏差就是人们希望用各种各样的方法来支持自己的某种想法,而非将其证伪。比如说,盲目地认为他/她很爱你,或是坚持认为吃猪蹄就可以补充胶原蛋白,再或是某种情况下,认为只要自己多努力一点点就能取得成功,等等。因为人们非常渴望自己坚信的事情是真的,于是会想尽办法从各个方面来找证据支持这些镜花水月般的愿望。

证实性偏差并非只表现为主观上的一厢情愿,很多时候在思维过程中也会暗流涌动。图 U.6 展示了非常著名的选择任务研究实验(Wason,1966)。如果为了确认四张卡片是否都符合规则,你会翻看哪两张卡片来做验证呢?(我们的目标是证伪这个规则)

图 U.6　选择任务(Wason,1966)

---

1. 证实性偏差(confirmation bias):个体倾向于寻找验证假设的信息,而不是寻找否定假设的证据的现象。社会生活中人们在判断自己的信念或假设是否正确,或者进行决策时,往往认为支持性的证据更有说服力,并有意或无意地寻找与自己已有的信念或假设一致的信息和解释,这种为已有的信念找证据的倾向往往导致错误的发生。

认为应当翻看卡片 A 和卡片 4 的话，显然就是中了证实性偏差的招。其中卡片 A 的确是正确的选择，但是卡片 4 却与我们的期望无关。这么说，如果卡片 4 的背面是元音，那么就证实了规则；但是如果背面是辅音，却也无法证伪规则（因为规则**并没有说**"如果一面是偶数，另一面就一定是元音"）。所以卡片 4 是一个无效选择，而真正需要翻看的其实是卡片 7。因为如果它背面的是元音，就违反了规则。如果觉得这个例子有点绕的话，我们就把同样的逻辑判断套用到另一个情境中。请看图 U.7，这回答案是否更加显而易见了呢？事实上，人们更善于回答以真实生活为背景的逻辑问题，例如判断是否符合饮酒年龄这类问题。这时候，借助直觉推理（揪出那些偷偷喝酒的未成年人）可能会非常有效呢！

"饮酒者须年满21岁"
以下四人中，要检查哪两位才能判断他们是否全都遵守了法规？

图 U.7　日常生活中人们熟悉的社会规则会让选择任务变得异常简单

而有些情况下，即便人们意识到自己的理论岌岌可危，仍会搬出"凡事总有例外"的拯救大法。为了保证自己理论的健全，会想尽办法把潜在的危机特殊化。比如说，老师带着小朋友做实验，验证毛衣穿着暖和到底是不是因为它本身会发热。老师首先将温度计裹在毛衣里放到一边，然后让小朋友们给出判断。有的小朋友会说温度计读数第二天肯定会飙升。然而当第二天早上发现温度计读数纹丝未动时，小朋友们就会开始找各种各样的可爱理由来开脱，"温度计放进去的时间不够啊""凉风晚上吹进毛衣里啦"……（Watson & Konicek，1990）。

当然事情并非无药可救。人们还是可以学会有效避免证实性偏差的，尤其是在一些专业领域。邓巴（Dunbar，2000）曾在世界一流的生物学实验室中，录制了数个月各类研讨会的视频。他发现，当实验结果证伪了首要假设时，科学家们并不会就此了结，而是会启动另一套流程来寻求合理的解释，包括提出全新的理论框架，以及开展能够证伪新理论的测试，等等。综上所述，人们基于客观推理和事实证据还是可以主动纠正自己的误解的。但是请不要忘记，这些科学家能如此娴熟地击退证实性偏差的进攻，是因为他们在自己擅长的领域有着长达十几年甚至数十年的专业训练。一旦脱下白大褂回到了温馨的家中，面对"年久失修"的水龙头里的涓涓细流，就又会抱怨"供水压力怎么永远这么低"……唉，怎么就不想想是不是水管或者水龙头被水垢堵了呢……

V. 运用纠正误解容易出现的问题

在纠正误解的过程中，我们需要格外注意两个方面。第一，不要在解释一个误解的时候又引入了另一个误解。例如，当给一位小朋友讲解地球并非天圆地方的时候，会告诉他地球像是乒乓球一样的球体，这就可能产生了"地球是一个完美的球体"[1]这一新的误解。第二，作为老师千万不要糊弄自己，说学生们已经全部明白了，"你看，他们不是已经能够使用公式并得出正确的答案了吗？"话已至此，就不得不提到关于人类学习的事实真相：**程序化操作的最大优势就在于，学习者不需要通过思考也能得出正确答案，但这也正是该方法的一大致命弱点。**

---

1. 我们很小的时候就学过，地球并非是正球体，而是两极稍扁、赤道略鼓的不规则球体。此外很多人会说地球表面还有高山、峡谷、河流、湖泊，甚至海洋中深深的海沟，等等。但这些特征相对于整个地球而言，变化都是极其微小的，地球的形状还是极为接近正球体的。——译者注

VI. 好例子，坏例子

请想象一位小朋友正在做算术题，并得出了如下的答案。

$$\begin{array}{ccc} 19 & 13 & 11 \\ -6 & -7 & -9 \\ \hline 13 & 14 & 18 \end{array}$$

坏例子：等得不耐烦了，直接告知了正确答案——13、6、2。

稍微好一点的例子：你发现小朋友是在用这样的逻辑思考：不能用小数减大数（例，3-7、1-9）。那就应该用大数减小数（例，7-3、9-1，这也解释了为什么第二组减法的个位算出了4，第三组的个位算出了8）。为了纠正这样的误解，你告诉他这么想是错误的，并指出应该如何用（个位的）小数减大数。

最好的例子：你进一步发现，小朋友脑海中存在的另一个误解才是问题的根源。他把每一竖列当作了独立的减法计算，所以并没有理解13是一个整体，而只在每一位上做运算。为了纠正这个误解，你以退为进，先教会他数字位值的概念，消除误解的根源；然后在正确理解的基础上，再重新教一遍减法中如何借位。

纠正误解
Undoing

核心的学习原理是什么

　　识别并取代错误的认知观念与思考方式。

对学习什么有帮助，举个例子

一位篮球新秀获得了年度最有价值球员 MVP 的称号，被各大体育杂志争相报道。然而到了第二年，这名选手表现欠佳，便有人指责是媒体报道让他分了心。类似这样的因果推理并不准确，而概率推理则会更加恰当。如果这位新秀来年成绩还是超级出色，那才有可能的确是因为他天赋过人、实力超群。在我们面对生活中不确定的情况时，要想克服直觉推理的种种诱惑，还是需要经过大量关于概率推理的练习。

为什么会有用

有些认知观念与思考逻辑虽然多有纰漏，但在大部分情况下还是奏效的，所以它们很可能会渗透到生活的方方面面且难以察觉。纠正误解正是能够帮助你识别出它们，然后通过培养另一套可以与之抗衡的正确思维来逐渐取而代之的学习方法。

能解决什么样的学习问题

- 老师没有意识到学生混淆了某些知识点，这会为今后的学习造成困扰。
  - 物理老师没有意识到学生们靠拍脑袋构建了一个山寨理论，于是他只是纠正了表面问题而忽略了内在原因。
- 人们会把新信息改造成符合自身已有观点的形式。
  - 人们一味相信整容所带来的美好愿景，而不关注其副作用。

使用的范例

- 借助测验或是特定的任务来暴露学习者的错误认知。

- 让学生预测从弯曲管子中射出小球的运动轨迹。
- 构建可以替换意识中错误概念的理论。
  - 分析问题时,通过介绍概率推理的概念来替代因果推理。

容易出现的问题

- 老师可能认为学生已经理解了知识内容,因为他们已经能够成功地按照步骤解题了。
- 解释一个误解的时候不小心又引入了另一个误解。

可视化
Visualization——
梳理复杂信息的空间结构

　　可视化是一个用视觉方式将信息表达出来的过程。可视化能够帮助人们对信息进行更有效的整理，并发现其中蕴含的结构关系。因此可视化也是一种非常有效的学习方法。

　　本章的侧重点在于如何帮助学习者创建自己的可视化表达。有关如何借助可视化进行最有效的交流，可以参考麦克尔哈尼等人（McElhaney，Chang，Chiu，& Linn，2014）的文献。熟练应用可视化能为学习锦上添花，不过正式的教学过程中很少涉及，所以我们借此机会来详细探讨一番。

1932年的伦敦地铁图

1933年哈里·贝克创作的地铁图

当前最新版本的伦敦地铁图

图 V.1　左上图为伦敦 1932 年使用的地铁图，右上图为 1933 年哈里·贝克（Harry Beck）创作的地铁图，如今（下图）已经成为世界主要地铁系统线路图可视化表达的标准风格

地图、图表、草稿、欧拉图等都是可视化最为常见的形式，随便看看新闻报道、翻翻教科书，或者电子读物，都能寻觅到它们的身影（图 V.1）。可视化之所以被广泛使用，主要是因为直观的视觉表达能够帮助人们看到不同信息之间暗藏的关系，从而更精准地传递想让人们接收到的信息。合理运用可视化策略，也可以有效地辅助我们自己理解问题。举个非常简单的例子，请看下面这道题。

鼓楼东三条在鼓楼东四条的北面。闹市街与东三条、东四条垂直。

在东四条与闹市街路口的东南角有家客栈。在东三条和闹市街路口的西北角有个茶楼。从客栈走到茶楼，需要横穿多少次街道？

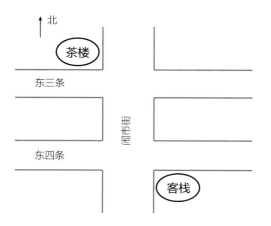

图 V.2　便于人们推测空间关系的简易地图

是不是问题读到一半就已经晕头转向了？但是如果有了图 V.2，那么回答起来简直易如反掌。地图能够清晰直观地展示出道路的布局，从客栈去往茶楼的不同路径也一目了然。

图表和地图这样的可视化表达，本质上就是以抽象的形式来显示其指代事物的空间关系。抽象的过程就是在不断地取舍，保留最关键的空间关系信息，舍弃那些冗余的细节信息，比如客栈有三层高、门前有个玄关，等等。有些抽象形式更是已经蜕变成了与指代物完全无关的形态。比如下面的逻辑关系表达：集合 X 中所有元素都属于集合 Y。集合 Z 中没有元素属于集合 Y。

在图 V.3 中，X、Y、Z 原先所代表的内容已经不重要了，只是通过圆圈来表示集合所包含的范围（这种图示被称为欧拉图）。虽然如此抽象，但是欧拉图表达逻辑关系的作用丝毫不逊色于地图，且非常有利于解答包含关系之类的问题。只需看一看欧拉图，我们就可以轻松作答："集合 X 中是否含有同时也属于集合 Z 的元素？"

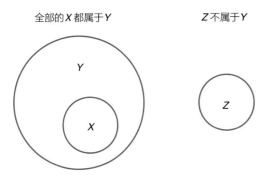

图 V.3 欧拉图是帮助思考逻辑关系的有效可视化手段

可视化的形式不仅局限于图像。通过利用位置关系和顺序关系来进行组织，文字也能起到极佳的可视化效果。元素周期表就是一个完美的例子，它把每个元素及其相关信息以文字的形式写在矩阵中，每一行、每一列、不同区域，都代表了元素的属性及其之间的关系（图 V.4）。如果就此"煮酒论英雄"的话，你认为哪个才是人类有史以来创造的最伟大的可视化表达形式呢？（我们会把手上这宝贵的一票会投给笛卡尔坐标系哦。）

图 V.4 一种典型的元素周期表

I. 可视化的原理

可视化的关键在于整理信息与想法间的结构关系，并用视觉语言直观地表达出来。例如，建筑设计师在构思阶段，会先将可能的方案勾勒出来绘成草图，然后再看看是否会有更满意的方案从中脱颖而出。虽然这些草稿本身就源于自己的脑海中，但是将想法从脑海中落地到纸面的过程，可以帮助设计师从中发现新的规律，寻找新的灵感。文字也同样能够帮助人们进入"自我发现"的状态。比如在撰写文章时，一边思考一边把想到的内容写下来，就会发现自己脑海中涌现出很多新的感悟。当然，相比于文字，图像还是会带来一些更为独特的优势。

分布式认知

可视化是**分布式认知**（distributing cognition）的一种，其原理是利用大脑之外的媒介作为储存记忆的容器。可视化降低了大脑中需要同时处理的信息量，减轻了思考的负担。斯坦福大学教育学院的罗伊·皮亚（Roy Pea）教授描述分布式认知的优势时如是说：

> 把思维过程中的中间产物外化出来……我们就可以对其进行分析、反思、讨论。那些稍纵即逝的想法和内心思考的过程，非常容易受到注意力和记忆资源的限制和扭曲。分布式认知则帮助我们"捕捉"到它们，用便于人们交流的媒介保存下来，甚至作为人们研究的对象，抽象的思路终于可以成为构建知识的砖瓦，而不再只是飞沙走石（1987，p. 91）。

可视化表达就好像信息的"藏宝图"，我们只需要通过眼睛搜寻即可。再不用在脑海中苦思冥想了，何况还可能边想边忘，就像狗熊掰棒子，甚至是丢了西瓜捡了芝麻。

关系的明确性

可视化的必杀技在于图像比文字描述更能准确地表达出蕴藏的关系。请看下面这两句话。

> 星形在方形的上方。三角形在方形的旁边。

文字描述中"上方"和"旁边"这些概念都非常模糊。但是如果非要画出来的话,"上方"到底是紧挨着还是隔着一段距离?"旁边"是指在左边还是在右边?这些问题就都要有个定论。而且我们还需要进一步确定方形的类型,比如,到底是正方形,竖着的长方形,还是横着的长方形。可视化可以促使我们将文字描述中模糊的关系变得更加明确具体,便于我们进一步探寻其中的奥妙。

一旦涉及作图,就要把空间关系明确化,这使得作图成为衡量学习者是否理解到位的绝佳方法(同时也比其他方式更有趣)。不信你可以拉几位朋友试试,让他们画出地震的成因,你就会发现千奇百怪的图像背后是每个人五花八门(且多少存在些偏差)的理解。

浮现于眼前的信息结构

可视化第三个得天独厚的优势在于,人类的视觉系统会非常自然地为空间排列赋予结构。人们一旦开始用视觉元素描述自己的想法,就有可能随时发现一些意料之外的新规律。研究格式塔心理学[1]的科学家感兴趣的正是人们是如何从局部特征看清全局结构的。马克斯·沃特海默(Max Wertheimer,1923/1938)发现了决定视觉规律的若干条原理,如图 V.5 所示。例如其中第三排的"共同区域"原理,区域划分后会让区域里的圆点看上去是属于同

---

1. 格式塔心理学(Gestalt psychology):强调经验和行为的整体性,主张从整体的动力结构观来研究心理现象的心理学学派。

一组的,哪怕它们间距较远且颜色各异。我们的视觉系统在不知不觉间就完成了这些任务。

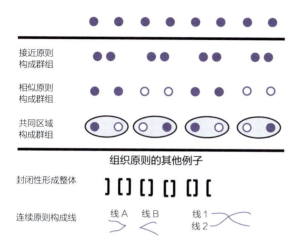

图 V.5 格式塔原理中视觉组合的例子。视觉系统会自动找出分散元素间存在的关系。第一组例子显示了八个圆点三种不同的视觉分组方式。其他例子展示了另外两个格式塔原理:人们根据线条、边缘的闭合或延续来从视觉上判断事物是否构成一个整体

易于解释

可视化的第四个优势是学习者从视觉上可以轻松地解读信息的结构关系。使用熟悉的图形,在尺寸上体现差异,以及运用表达惯例等手段都能辅助人们理解。图 V.6 展示了美国农业部(USDA)健康饮食结构宣传画的演变过程。最左边的是 1992 年的图示,食物金字塔的表达方式很容易让人误以为处于底层的谷类食物是膳食基础,应当多摄入一些。而 2006 年新设计的食物金字塔就不会让人产生这样的误解,但横向拆分的三角形结构又不太讲得通(还有为什么图中的小人要往金字塔上面爬,离食物越来越远呢?)最终,美国农业部舍弃了金字塔这一概念,决定按照健康膳食的推荐比例,在餐盘中绘制出大小不一的扇形。显然,这种方式更简洁有力。

图 V.6 易于解读的可视化方式。美国农业部有关合理的日常饮食三种不同的表达方式

视觉重构

对于视觉的空间结构进行重新解读,可以帮助人们重构之前看到的内容。举个例子,请看图 V.7 左边的部分。这个图形看上去像什么呢?有人说是一串糖葫芦,也有人说是一架侧身朝你飞来的螺旋桨飞机。没关系,大家说的都对。接下来,我们再看看右图,它又代表什么呢?几乎每个人都会说,右图要么是两串糖葫芦要么就是两架飞机,总之就是两个左图里的东西。好,稍后马上揭晓答案!当我们公布答案时,请注意这两个图形是如何重构的。

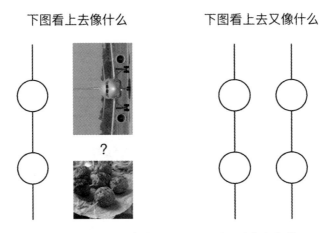

图 V.7 视觉结构的重新组合。请先看左边的图形,看上去像什么?再看看右边的图形,看上去又像什么

右图所描绘的其实是一只抱在树干上的熊崽（它的身子藏在树后，四只爪子紧紧抱住树干）！现在你是否注意到，原先理解中的两条独立的竖线组成了一个新的图形（树干）？视觉重构可以帮助我们跳出思维局限，品鉴出更多内涵。

II. 如何运用可视化来促进学习

设计抽象的可视化表达时，需要遵循一些特定的规范。不同的表现形式会展现不同的信息结构，也会因此影响我们解读与处理问题的方式（Zhang, 1997）。比方说，层级树状图和甘特图之间该怎么选？这条线代表的是文氏图中的边界还是笛卡尔坐标系中的数量？在表示河水径流的图示中，要不要把代表方向的箭头画出来呢？种种这些问题都取决于要表达怎样的信息。下面我们列举了几种**化学分子**的表现方式，如果感兴趣的话，你还可以继续上网搜索其他样式（见图 V.8）。正常情况下，不同的惯例与规范会强调不同的结构属性，因此选定的视觉规范很大程度上会影响我们对分子结构的理解。所以在做决定前，可以多试试不同的方式，再确定哪个是最合适的。

我们以写文章的过程为例，探讨一下如何利用可视化来辅助创作的过程。最开始的时候，我们会有一些零散的想法、故事，或是一些希望包括在内的小花絮。但如果只是把这些内容生硬地拼接在一起，无论是读者还是你自己都有可能很快就一头雾水，不知所云。所以，你需要借助一些合理的结构来尽可能多地整理这些零散的信息，让它们层次鲜明且逻辑顺畅（那些多余的信息就摒弃掉吧）。人们通常会不假思索地选择层级结构来组织行文（I-1, I-2, I-3；II-1, II-2；III-1, III-2……），但其实可选择的方式众多，我们不妨看看其他选项。比如另一种方式就是先准备好所有素材，再尝试用不同的可视化方式来整理素材。过程应类似于画草图，只不过要符合人们熟悉的视觉规范：文氏图、层级树状图、2×2 表格等，不胜枚举。我们不仅要多尝试，更要勇于发明自己的可视化方法（比如合并文氏图和笛卡尔坐标系之类的）。一旦找到了能把素材发挥到极致的信息结构，就会感觉下笔如有神，一篇逻辑缜密的文章也就指日可待。

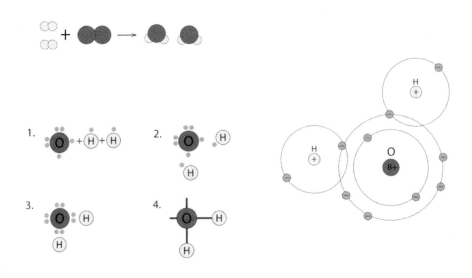

图 V.8　水分子的几种不同的可视化表达方式

要想设计出有效的可视化表达，不见得非要靠可视化或设计领域的专家。迪西赛和谢林（DiSessa & Sherin，2000）将人们对信息进行可视化表达的非凡能力称作**元表达能力**（meta-representational competence）。例如在施瓦茨（Schwartz，1993）的研究中，一批中学生需要绘制出疾病传播的过程。学生会得到相关的文字说明，比如"F 可以把疾病传染给 B，E 会传染给 F，B 又会传染给 E 和 D"，等等。他们得知自己设计的可视化应当能够帮助医生做出判断，当一种疾病刚开始肆虐时，最应该给哪类人群接种疫苗，才能最为有效地控制疾病的传播。图 V.9 展示了他们给出的各种机智的解决方案。这些可视化表达提取出了复杂文字中的抽象关系，利用视觉信息极大地简化了搜寻疾病传播路径的过程。

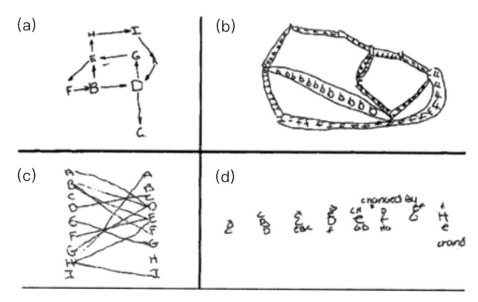

图 V.9　中学生们利用可视化的方式展示了疾病传播的过程

III. 运用可视化能产生什么效果

遥想当年，绘画曾是受教育人士的必修课之一。呜呼哀哉！此事长已矣。虽然学校依然注重视觉理解能力的培养，但学生们很少有机会学习并创作自己的可视化表达内容。在理想情况下，随着科技进步而不断升级的绘画工具以及电子版所带来的传播分享的便利，可以让可视化再次活跃于课堂之中。安斯沃思等人（Ainsworth, Prain, & Tytler, 2011）倡导在科学课上多利用绘画，因为可视化：

- 能提升学习者的参与度；
- 能帮助学习者学习如何展示信息；
- 能帮助学习者掌握科学领域的逻辑推理方法；
- 是科学领域中对数据和模型进行交流讨论的主要方法；
- 还是一种重要的学习策略。

由此可见，可视化能在学习的各个方面发挥作用。不过这里我们首要关注的还是如何利用可视化来发现信息间的关系，并将这些关系整理成顺序合理的层次结构。正如其他鼓励创新与探索的方法，凡事并没有绝对的保证，但一切皆有可能提高成功的概率。

良好的信息结构能够帮助人们在海量的信息中进行检索。例如火车时刻表，只要扫一眼就能立刻定位到要查看的车次和相应的出发到达时间。同时眼睛在快速浏览的过程中，也能清楚地知道自己看的是什么。假设我们用一大段文字来描述列车的发车信息，那么面对需要查询的车次我们只能乱找一气，或者从头到尾逐字逐句地读，同时惦记着但愿没漏掉要找的车次。想试试看？下面是某天北京到上海的列车时刻表，你可以给自己记个时，看多久能从中找出一趟从北京南开往上海虹桥的早上 8:53 出发的车次。

北京--上海 单程2018-02-05（共46个车次）　　G101　经停站　06:43　12:39　始北京南　终上海虹桥　5小时56分　二等座￥553.0　余99张　一等座￥933.0　余99张　商务座￥1748.0　余11张　G103　经停站　06:53　12:49　始北京南　终上海虹桥　5小时56分　二等座￥553.0　余99张　一等座￥933.0　余99张　商务座￥1748.0　余20张　G5　经停站　07:00　11:34　始北京南　终上海虹桥　4小时34分　二等座￥553.0　余0张　一等座￥933.0　余13张　商务座￥1748.0　余1张　G111　经停站　08:35　14:22　始北京南　终上海虹桥　5小时47分　二等座￥553.0　余99张　一等座￥933.0　余99张　商务座￥1748.0　余99张　G113　经停站　08:53　14:33　始北京南　终上海虹桥　5小时40分　二等座￥553.0　余99张　一等座￥933.0　余99张　商务座￥1748.0　余6张　G1　经停站　09:00　13:28　始北京南　终上海虹桥　4小时28分　二等座￥553.0　余0张　一等座￥933.0　余0张　商务座￥1748.0　余2张　G41　经停站　09:15　14:49　始北京南　过上海虹桥　5小时34分　二等座￥553.0　余99张　一等座￥933.0　余17张　商务座￥1748.0　余14张　1461　经停站　11:54　07:19 +1　始北京　终上海　19小时25分　硬座￥156.5　余99张　硬卧￥304.5　余99张　软卧￥476.5　余13张　G129　经停站　12:10　17:56　始北京南　终上海虹桥　5小时46分　二等座￥553.0　余99张　一等座￥933.0　余99张　商务座￥1748.0　余2张　G133　经停站　12:40　18:33　始北京南　终上海虹桥　5小时53分　二等座￥553.0　余99张　一等座￥933.0　余99张　商务座￥1748.0　余17张　G135　经停站　12:55　18:54　始北京南　终上海虹桥　5小时59分　二等座￥553.0　余99张　一等座￥933.0　余99张　商务座￥1748.0　余99张

图 V.10　北京到上海部分列车时刻信息

IV. 如何培养可视化的能力

人们不仅会自发使用之前学过的可视化方法,他们还能够有意识地创造新方法来应对新问题。一项在中学生群体中展开的研究表明,人们可以在不同的情境中灵活运用并创造可视化方法(Schwartz,1993)。研究人员先给学生们布置了一套科学问卷,其中有一道题涉及非常复杂的因果关系(比如食物链)。两周之后,学生们学习了可视化的相关内容。又过了两周,学生们拿到另一套科学问卷,里面也有一道复杂的问题。其中这两道题都非常适合用路径图来展示个体间相互影响的关系(如图 V.9a 所示)。那么问题来了,学生们是否会主动采用可视化来帮助解题呢?

在实验前测和后测之间,学生们完成了可视化的学习任务,其过程如下:学生们需要先把一段复杂的信息按照自己的想法用可视化表达出来。然后,老师们会展示专家在解决该问题时采取的方案。这样每天讲解一种类型的可视化方法,一共讲解三天。研究中学生们分别完成了两组不同搭配的学习任务,区别在于一组包含了路径图方法,而另一组则没有。

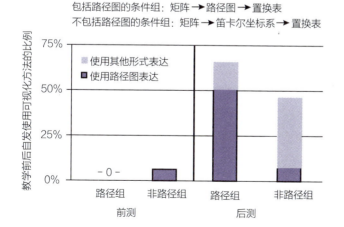

图 V.11 教学前后自发使用可视化方法的比例(数据来源:Schwartz,1993)

从图 V.11 中可以看出，实验前测时还没什么学生使用可视化的方法；而在后测中，虽然并没有关于可视化的明确提示，但是学生们利用可视化来解决复杂问题的比例大幅上升（他们把图都画到试卷边儿上的空白处啦）。这里我们特别关注路径组和非路径组之间的区别：在路径组中，78% 的学生使用了路径图的可视化方法。他们已经学会如何辨识出适合用路径图表达的信息类型，并且由衷意识到路径图能带来价值，因此事前多花费些功夫准备也心甘情愿。这就强有力地表明学生们已经能够做到活学活用了。更有意思的是，在非路径条件组中，也有近 50% 的学生主动选择了可视化的方法，而其中 18% 甚至并未学过路径图（所以占据的比例较少）。对于这组学生来说，他们意识到的是"可视化可以帮助解决复杂问题"，于是在实验后测中便发明了自己的方法。

　　一旦人们意识到可视化所带来的巨大价值，就会更主动地采用这种方法。在马丁和施瓦茨（Martin & Schwartz, 2009）的一项研究中，科学专业的本科生和研究生需要完成一系列病症诊断的题目。他们会拿到一份 12 页的病情描述书，每页上详细描述了患者的症状和疾病。学生们需要依据这些信息来为新患者确诊。在开始诊断第一位患者前，每一位研究生都会先把资料中的信息进行可视化处理（如整理成疾病和症状的矩阵表格）。可视化过程最多也就花费 12 分钟，他们一旦完成了可视化创作，就再也没有去看原来那 12 页纸了。相比之下，82% 的本科生一上来就会迫不及待地为新患者问诊。他们在那 12 页纸里不厌其烦地翻来覆去，整本材料的价值也就仅此而已。之所以出现这样的结果，根据研究人员推测，很可能是因为研究生比本科生更加成熟，明白选择做事的方式比单纯的努力更重要，以及他们处理数据的经验也会更丰富。因此他们对"磨刀不误砍柴工"的道理也领悟得更加深刻，将信息进行可视化处理也就理所当然了。

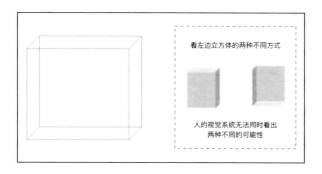

图 V.12 纳克方块,或称为内克尔立方体,由瑞士晶体学家在其 1832 年发表的论文中首次提出。人的视觉系统是确定性的,无法同时看出两种不同的可能性

V. 运用可视化容易出现的问题

人类的视觉系统虽然在发现规律时表现得极为出色,但却不允许几个相互冲突的意象同时出现(如图 V.12 所示)。如果过度认定某一种理解就很容易忽略掉其他可能性的存在。米哈里和格策尔斯(Csikszentmihalyi & Getzels,1970)曾对绘画师的创造力进行过研究。画师们会先拿到一些用于静物写生的物体。其中有些人会先将它们摆好,以便很快开始着手创作。这类画师的构思过程非常快,于是他们把大部分的时间都用在了实施上。另一些画师则会认真对待构思的过程,在绘画过程中也会不断改变物品的摆放位置,尝试发掘新角度的理解。对于后者而言,不仅作品会被评价为更富有创造力,而且在从事艺术工作多年后获得成功的可能性也会更高(Csikszentmihalyi,1990)。

一言以蔽之,过早的解读有可能造成语言遮蔽。对视觉信息的语言描述,很可能会阻碍视觉上寻找规律的前进脚步。斯库勒和恩斯特勒(Schooler & Engstler-Schooler,1990)的研究恰好能证明这一观点。实验中,参与者需要看一段视频录像,其中会出现一个长相清奇的人。随后,部分参与者需要用语言来形容那个人的长相,而其他人则不用描述。结果显示,那些亲口描述过面部特征的参与者,在之后的辨认测试中反而更难辨识出那个人了!这是因为语言记忆取代了更精确的视觉记忆。

为了缓解因过早解读而造成的思维局限，我们可以有意识地多设计几种可视化的表达方式：不要自满于自己创作的文氏图，为何不套用2×2表格试试呢？这样你就可以看到相同信息间存在的不同种类的关系结构，而不会因第一个灵光乍现的想法而止步不前（Dow et al., 2010）。在学校课堂上，更可以充分利用学生群体自带的多样性来布置学习任务。比如说让学生以小组为单位来尝试设计不同的可视化表达，然后再全班汇总，讨论并总结出每种设计中的亮点。以此为基础，大家再一同设计出一套最佳方案（Danish & Enyedy, 2007）。

另一个容易出现的问题是，学习者可能会不过脑子地走流程。例如，赫克勒（Heckler, 2010）给本科生们出了一道物理题。一半学生只拿到文字描述的题目，另一半学生还得到提示：先按照之前物理课讲过的来画出受力分析图会有奇效哦！然而事与愿违，那些通过画图来做分析的学生表现得更糟糕！这是因为他们把作图视为流程中的一部分，而非帮助解题的金钥匙。当可视化沦为被强制执行的步骤时，其功效便会大打折扣。

VI. 好例子，坏例子

如果我们希望把可视化的下列四个重要元素用可视化的方式展现出来，该如何着手呢？

1. 灵活地进行抽象：组成元素的取舍
2. 组合：元素的整合
3. 借用结构：选择惯用的表达方式
4. 再解释：从新角度观察元素间的关系

如果一上来就说，"我不行啊，我空间思维能力特差……放过我吧"，这种打退堂鼓的态度可有待改进啊！因为实际上，人们的空间思考能力是由多种不同的能力构成的（Newcombe & Shipley, 2015）。一个人不可能在方方面面都差到拿不出手。此外，在包含了217项研究的文献综述中，研究人员表示空间思考能力可以随着不断练习而提高（Uttal et al., 2013）。尽管人们总是愿意"过度自谦"，但是可视化的确只取决于人们愿不愿意尝试，而非能力等其他因素。

所以我们应当拿好笔和纸，先画出几种不同的可能性再说。图 V.13 上半部分展示了马丁和施瓦茨（Martin & Schwartz, 2014）未经正式发表的两个最初的设计方案。其中文氏图展现出人们在设计可视化的过程中，可以随意组合并用其四大常用手段。右上方的两条平行线显示了作者对于可视化不同维度的理解。图的下方将上面两幅图的思路合二为一，形成了一个 2×2 的矩阵。不管最终的可视化形态是否完美，我们在构思设计可视化的过程中所收获的领悟早已经远远超越了其字面含义。

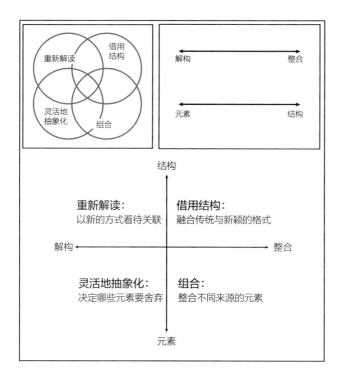

图 V.13 针对可视化的可视化表达，下图是结合了上两幅图的综合版

可视化
Visualization

核心的学习原理是什么

将信息的结构关系用视觉的方式表达出来，可以帮助我们整理信息与想法。具体形式包括，地图、图表、草图、图像、文氏图、树状图、矩阵表，等等（见图V.14）。

对学习什么有帮助，举个例子

20世纪初，哈里·贝克为伦敦地铁线路设计了一套视觉方案，虽然牺牲了精确具体的地理信息，但却为乘客提供了更方便乘车的相关信息。从此启发了现代地铁线路图的设计方法，当今几乎每座城市的地铁系统都采纳了这套方法。可视化是一种能够有效整理复杂信息的方法。它对于本身就具备强逻辑关系的信息来说非常适用，常见于众多科学主题之中。对于逻辑关系较弱的信息来说也同样适用，比如日历就以纸张作为时间的载体。可视化能够帮助人们发现全新的信息结构，既能够促进学习理解，又能辅助我们更好地解决相关问题。

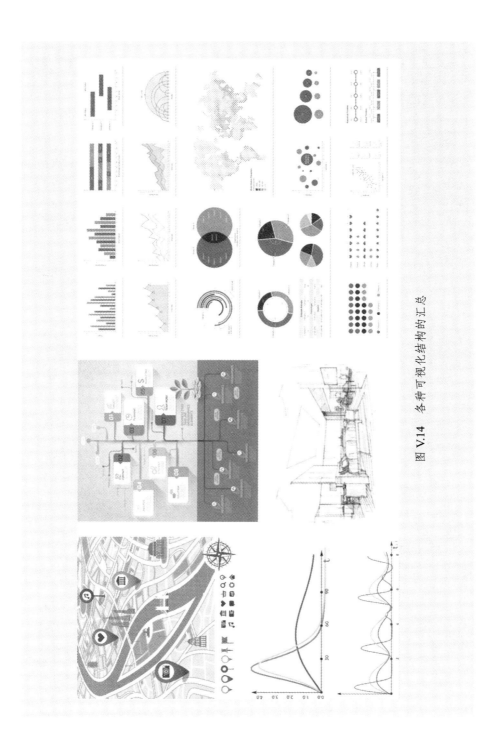

图 V.14 各种可视化结构的汇总

为什么会有用

为信息赋予空间上的组织结构，能够帮助视觉系统发现规律。视觉系统的特性会支持人们发现信息间的结构关系、形成新颖的解读方式，并且提高搜寻信息的效果。

能解决什么样的学习问题

- 学习者想不出如何组织思路或将想法结构化（可视化可以提供结构）。
  - 一场报告非常拖沓，讲了一大堆零散的内容，却没有行文的组织框架。
- 学习者感觉无法招架同时涌入的复杂信息（可视化可以精简信息）。
  - 刚出道的出租车司机需要熟悉各条道路和不同目的地之间的最佳路线。
- 学习者的想法太过模糊（可视化可以让其更精确）。
  - 一名学生说，"地震的发生是因为大地相互碰撞。"（应该是地球板块在不断挤压时所形成的巨大能量在短时间内释放出来。）

使用的范例

- 利用可视化来组织演讲内容。
  - 展示一幅欧拉图，分别解释每个圆圈的含义，然后再解释重叠地方的含义。
- 通过对于信息结构关系的视觉表达，来寻找其他潜在的可行方案。

- 以流程图的形式来显示过程中的事件序列和决策点。
• 将复杂情况绘制成示意图，从而追踪所有可能的因素。
- 在绘制雾霾的成因时，可以尝试利用几种不同的可视化表达方式。

容易出现的问题
• 人们可能会过早地下定论，而忽略其他的可能性。
• 人们把可视化过程视为例行公事，而不是有效的思考工具。
• 人们认为自己空间思考能力差，因而主动放弃尝试。

参考样例
Worked Examples——
师傅示范领进门

  参考样例是由行业专家给出的示范方案。在初次遇到问题时,我们可以跟随着专家的脚步边做边学,在过程中掌握其要领,然后逐渐形成独立处理类似问题的能力。

  教学中经常面临的一大挑战是,如何帮助学习者迈出学习的第一步(请参考章节 P)。如果一下子扎入陌生的领域,初学者很容易会手足无措,陷入无谓的挣扎,此时参考样例就会发挥奇效。举个例子,假如你正骑车回家,半道上突然发现车胎瘪了。虽然你的随车工具包里配有全套的工具,但是从未修过自行车的你却有点迷茫。此时你会怎么做呢?

(A) 找个会修自行车的人帮忙修理

(B) 自己研究一下该如何修理

(C) 找个附近的修车铺观察师傅的修理过程,再回来自己修

(D) 在网上找一段有关修补自行车胎的分段教学视频

如果你舍得花钱又不想亲自动手，那么（A）会是最佳方案。但如果你希望借此机会顺便搞明白如何修理的话，那么（D）会是最好的选择，因为（D）提供的是专为学习补胎而设计的参考样例。与（B）不同的是，参考样例会直接将现成的解决方法教给你，而不需要你自己去研究一遍。那么（C）中观察师傅的修理过程不也是一个道理吗？并不尽然。参考样例可以说是单纯观察的升级版，因为它会将整个任务的步骤进行分解，并配以恰当的说明来辅助理解。分解步骤可以一步步引导学习者紧紧跟随，而辅助讲解又可以让他们充分理解内在逻辑原理。于是即便下次碰上一个稍有不同的情况，学习者也能根据具体问题具体分析，进行适当的变通。

I. 参考样例的原理

参考样例最简单的形式是拓展式观察学习[1]（请参考章节O）。人们通过观察就能够学习模仿他人。但是单纯观察又是不够的，参考样例恰好能解决其中两大问题：（1）要去观察并模仿的行为过于复杂，学习者难以将其分解为操作简单、易于模仿的各个组成部分。比如说，杂技演员在表演抛球时飞快地切换动作，让人眼花缭乱。那么模仿该动作的人们是应该注意上下飞舞的球呢，还是表演者灵活的双手呢，抑或是他们的站姿呢？如果通过参考样例来分析的话，我们就能更清晰地看到每一步分解动作，边模仿边学习。（2）仅通过观察只能知其然而不知其所以然。虽说要模仿的行为能看得清清楚楚，但背后的目的却理解得模模糊糊。所以如果学习者在其他情况下遇到相似的问题时，很可能只会尴尬地生搬硬套，无法灵活变通。就比如刚才提到的这位杂技演员，他很可能会为了博观众一笑而加上一些出糗的娱乐表演。如果模仿的人不理解其真实用意的话，岂不是每次都可能会贻笑大方？所以，好的参考样例应当解释每个步骤背后的逻辑与目的。这样一来，学习者就能

---

1. 观察学习（observational learning）：又称"替代学习"（vicarious learning），指通过观察他人的行为及其结果而获得信息、技能，或行为方式的一种学习方式。

辨识出行为的关键部分，并根据自己的情况来进行适当调整。

另外，参考样例在没有真人示范的情况下也同样有效。例如在学习代数式的恒等变换时，并不需要老师亲自在黑板上将推导过程写一遍，只要给学生们提供印有详细推导过程的参考材料即可。虽然没有真人演示，但是参考样例记录的毕竟是高手的推导过程，理想情况下也应该能反映出高手的思考过程。

学生们在学习代数或其他抽象的内容时，很容易忽略解题步骤背后所反映出的一个人的思考方式。参考样例就可以让蕴涵其中的思维过程更加直观，比如高手如何将一个大问题分解为不同小目标（思考方式），以及如何合理安排每一步的行动方案（执行方式），等等。

请看下面的例子，你认为哪个会最有帮助呢？

例一

求 a：

$(a + b)/c = d$；

$a + b = dc$；

$a = dc - b$。

例二

求 a：

$(a + b)/c = d$	这里的目标是把 a 变换到等号的一边；
$a + b = dc$	两边同时乘以 c，消掉左边的 $1/c$；
$a = dc - b$	然后两边同时减去 b，把 a 单独留在等号左边。

对于有一定数学基础的学生来说，例一就已经足够了。它展示了基本的推导步骤，学生们可以将自己的思考过程写在一旁。但是对于刚开始学代数的一年级小学生来说，例二的效果可能会更好一些。它详细解释了每一步的目的，帮助学生们在应对类似问题时活学活用。

研究参考样例的学者们经常会将问题解决型学习（problem-solving）与之进行比较。在参考样例中，学习者直接看到的是"做什么"以及"为什么这么做"；而在问题解决型学习中，以上两点都需要学习者自己搞清楚。因此，问题解决型学习最大的不足就是，初学者很可能永远摸不到门道，或是在错误的方向上走得太远，费尽周折才回归正确的思路。参考样例就会先把推荐的方法示范给学习者，确保他们不会在错误的方向上无谓挣扎。

　　另一项研究结果可能与人们的直觉相反：与问题解决型学习相比，参考样例的学习方式反而更有利于人们理解问题并记忆解决步骤。其中的关键在于参考样例能够降低人们的认知负荷（Sweller，1994）。所谓**认知负荷**[1]，指的是人们在完成一项任务时大脑需要同时处理的信息量。同时处理的信息越多，认知负荷就越大。工作记忆[2]在人类的记忆系统中肩负着处理信息的职责，将当前正在解决问题的信息进行短期存储。解决问题时需要处理的信息越多，认知负荷就越大，比如上次尝试时的经验，接下来需要做什么安排，采取什么策略，或是琢磨哪些信息是相关的，等等。于是这些信息就抢占了大量本应用在学习上的认知资源。举个例子，当你面试一份工作的时候，大脑高速运转全神贯注地倾听并回答面试官提出的各种问题，以至于你一走出面试房间时，已经无法准确回忆起刚刚面试中谈过的内容。对此，参考样例就能避免解决问题时大脑亲自去处理种种事务，从而为学习留出更多的认知资源（见图 W.1）。

---

1. 认知负荷（cognitive load）：单位时间内人体承受的心理工作量，可参照心理负荷（mental workload）。
2. 工作记忆（working memory）：临时储存和操作信息的认知结构和过程。可从外界接受或从长时记忆中提取信息并对此进行操作。

图 W.1　大脑在处理问题和进行学习之间分配有限的认知资源

II. 如何运用参考样例来促进学习

本书章节 D 所介绍的精修勤练针对的是在一定基础之上进一步提高表现的学习方法。而参考样例则主要针对学习初期，尤其适用于那些追求操作过程流畅、高效率、零差错的任务（请参考章节 K）。

有三种方法可以帮助我们更充分地发挥参考样例的功效：第一，遵循一定的设计规范；第二，围绕参考样例设计一系列学习任务；第三，对任务进行适当程度的解构。

参考样例的设计规范

为了设计有效的参考样例，我们首先**要删掉那些让人分心的细节**。其目的是减少任何与目标行为无关的认知负荷。例如当你拿图表作为参考样例来学习时，就不要单纯为了漂亮而搞得五颜六色，而应合理运用尽量少的颜色来辅助理解。其次，**避免将需要关注的内容分割开来**，比如把图表与对应的文字说明放得太远，阅读时就不得不跳来跳去（Mayer, Heiser, & Lonn, 2001）。然后，**尽量减少不必要的信息搜索**。如果你尝试过按照说明书组装家具的话，你一定体会过那种在文字说明、图示步骤、零件索引、工具目录之间找来找去的酸爽。最后，**将任务分解出的子目标突显出来**，并思考是否有必要对其背后的目的进行解释。如果学习者已经心领神会，那么就无须多言。若是其他情况，多解释一下也没什么坏处，还能帮助学习者加深理解并推而广之。钱德勒和斯韦勒（Chandler & Sweller，1991）为我们提供了一个绝佳的例子。图 W.2 展示的是一套旧版本的说明书，图 W.3 则是改进后的新版本（这两个版本放在一起刚好成了一组对比组合，可以参考章节 C）。请你判断一下该说明书的作者是否遵循了上一段提出的各项设计规范呢？

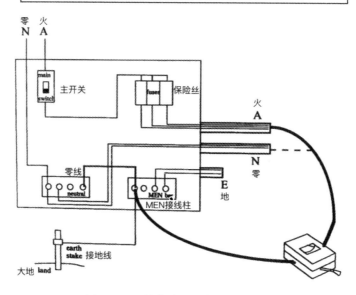

图 W.2　旧版本的线路连接指示说明图

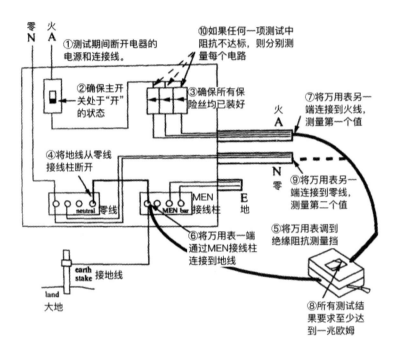

图 W.3 减轻了认知负荷的新版本。看看你是否能够说出作者修改时遵循的设计规范

样例中穿插检验学习效果的小任务

在参考样例中加入一些学习活动能够增强学习效果。一个简单巧妙的办法是设计一些问题穿插其间。比如说，一个参考样例配合着一个情境相似的练习题（"类似问题换一种情况你会怎么做"），可以让学习者思考如何将刚学到的内容转化为自己可以利用的知识（见图 W.4）。此外，依靠自己的力量来回答练习题，也能加深学习者对所学知识的印象。

图 W.4　样例中穿插检验学习效果的小问题

虽然具有一定挑战性，但如果能在参照范例的同时进行"自我解读"（请参考章节 S），那学习者简直就是如虎添翼了。自我解读指的是人们在理解一段文字或是图表时，在脑海中为自己进行解释的过程。比如，人们会提出"假如……会怎样……"之类的问题，来验证自己对内容的理解程度。介于参考样例比较适用于步骤型的指导而非概念型的内容，学习者是否能领悟其中的道理就要看自己的造化了。即便参考样例为每一步都提供了相应的解释，学习者还需要扪心自问，自己是否真的理解其原理。人们并不总会主动选择引导自己思考，因为这个过程还是很耗费脑力的。更多关于如何鼓励人们进行自我解读的内容请参考章节 S。

对任务进行适当程度的解构

要想设计出一个适宜人们灵活模仿的参考样例，需要对其中包含的细节信息进行取舍。请对比下面两段"地铁乘车指南"。

（1）请先购票，再刷票卡进站乘坐地铁。

（2）请先前往自动售票机购票，然后前往进站闸机刷卡进站，再选择要前往的方向乘坐地铁。

例子（1）比较适合经常坐地铁的人。例子（2）则更适合没坐过地铁，但却熟悉其他公共交通工具的人，因为它描述了在地铁站购票和乘车的具体步骤。但若更进一步，为从未乘坐过公共交通工具的人来设计参考样例，恐怕（3）更合适，因为它还详细讲解了自动售票机的作用：

（3）为了避免在人工窗口排队，请前往自动售票机，提前选择目的地，购买相应面额的车票。然后再前往进站闸机刷票卡进站。查看指示牌选择乘坐的方向乘车，下车后前往出站闸机刷卡出站，结束本段路程。

设计参考样例时，非常关键的一点在于要根据学习者的水平来确定讲解的详细程度。有的时候专家可能无法胜任这项任务，因为他们会受到**专家盲点**（expert blind spot）的影响（Nathan & Petrosino，2003）。一个人成为专家后便会忘记自己曾经作为初学者时的状态，也意识不到自己早已轻车熟路，将很多细节步骤组块化成一大步，所以在细化步骤时就会无法准确定位。

因此，在细化步骤时，我们可以扮演一个"好学的"初学者，然后再跟这方面的专家合作。学习的过程中不断询问"为什么要采取这一步？"以初学者的视角来看问题，就能帮助我们确定细化到何种程度对他们来说最合适。这个过程运用了一种认知任务分析法，即通过问答的方式来了解过程中所需的认知步骤。要想灵活运用解决方案的每一部分，学习者需要对每一步的前后逻辑都了然于心（Catrambone & Holyoak，1990）。否则，学习者只能在遇到相同问题时照搬整个方案。

Ⅲ. 运用参考样例能产生什么效果

参考样例最自然的学习结果莫过于形成初级的步骤型技能。初学者以最简洁、最有效率的方式学会执行步骤，便可以更快地着手解决核心问题（Salden, Koedinger, Renkl, Aleven, & McLaren, 2010）。以此为基础，学习者便可以在应对实际问题的过程中进一步应用、调整，或是改良这些技能。

参考样例尤其适合于过程定义明确的学科领域，比如步骤明确、目标清晰的代数运算。对于概念较为模糊宽泛的领域，就难以施展拳脚。比如说全球贫困这个问题，就没有一个必定能解决问题的路径。另一方面，参考样例本身并不适用于概念型知识，因为理解概念的过程通常需要在各种知识间建立联系。显然，一个参考样例无法承载那么多关联，非要加上的话就会牺牲掉参考样例的简洁优雅。不过，如果将参考样例与"自我解读"有机结合，就可以促进概念型内容的理解（请参考章节 S）。

在代数、几何、物理、编程等领域，相比于通过解决问题来进行学习的方法，参考样例所产生的学习效果会更好（Atkinson, Derry, Renkl, & Wortham, 2000）。回到我们前面提到的代数问题，请参考下面这项研究。

以**解决问题**来学习的条件组：

（1）求 a.　　　　　　　（2）求 h.

$(a + b)/c = d$　　　　$(h + k)/g = a$

以**参考样例**来学习的条件组：

（1）求 a.　　　　　　　（2）求 h.

$(a + b)/c = d$　　　　$(h + k)/g = a$

$(a + b)/c \times c = dc$

$a + b = dc$

$a + b - b = dc - b$

$a = dc - b$

同平时一样，参与研究的学生通过上课或阅读的方式来了解一个知识点。随后，解决问题组中，学生们会回答一系列问题，就像做家庭作业或课堂作业那样；参考样例组中，学生们则会完成一对对的题目。每一对题目都由两个相似的问题构成。其中一道是参考样例，另一道则需要学生们自己解答。最后，实验的后测会衡量他们应用所学知识的能力。结果显示，大多数情况下参考样例组的表现都遥遥领先。

Ⅳ. 如何培养运用参考样例的能力

据我们所知，至今还没有人研究过能否教会学习者主动寻找参考样例。这可能是因为如果有现成的样例在手边，人们会很自然地拿来参考。比如，想学习创作漫画的时候，我们会很自然地去买本经典教材或者去网上寻找优质的教学视频。

人们可以通过运用"自我解读"的学习方法来帮助自己从参考样例中学到更多。例如，在解决客户满意度不高的问题时，可以在完成第一步"问题识别"后自己先预想一下接下来该做什么，比如进行"用户访谈"还是进行"内部头脑风暴"，随后再将自己的想法与专家制订的计划进行比较看是否正确。此外每进行一步还可以多问问自己该步骤为何重要。总而言之，将参考样例与自我解读的学习方法双剑合璧，效果更佳（Renkl, Stark, Gruber, & Mandl, 1998）。

Ⅴ. 运用参考样例容易出现的问题

参考样例可能出现的大多数问题都能用驾车导航的类比来概括。司机只要跟着导航一步步的提示走，最终就能准时抵达目的地。但当下次司机同志希望靠自己的力量开到同一个地方时，哪里拐弯哪里直行可能完全没什么印象。就算是还记得第一次走的那条路线，也根本不敢尝试其他路线，因为当初也没走过其他路线，导航怎么从几条路线中算出最佳的一条也根本不知道。

为了尽量避免学习者不动脑子照葫芦画瓢，我们可以采取以下方法：（1）变换不同的参考样例和问题背景；（2）逐渐减少参考样例的支持。例如，让学习者记住一个参考样例后再一点点回忆出来，或是引导学习者不要过度依赖参考样例（比如在游戏中看过两次参考样例之后，再想看就要扣除点数等）。总之，如果用来参照的答案唾手可得，人们就会不由自主地直接照抄，因此要想让学习者完全依靠自己的力量去解决问题，还是要多花些功夫的（Roll, Aleven, McLaren, & Koedinger, 2011）。

为了防止学习者越学越死板，我们可以在学习过程中适当添加一些变化，比如将参考样例不管用的情况展示出来；或是提供能解决同一问题的几种不同参考样例，供学习者拓宽思路（Rittle-Johnson & Star, 2007）。

告知答案的做法普遍存在一个问题，那就是人们会过于关注答案本身，而非答案所适用的条件（Schwartz, Chase, Oppezzo, & Chin, 2011）。比如驾车导航中，人们会更加关注"前方300米左转"的提示，而非矗立在车窗外的路标和地貌。结果就是，没有导航提示就找不到正确的路了。同理，学习者在利用参考样例学习的时候，很可能也只记住了答案本身而非其应用的情境，结果日后也不知道何时该应用。为了避免这个问题，我们可以搭配"适时讲解"（请参考章节 J），即让学习者先自己动脑思考，再以参考样例的方式给出高效的解决方案。

参考样例还存在另一个问题：学习者习惯于在解决问题时不走任何弯路，直接从最优方案下手。一旦碰到更复杂、更开放的问题，很可能就会出现抵触心理，简单粗暴地拿学过的知识来对付一下，而不去主动深入地了解新出现问题的具体情况（请参考章节 K），对付不了就干脆直接放弃。

VI. 好例子，坏例子

参考样例的一个典型应用场景是在学习者刚接触一项任务的时候。这时运用参考样例来提供解决问题的步骤指导是个不错的选择。要特别说明的是，给学习者提供参考样例的同时，还应该提供一些类型相近的问题由他们独立完成。例如，在教公司新员工绘制业务报表时，可以先提供一个参考样例，配上图文并茂的分步指导。讲解之后最好让他拿另一个部门的业务数据练习再绘制一套报表，学会如何将范例中的解决方案归纳为一般性的方法。比如在具体步骤的注释中，不要说"用柱状图将销售数据按月绘制出来"，而要说

"用柱状图或其他你认为合理的形式将销售数据按月绘制出来"。

如果把参考样例当作学习之后复习材料的一部分,那就无法发挥它的真正效力。毕竟学习者已经都学会了,再展示参考样例岂不多此一举?所以不如把时间拿来练习解决新的问题,反而会收获更多。

参考样例
Worked Examples

核心的学习原理是什么

参考样例是将步骤型的任务一步步示范出来,供学习者参考的学习方法。

对学习什么有帮助,举个例子

比如说,讲解如何自己换水龙头的教学视频,会提供详细的分解步骤和操作流程。观看这个视频可以帮助初学者节省大量时间,活儿好效率高。相比之下,如果自己边尝试边琢磨,难免会出现装了又拆、拆了又装的局面,既浪费时间,又会因为步骤没条理而还是搞不清正确的流程。

另一种用法是展示类似代数计算这样的解题步骤。

求 a：

$(a + b)/c = d$

$a + b = dc$

$a = dc - b$

在人们面对问题毫无头绪时，参考样例对于初期学习效果显著。既能够帮助初学者搞清楚关键步骤，又能提高日后解决类似问题的能力。

为什么会有用

参考样例以观察式学习为基础，细化了学习者可以观察并模仿的具体步骤。理想情况下，参考样例还能展示出专家的思维过程，尤其是把复杂问题分解成小目标的过程及其背后的原因。在学习初期，参考样例要比亲自解决问题对学习的提升效果更加明显，它能够让学习者把注意力集中到正确的方法上去，减少了他们在自行探索中的无谓消耗与挣扎。

能解决什么样的学习问题

- 学习者面对问题时完全不知道从何下手。
  - 一位小朋友从未学过变量计算，却碰到了 $3 + x = 5$ 这道题。
- 学习者用来学习操作步骤的时间非常有限。
  - 在工作开始前人们需要完成安全培训，尽快熟悉安全操作流程。
- 学习者观察了示范动作，却无法顺利地模仿下来。
  - 小朋友经常观察爸爸妈妈在出门之前系鞋带，但自己还是学不来。参考样例应是一步步地分解展示。

使用的范例

- 如果学生第一次学习某种代数运算，可以提供一个参考样例再加一个相似的习题供自己练习
- 当帮助设计师学习步骤型技能时，比如在 Sketch 中绘制矢量图形，我们可以给他们提供一个参考样例，并配合图文并茂的分步指导。

容易出现的问题

- 学习者可能盲目模仿参考样例中的步骤，却不明白每一步的意义。
- 学习者对参考样例中的步骤理解不透彻，无法做到在其他情境下灵活运用。

激动兴奋
eXcitement——
调动情绪，聚精会神

　　激动兴奋是一种高度亢奋的生理状态：心跳加快，血压升高，掌心出汗，精神集中，情绪高涨！从学习的角度来说，适度的兴奋可以提升发挥水准，加深记忆。而过度兴奋则会影响发挥，尤其是在处理相对困难的任务时。本章要介绍的就是合理利用生理方面的兴奋感来促进学习的方法。

　　请你想象一下，现在自己正坐在一个昏暗的阶梯教室里听着讲座。屋子里除了台下晕晕欲睡的300多名学生外，就剩下远处站在讲台上滔滔不绝的教授了。大屏幕上放的是生物化学课的幻灯片，右下角显示着"第70页/共184页"……说时迟那时快，突然一名学生跳到桌子上，大喊一声"真相只有一个！"与此同时，教室的另一个角落，一位戴着大号眼镜，身着蓝色西服，脖子上系着领结的学生也噌地一下跳出来，两人一同冲出了教室……随后，空气变得格外安静，但这似乎唤醒了沉睡中的同学们，台下忽然一阵骚动，有的捂着嘴笑，有的交头接耳。教授皱了皱眉头，咳嗽了两声，又继续讲了下去，"同学们啊，画重点啊，这个氨基酸在脱水缩合之后啊，形成了多肽链，再经过盘旋折叠形成蛋白质啊……"

你可能会觉得突然出现的"大眼镜同学"影响了大家上课正常听讲，完全属于干扰课堂的不良行为。然而事情不一定如你所料，因为它可能在不经意间反倒加深了你对"蛋白质"的印象，即使"大眼镜"和课堂上讲的"蛋白质"并没有什么关系。

I. 激动兴奋的原理

当人们的兴奋感被触发后，表现会更加出色（这里讨论的是普通的兴奋感）。其中的原理显而易见，兴奋度不高时人更容易倦怠，做事情的时候也难打起精神。

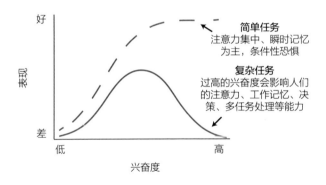

图 X.1　不同难度的任务下，理想化的兴奋度 – 表现关系图

另一方面，你肯定也体会过那种一件重要的大事之前既紧张又兴奋的感觉，比如马上要考试、上场比赛、参加重要会谈，等等。同时你还发现，如果带着点兴奋劲儿去参加这些活动会让自己发挥得更出色。研究人员把这种兴奋度与表现水平之间的关系描述为**耶基斯 – 多德森法则**（Yerkes-Dodson law）(Yerkes & Dodson, 1908)。

图 X.1 展示了表现水平随兴奋度升高而发生的变化（Diamond, Campbell, Park, Halonen, & Zoladz, 2007）。对于简单任务而言（图中虚线所示），兴奋感会将表现水平推向一个趋于平稳的高度，但也不会继续提升了。而对于挑战性较强的任务（图中实线所示），过度兴奋会对表现水平产生负面影响。如果在复杂任务中"激情点得太燃"，很有可能造成局面失控，让整件事"付之一炬"。

需要提醒的是，耶基斯－多德森法则描述的是人们运用已有技能进行发挥时的表现水平，并非人们学习新技能时的效果。好在适度的兴奋感同样能促进学习，尤其有利于加深印象。从生物学角度来看，当人们受到刺激时，人体内会释放出肾上腺素和肾上腺皮质醇，分别引发**战或逃反应**[1]以及**应激反应**[2]。这些激素会随着血液被输送到大脑中名为"杏仁体"的情感处理中心，随后再由杏仁体去调节大脑中的记忆区域，最终会改变记住事物的过程，使兴奋事件比平淡琐事印象更深刻。

不同情绪下产生的兴奋感，还会带有不同的感情色彩。例如，愤怒情绪和无拘无束的愉悦感虽然同样令人精神亢奋，但感觉却是截然不同。赫布（Hebb）是对兴奋与表现水平进行开创性研究的早期学者之一，他认为兴奋感"好比一针兴奋剂，却并非一根指挥棒；是一台发动机，却不是一个方向盘"（1955, p. 249）。近年来有关大脑的研究表明，积极情绪或消极情绪决定了方向，在兴奋引擎的驱动下，让记忆前往不同的回路。由愉悦情绪带来的兴奋，会激发大脑开启奖励的回路，而令人不悦的情绪所引发的兴奋则不会产生这样的效果（Colibazzi et al., 2010）。

积极情绪和消极情绪还会左右注意力的关注点。举个例子，请看图 X.2 下方的两个图形，哪个与上方的参考图形更相似呢？如果你刚刚看过一部积极向上的电影，可能会更倾向于选1，因为它与参考图形有着相似的宏观特征，即五个图形围着中心图形的摆放方式相同（如同章节 A 中描述的，它们

---

1. 战或逃反应（fight or flight response）：应急条件下机体行为反应的一种类型。由坎农（W. B. Cannon）提出，反应可使躯体做好防御、挣扎或者逃跑的准备，应激反应的中心位于丘脑下部。
2. 应激反应（stress）：机体在各种内外环境因素刺激下所表现的非特异性的适应性和不适应性的生理和行为反应。

的深层结构相同）。如果刚看的电影触发了你的消极情绪，那么你很可能会选2，因为它和参考图形的表层特征相似，即每个图形都是圆形。不同情绪会支配人们关注不同类型的信息，也就影响了人们看到的、解读的，以及记住的信息（Fredrickson & Branigan，2005）。

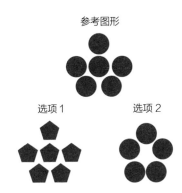

图 X.2　下面两个图形中，哪个与参考图形更为相似？选项1还是选项2（Fredrickson & Branigan，2005）

目前来看，科学家们对于情绪和兴奋如何相互作用进而影响学习这一问题尚未达成统一观点。毕竟需要探究的情绪种类繁多，包括伤心、愉悦、愤怒，等等。因此，接下来我们暂时先不考虑情绪对兴奋感的影响，而只就兴奋感本身展开讨论。

II. 如何运用激动兴奋来促进学习

促使人们产生兴奋感的方法有很多，研究人员在实验环境中常用到的两种方法是：①观看暴力视频，②观看性行为视频（兴奋感果然是一种非常原始的反应！）但在任何与学习相关的语境中，这些方法显然都不太得体。那么接下来我们就讨论一些更容易被大众接受的方法。

社交互动

有人在旁围观的时候，人们的表现会更好，这种现象被称作**社会助长**[1]。自行车运动员在与同伴一起骑行时速度会更快（Triplett，1898）；当现场有观众观看时，台球选手击球也会更加准确（Michaels, Blommel, Brocato, Linkous, & Rowe，1982）；即便是小蚂蚁，在有其他同伴的陪同下，也会努力挖掘更多的隧道（Chen，1937）。为了解释社会助长的现象，扎荣茨（Zajonc，1965）表示只要有人在场，就会激发一定程度的兴奋感。然而前文提到过，兴奋感所引发的往往是优势反应[2]，或是已经熟悉的行为。因此他得出一个对于学习不利的推论：由于兴奋能够激活优势反应，所以学习新反应（新内容）的过程就会被干扰。因此扎荣茨总结道，"一个比较实在的建议是，学生们应独自一人学习，然后再安排他们一起参加考试"（1965，p. 274）。如果以上结论正确的话，对于倡导协作学习的人来说可真是晴天霹雳啊！不过且慢……

最近的一项研究修正了扎荣茨的结论。该研究表明，咿呀学语的婴儿在面对真人时比看真人视频时的学习效果要更好（Kuhl, Tsao, & Liu, 2003）。对于成人来说，当有真人在场时，人们也能更好地学习科学概念。奥基塔等人（Okita, Bailenson, & Schwartz, 2008）设计了一项实验，其中的关键在于巧妙地让人们相信自己到底是在和真人打交道还是在和电脑过招。参与者首先会花5分钟时间阅读一篇科技文章。然后他们戴上虚拟现实（VR）头盔，与一位虚拟的女性角色交流，如图X.3所示。参与者的任务是按照显示器上的提示，向对方提出一系列有关科技文章的问题，然后听取对方回答。一半参与者得知这名女性角色实际上是由电脑程序控制，而另一半则

---

1. 社会助长（social facilitation）：又称"社会促进"，指他人在场增加行为效率的现象。
2. 优势反应（prepotent response）的直接强化物（无论是正强化物还是负强化物）可以立即兑现，或是在之前已经与该反应行为建立起了联系，因此机体会优先调用这些反应。例如，当一个具有潜在奖赏性回报的刺激（比如一块巧克力蛋糕）呈现在你面前时，你会不由自主地出现优势反应（吃一块）。因为吃一块蛋糕的直接强化物是品尝到了美味以及糖分带给人的愉悦感。

得知该角色就是由刚刚见过面的一名真实女性所扮演的。而真实情况是,所有人看到的都是事前录制好的一模一样的作答视频。互动环节之后,参与者摘掉 VR 头盔,通过回答问题来衡量他们学到的内容。

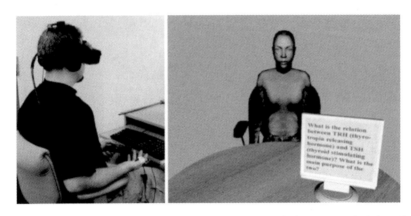

图 X.3　参与者佩戴沉浸式的虚拟现实头盔,手指上戴着检测兴奋度的生理信号传感器(左图)。他们对着虚拟角色大声朗读问题,然后听对方回答(右图)

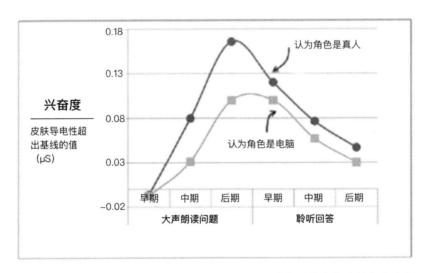

图 X.4　认为自己在向真人提问的参与者,要比认为自己在向电脑提问的参与者兴奋度高出不少

虽然之前读的是同一篇文章，且虚拟交互的过程也完全一致，但是认为虚拟角色背后是真人的参与者，要比另一组参与者多掌握约 25% 的内容。这说明只要我们相信在与人互动，学习效果就能有所提升。究其原因，正是兴奋感在发挥作用。研究人员通过测量参与者皮肤表面的湿度来追踪他们兴奋度的变化。当人们变得兴奋时，皮肤就会更加潮湿、更容易导电，皮电测量仪就能够侦测到这种变化。图 X.4 展示了每一组问题 - 回答过程中，参与者兴奋度随时间变化的过程。当参与者向虚拟角色提出问题时，他们的兴奋度会不断升高，随后，当他们听对方回答时，兴奋度会降低。一个人如果在提出某个问题时感到更兴奋，他在实验后测时也就更擅长回答该问题。可见，认为自己在同真人对话的参与者，他们的兴奋度升高得更多，因此在后测中也会表现得更好（Okita et al., 2008）。

针对上述现象，一种解释是社交沟通激发了人们的兴奋感，从而使自己能够认真聆听、学习理解对方的回答。本书作者也支持这种假设。在上面的实验中，还有另一组参与者同样被告知虚拟角色由真人扮演，但他们并不会大声朗读问题，也没有与对方进行交流。这组参与者与另一组以为自己在与真人交流的参与者相比，学到的就不如后者多（Okita et al., 2008）。这项研究对于传统课堂教学颇具启发意义。虽说当面教学的方式比独自阅读教科书要更加社交化，但如果只是让学生坐着乖乖听讲却并不能发挥社交助长的优势。要想尽其所能，学习者还需要真正参与到社交行为之中，比如多与他人交流讨论，或是多在课上提问，等等。

不要沉闷地待着

避免兴奋感消退并没有多么复杂，一些简单的方法就能起效。比如咖啡因，它在生理上发挥的机制与兴奋感有些类似，因此摄入咖啡因也能够促进学习效果（Borota et al., 2014）。另外常被忽略的技巧则是运动。人们在运动的过程中，认知能力通常会降低，但在运动之后，人们的表现与学习效果会出现短暂的大幅提升（Lambourne & Tomporowski, 2010）。还有一种方法，积极的学习状态也会很有帮助。比如在大学讲座课上，穿插一些随堂选择题，学生可以通过"投票器"来进行全班投票，然后再与旁边的同学讨论该问题。近十余年的研究表明，相比平铺直叙的讲座，上面的方法能让大学物理系学生学到更多内容（Crouch & Mazur, 2001）。兴奋感在其中应当发挥了不小的作用。

激发好奇心和兴趣

人们再说"自己对学习的东西感到很兴奋"时，通常指的是心理上产生了好奇心或兴趣，而非生理上的兴奋。大脑中驱动好奇心和兴趣的机制，与情绪兴奋的机制有所不同。情绪记忆与杏仁体的活跃程度呈正相关，而与兴趣有关的记忆却不具备这种相关性（Hamann, Ely, Grafton, & Kilts, 1999）。话虽如此，但兴趣所带来的积极性也有助于促进学习，同样值得我们深入思考和研究。

格鲁伯等人（Gruber, Gelman, & Ranganath, 2014）在一项研究中，要求参与者评估自己对一系列冷知识的好奇程度。（比如，"**恐龙**这个词是怎么来的？"）随后，他们通过功能性磁共振成像（fMRI）来测量大脑对这一系列问题的反应（fMRI与扫描受伤膝盖时所用的机器相同，但参数设定为检测大脑区域的血液流动，而非扫描组织结构）。参与者在屏幕上首先看到一道冷知识问题，然后插播一张随机出现的人脸图片，然后再显示之前题目的答案。结果如你所料，参与者更容易记住原本自己就感兴趣问题的答案。令人惊奇的是，在问题与答案之间插播的人像，既不是大众名人，也不与前后的问题相关，但是参与者却能记住那些与他们特别感兴趣的问题一同出现的面庞。这是因为好奇心激活了他们大脑中的奖励回路，即人们在获得外部奖励（比如金钱）时被激活的脑回路。好奇心被激发后的窗口期，不管出现的信息相关与否，都会被奖励回路强化记忆。

III. 运用激动兴奋能产生什么效果

激动的情绪会提升兴奋感，进而提高注意力并加深记忆（但也别太兴奋过头哦）。有时兴奋感甚至能影响兴奋**前**的记忆，这就为设计学习体验带来了一些有趣的启示。

积极的一面是，兴奋可以巩固记忆（请参考章节 Z）。尼尔森（Nielson & Arentsen, 2012）在给学生们讲授了语言心理学的相关内容后，让一半学生观看口腔手术的实拍短片——看着都疼，但实在是太刺激了！另一半学生观看的则是一段讲述心血管强度和抑郁症的视频。两部短片都与上课的内容无关，但随后的课堂知识测试中，学习后看了带劲儿小短片的学生，分数会高出 10%。

消极的一面是，兴奋也可能会干扰记忆的形成，这一点在兰等人（Lang, Newhagen, & Reeves, 1996）的实验中得到了证明。实验中，所有参与者首先观看一段再普通不过的晚间新闻。随后，一部分人会观看到极为负面但却紧张刺激的内容，其他人看到的则是相对平淡乏味的内容。观看负面视频的人，对之前播报的新闻内容就记得不太清楚了。

这是什么情况？为什么有的研究显示兴奋感能促进记忆，有些则表明兴奋感会干扰记忆呢？我们该如何理解这些看似自相矛盾的结果呢？有一种理论表示，兴奋感本身也会争夺记忆资源（Mather & Sutherland, 2011）。举个例子，Wang（2015）在研究中要求人们先听人朗读并记忆一组单词，然后再观看一段非常刺激的视频。这样做加深了人们对单词的印象，但却让他们忘记了朗读单词的人是男还是女。如此看来，兴奋感会巩固人们本就聚焦关注的信息，就好像前面例子中那些勤奋用功学习语言心理学的大学生一样；而对于原本就没有刻意关注的信息来说，兴奋感就会将它们从记忆中挤掉，比如在实验室中收看晚间新闻的学生那样。

回到本章开篇的那个例子，如果闹剧发生的那一刻，你正在聚精会神地听课，那么关于课堂内容的记忆就会被加强，因为只有在大脑中占据主要位置的信息才会被兴奋感强化。如果被课堂一幕打断时你正好在走神，那么本就在脑海中飘忽游荡的课堂内容，很可能就会被兴奋的体验推向遗忘的边缘。因此，兴奋感只有加上适当的注意力才是最佳的学习配方。

IV. 如何培养激动兴奋的能力

人们会很自然地相信自己在兴奋状态下能够学得更多。这的确没错。**但人们却常常忽略，要想促进记忆效果，不见得学习内容本身要有多劲爆**。研究中运用的肢体运动、噪音喧闹、社交互动、暴力视频等，都可以触发激动情绪，让人兴奋。所以教会人们自发运用这些情绪并不难，但是一定要注意合理运用各种手段和方法。事实上，你如果现在去喝杯咖啡，可能会把接下来的内容记得顶呱呱！如果实在看得入迷不想动身去买咖啡，也可以直接看看下页我们提供的福利（图 X.5）。

V. 运用激动兴奋容易出现的问题

读到这里，可能你已经迫不及待地要去开发一款"唤醒孩子做作业时兴奋感"的爆款应用 App 了。莫要心急，在这之前还有两点需要注意，以免踩到坑里。首先，激动兴奋的效果可能取决于兴奋度的变化程度，而非兴奋度的绝对程度。从早到晚保持高度警觉的状态，很可能效果微乎其微（那些一言不合就激动的人，不见得就学得更好）。其次，过度兴奋会导致表现水平下降。所以在你的应用 App 中，可不要设计成兴奋感持续爆棚，因为毫无节制地兴奋到最后一定是一场灾难。要实现的应是张弛有度，让一波接一波兴奋感营造出高潮迭起的效果。

之前提到了最佳配方，但如果兴奋感遇上了焦虑感，那配制出来的可就是毒药了。兴奋感灾难模型显示（Fazey & Hardy，1988），如果一个人在参与活动前就感到非常焦虑，那么即便是中等程度的兴奋感，也会造成其表现

图 X.5 哇！兴不兴奋？激不激动？

水平直线下降，这也被称为行为阻塞（choking，或理解为行为卡壳）。贝洛克（Beilock，2010）提出了这一现象背后共同产生影响的两个机制。首先，担忧或焦虑会让大脑的前额叶皮质接管人的行为，而有些行为在正常情况下本应下意识地自动执行（例如骑自行车、拿筷子、上台演讲的几句开场白等这些早已熟悉的动作）。然后，焦虑会占用认知资源，扰乱前额叶皮质的功能。因此在高度焦虑和高度兴奋的状态下，处理问题的大脑区域既不熟悉眼前的任务，有限的认知资源还被兴奋感削弱了能力，简直为失败埋下了伏笔。这也解释了为何当你在极度焦虑时，可能连个自行车都骑不稳，说话舌头都打结。

另外，人们还可能会错误地理解自己的兴奋感。很多学者认为，情绪形成的过程始于最初的兴奋，终止于对兴奋感的解读，这种解读就被称为情绪。人们一旦感到兴奋，就会尝试借助周围的事物来解读这种感觉。比如说，周围环境一片祥和，那么兴奋就很有可能被解读为愉悦。因此，问题也就来自对于兴奋感原因的误判。比如那些认为自己不善社交的人，其实他们并不缺乏社交技巧，只是在焦虑的状态下会身不由己，在关键时刻掉链子。诺尔斯（Knowles, Lucas, Baumeister, & Gardner, 2015）研究了人们改变对自身兴奋感的认知的过程。实验中，参与者会得到一杯饮品，并得知其中含有大量咖啡因，而实际上饮品中根本不含咖啡因。但就这一认知改变，会让那些自认为不善于社交的参与者表现得到提升。为什么？这是因为那些参与者会将紧张不安的感受（错误地）归咎于咖啡因，而非其自身的原因。于是他们就能充分发挥自己的社交技能，不受焦虑（以及主观上对焦虑产生的担忧）的影响。

最后还有一个很微妙的问题，即惊心动魄的事件会让人产生"印象深刻"的假象。塔拉利克和鲁宾（Talarico & Rubin, 2003）让人们回忆"9·11"事件中世贸大楼遭袭的过程。人们会非常自信地回忆起事情经过，生动地描述出种种细节。然而，"9·11"事件给他们留下的记忆并不比那段时间里发生的其他寻常事的记忆更准确。在对1986年"挑战者号"航天飞机爆炸事件[1]的研究中（Neisser & Harsch, 1992），也呈现出类似的结果，人们同样表示记忆犹新，但实际上记住的大部分内容并不准确。

VI. 好例子，坏例子

（有效发挥作用的）好例子：在学习活动中加入一些互动环节，让学习者的兴奋程度恰到好处，从而加深对学习内容的印象。总之，既有趣又有效的学习体验是学习者梦寐以求的选择。

好例子：在游戏中引入一套随机的奖励系统来提高玩家的兴奋感。相比每次都获得固定奖励，人们在不能准确预测未来会获得的奖励时会更加兴奋（Howard-Jones, Demetriou, Bogacz, Yoo, & Leonards, 2011）。此外，或许有人会觉得在学数学的过程中加入一些（劣质）爆炸特效可能会更加刺激。这样做可能确实有效，但学生也会在数学和爆炸之间建立起谜之联系，因此我们还是建议您三思而后行（请参考章节R）。

---

1. "挑战者号"航天飞机（Space Shuttle Challenger）是美国正式使用的第二架航天飞机。1986年1月28日，挑战者号在进行第10次太空任务时，因右侧固态火箭推进器上的一个O形环失效，导致一系列连锁反应，在升空后73秒时爆炸解体，机上7名宇航员都全部丧生。

坏例子：临考前产生焦虑的情绪，会把人推向耶基斯 – 多德森表现曲线右侧的下坡路。

坏例子：讲解法医和刑侦的老师打扮成福尔摩斯站在讲台上抽烟斗……没这个必要吧。

激动兴奋
eXcitement

核心的学习原理是什么

激动能够促进生理兴奋，从而帮助集中注意力并提升记忆效果。

对学习什么有帮助，举个例子

在漫长的讲座中，教授可以建议学生们站起来做个伸展运动，扭扭头左看看右看看。类似这样的简单小运动就能提升学生们的兴奋感，还能加快血液循环，从而促进注意力的集中，并加深对学习内容的记忆。

为什么会有用

兴奋是一种与"战或逃"的原始应激反应相关的生理变化，会让人心跳加快、掌心出汗、精神集中。情绪则为兴奋感增添上了积极或消极的色彩。积极的兴奋情绪会激活大脑中的奖励系统和杏仁体，这两者都有助于产生更深刻的印象。学习后紧接着发生令人兴奋的事件，也有助于提高对内容的记忆。此外，让人产生兴奋感的事件不见得要与教学内容相关。

能解决什么样的学习问题

- 学习者在上课听讲的时候走神。
  - 漫长的讲座无聊到学生们都在打瞌睡。
- 讲的内容中有个关键点需要强调。
  - 讲座进展到一半，出现一个特别需要学生记住的要点。

使用的范例

- 在教育游戏中加入令人兴奋的元素。
  - 在游戏中引入随机奖励系统，不要让玩家闭着眼睛都能猜到将要获得的奖励。
- 提供社交互动的机会。
  - 在讲座上，时不时给学生们提供彼此交流的机会，唤醒大脑激活状态。
- 从生理上激发兴奋感。
  - 喝一杯咖啡帮助自己完成翻译工作。

容易出现的问题

- 过度的兴奋感会干扰表现水平和学习效果。
- 兴奋与焦虑混搭，会形成压力导致行为阻塞（或称行为卡壳）。
- 如果人们本就没有在注意目标内容，兴奋感就会妨碍学习（因为没被重视的内容全部忘光光啦）。

我能行!
Yes I Can——
提高自我胜任感

"我能行"指的是自我胜任感[1],或是相信自己有能力完成目标的信念。不难想象,那些认为成功势在必得的人很容易全情投入,并能坚持得更持久,即使面对失败也绝不放弃,直到取得最终的胜利。等到回头再看的时候,他们实现的成就也要多于那些能力相近却患得患失的人。

那么我们如何说服自己去选择做某件事情呢?考虑的因素之一是潜在回报。比如彩票,正是因为奖金池里有百万大奖坐镇,才引得成千上万的人蜂拥而至,如果奖金池里只有几千块钱,吸引力肯定会大打折扣。若换做是学校环境中,学生们可能无法在自己的认知范围内预见到学习所能带来的价值,自然也就会安于现状、得过且过(章节 M、P、Q 和 R 探讨的就是这个问题)。

有了对目标的预期之后,下一个需要思考的问题就是成功的概率如何?

---

1. 自我胜任感,又称自我效能感(self-efficacy),个人对自己从事某项工作所具备的能力和可能做到的程度的主观评估。

这就要问问我们自身的期望了。这里面其实夹杂了对客观概率的判断，比如说如果把得奖的概率算一算，就知道买彩票可能真的不是发家致富的好方法（因为中奖率实在是太低了）。但其中发挥作用的另一部分则是对自身能力胜券在握的预期，即自我胜任感，你心里清楚自己准备暗箱操作，因此玩儿上一票肯定稳赚。综上所述，如果努力换来的回报价值大，且成功的机会也大，这两个关键条件兼具，那就大胆去做吧！

自我胜任感在学习中扮演的又是怎样一种角色呢？首先摆在眼前的残酷事实是，薄弱的自我胜任感对于学习来说就是一个悲剧。阿尔伯特·班杜拉（Albert Bandura）曾一针见血地指出："自我信念不一定确保成功，但是没有信念一定会酿成失败"（1997，p.77）。当学习者认为自己注定会失败的时候，很容易轻言放弃并降低对自己的要求。而且不管客观上成功的概率如何，他们还是会主动放弃学习的机会。可见自我胜任感是学习效果的关键因素，这也是为何我们希望探讨如何促进学习者"我能行"的信念。首先映入眼帘的重要问题是，对一个人积极自信态度的提升，究竟是全方位起作用的，还是只会针对某项特定领域起作用？比如说踢足球时自信满满，而上台主持活动时就会畏首畏尾。

I. 我能行的运行原理

在班杜拉的公式中，自我胜任感有别于自尊心和自信心，这两者反映的都是人们对价值的整体感觉。相比之下，自我胜任感会因任务的不同而不同。蔡斯（Chase，2013）曾研究过一批在数学和文学领域崭露头角的学者们。实验中，她分别给这两类学者出了一道看似简单实则复杂的数学题（需要灵活变通的数学题）和文学题（一首构思精妙的诗歌）。数学家们丝毫不气馁地解答数学题，并洞察到了那些复杂的部分。然而面对文学题，他们就耸了耸肩说，"我可从来不擅长这玩意儿"。实验的另一边，文学家们会反复钻研诗歌，还指责作者的文风太过浮夸。但当他们尝试挑战数学题的时候，就会怪自己不是搞理科的料。由此看来，在某一领域拥有自我胜任感并不代表在其他领域亦然。然而这不见得是坏事，因为这世上没什么比盲目自大更危险了。班杜拉斩钉截铁地表示，"教育的目标一定不是培养出一群盲目自信的愚者"（1997，p.65）。

　　班杜拉（Bandura，1997）描述了影响人们自我胜任感的四大因素：（1）胜任经验，曾经有过成功的经验；（2）间接经验，看到与自己条件类似的人取得过成功；（3）社交劝导，听到别人说你能行；（4）生理信号，感知到自己在一项活动中投入的精力与时间。从班杜拉的原创研究开始，当代对于自我信念的解释大多都会涉及某种形式的"自我归因"（self-attribution）[1]。人们会把成功或者失败归因于外在的环境因素或是自身的内在问题。基本归因误差[2]（Ross，1977）就是个例子：美国人都倾向于认为他人的不良行为都是主观故意的，而自己的不良行则都是由于客观原因造成的。比如在开车上班的路上，如果有人在你前面强行插队，你肯定会谴责他霸道横行；但如果是自己超车到前面插队，就会找借口说这是情非得已，因为自己马上就要迟到了，再迟到一次的话就要被老板开除了。人们在做出与行事动机相关的归因中，常常会暴露出基础归因偏差：这项任务失败完全是因为我的老板特别刻薄。实际上明明是自己的动机和意愿不够强才让事情没办成。

　　归因可以让特定自我胜任感的作用范围更大，而这一过程需要借助"图式"[3]来实现，即一个事件在普遍意义上所代表的一类情境。例如，人们在外就餐的图式就包括了等位、服务员领位、就座、点餐、用餐、结账等步骤。通常情况下，人们会用图式去解释他人的行为或指导自己的行为。同时，人们会对整个图式而非某个具体事例进行归因，比如"我很擅长在外就餐时进行点菜"，而不会是"我很擅长在楼下的包子铺点菜"。这对我们的启发是，

---

1. 个人对自身行为的动机，或归因于客观情境（如社会舆论的压力、他人的影响），或归因于个人倾向（如兴趣、性格、信仰）。——译者注
2. 基本归因误差（fundamental attribution error）：又称"对应偏差"，指人们在对行为进行归因时高估内在特质的作用，却忽视或低估情境因素重要性的倾向。
3. 图式（schema）：皮亚杰认为图式指一种特殊的心理结构，或一种组织起来的理解经验的方式。

可以帮助学习者将自身的能力与整个图式挂钩，从而扩大自我胜任感的"势力范围"。比如，把"我在班里表现不错"升级为"我在学习上表现一向很好"，或者把"他状态好的时候办事靠谱"升级为"他这个人办事一向稳妥"。

卡萝尔·德韦克（Carol Dweck，2006）在研究中发现了学校图式中经常涉及的一组极为重要的自我归因方式：固定型思维（fixed mindset）和成长型思维（growth mindset）。固定型思维者认为智商或者天赋是与生俱来的，后天无法习得。在这样的归因方式下，人们觉得自己的智商已达上限，自然就会消极怠学。然而具有成长型思维的人则会认为，学校课业所涉及的智商和能力完全可以通过后天努力来提高。下面列举了几项固定型思维和成长型思维在一些行为上的本质区别。

成长型思维的学习者	固定型思维的学习者
专注于学习	专注于表现
面对挑战坚持不懈	轻言放弃
把失败当作学习的机会	避免失败，因为这会暴露能力不足
选择更具挑战性的任务	选择更简单的任务

学习者能否在不同情境中采用同一种思维模式，似乎取决于他们能否将两个情境归为相似的图式。在强调动手和提问的课堂上，学生们可能会展现出成长型思维；在强调唯一标准答案的课堂上，学生们则可能会展现出固定型思维，当然也可能刚好相反。然而，如果他们能将这两种教学方式都统一归为"学校"这个图式，那么在任何一门课上他们就会展现出同样的思维模式。下面列举一个有关思维模式调查问卷的例子。参与者会在"完全不同意"到"完全同意"的程度上进行选择。

- 人们可以学习新的事物，但基础智力水平肯定是无法改变的。
- 我喜欢去承担一些能让我学到东西的工作，就算过程中我有可能犯错也无所谓。

- 说实话，工作上加倍努力会让我觉得自己的智商可能不太给力（Mindset Works, n.d.）。

如果你想更精准地了解学习者在某些方面的思维模式，可以将上述类似问题与需要学习动机的特定情境结合起来，比如让学习者评估自己在"学数学""关心身边人""学滑雪"等方面的态度，看看他们是否认同以下说法："我可以试着学习新知识，但我的数学底子是改变不了了""我可以尝试学习如何关心别人，但不管怎么说我人就这样了"，或是"我可以找个教练学一学滑雪技巧，但我的水平多半是不会再提高了"，等等。

研究表明，对于更广范围的自我驱动力来说，自我归因和性情品质可以持续影响长达数年。戴蒙（Damon）对于人们的长期目标进行了研究，他定义为："（长期）目标是一种持久而普遍存在的意图，既会在实现的时候对自己有益，又能超越自我进而对世界产生影响。"请注意这里将效用的范畴扩展了，它不仅关乎个人利益，更关乎整个世界的利益。因此，对人生怀有远大抱负、选择"超越小我，实现大我"的人生目标（比如成为一位能够提升全人类审美的设计师等），能够引领学习者不断实现新的突破（Yeager & Bundick, 2009）。

达克沃思等人（Duckworth, Peterson, Matthews, & Kelly, 2007）提出**"坚持力"**（grit）这个词来指代那些能够驱使人们坚持不懈的一系列行为、方法和品性。这些行为、方法和品性大多属于非认知层面的技能。当然，也不能武断地说它们与认知毫无关系，毕竟记忆、因果归属、自我叙事和策略应用等都在其中发挥作用。非认知技能可能换个说法更为贴切："那些至今在传统的智商等测试中尚未被涵盖，却能在生活和学习中促使人取得成功的东西。"只不过这一大串实在称不上是个好名字，"坚持力"可能更利于传播。

坚持力尤其强调坚持不懈的精神与追求长期目标的热情。我们不妨来做个小测试，你认为以下哪项陈述更符合你的情况？

（A）我做事有始有终

（B）我每过几个月就会追求新鲜事物

（C）我曾为了完成一项重要的挑战而克服过许多挫折

（D）我会对一些项目或者想法着迷一段时间，但兴趣通常不会持续太久（adapted from Duckworth，2007）。

如果你非常认同 A 和 C，而觉得 B 和 D 完全不像自己，那么你就会得到较高的坚持力分数。研究表明坚持力分数与美国常春藤学校学生的 GPA、单词拼字比赛的成绩（spelling bee）[1]，以及西点军校的留存率[2]存在正向相关性（Duckworth et al.，2007）。而且这些结果与坚持力分数的相关性要高于与智商分数的相关性。可见，某种程度上坚持力比智商更能说明一个人是否会实现成功。

关于如何提升人们的坚持力和目的性的研究非常有限，而且相关训练是否有所帮助也尚未可知。这方面能力的培养很可能需要靠持续多年参与目的性强的活动来实现，就像职业运动员要靠数年磨一剑来提升竞技水平一样。随着科学的不断发展，这些概念和相关话题都较为新颖。在当今这个疯狂测试内容掌握程度的社会中，这真可谓是一股清流，足以引发人们思考：是否一个人的品性真的会对未来的成功发挥更重要的作用呢？

II. 如何运用我能行来促进学习

提升学习者"我能行"的态度有两种相辅相成的方法：①改变自我归因的方式，②提高自身的技能水平，从而有更多机会体验成功带来的振奋人心的感觉。下面我们来逐个进行分析。

---

1. spelling bee，美国的经典单词拼写真人秀。比赛中正确拼出最多单词的个人或团队会成为获胜者。——译者注
2. 随着年级升高，继续留在学校学习人数的比例指数。——译者注

改变归因方式

改善自我效能的一种办法是改变人们对自己掌控成功能力的归因。只是单纯用言语告诉学习者"你们一定能成功",恐怕只是杯水车薪。但是如果我们教会学习者一些简单的因果机制,就可以让他们通过实际行动来掌控自己的成功,这也就能显著改善归因的方式。首先登场的是**"脑力学"**(Brainology),一个帮助塑造成长型思维方式的项目[1]。该项目让学生领悟到大脑潜在的可塑性,当我们不断尝试的时候,神经元就会形成新的连接,大脑也会继续成长。最终目的是让学生心甘情愿地加倍努力,而不是纠结自己到底是不是天资聪颖。"脑力学"在5~9年级学生群体中非常成功,这一点是经过了验证的。同时它也同样适用于年龄稍大的群体(Blackwell, Trzesniewski, & Dweck, 2007)。

第二个方法是帮助学习者理解成功路上的崎岖坎坷,从而避免他们将错误和失败归因于自身能力的不足。我们在一些运动品牌的广告中能看到,运动员们都是在挥洒汗水、经历失败之后,才取得了最终的成功。除此之外,孩子们并不会看到谁会围绕成功背后的艰辛而大谈特谈。这就导致了很多幼稚的想法,比如"成功人士才不需要努力呢""如果谁特别努力去做一件事,一定是因为他太笨",等等。霍和林-西格勒(Hong & Lin-Siegler, 2012)尝试帮助学生理解成功来之不易,让学生在面对挑战时不要轻易退缩。他们讲述了著名科学家在那些年艰苦奋斗的故事(当然有爱因斯坦、居里夫人,等等)。相比于只去了解科学家的杰出成就(就是一般在教科书中经常呈现的内容)或是什么都不去了解的学生们,那些听过奋斗故事的学生就会端正自己的学习态度,并取得更好的学习成果。与此相似,申克等人(Schunk, Hanson, & Cox, 1987)发现,那些展示出奋斗过程和应对策略的模范偶像,能比那些奋斗过程不为人知的完美偶像起到更好的榜样作用。

---

1. 请参考 http://www.mindsetworks.com。——译者注

第三种方法是为学生们选择一个表现优秀的学习搭档，帮助他们树立起学习的自信心。巴奇等人（Bartsch, Case, & Meerman, 2012）在一门统计学课上运用了同伴模范的方法。上这门课的学生们平时学习成绩都非常好，只是在统计学上自我胜任感较低。研究人员安排其中一半学生参加一个分享会，会上一位年龄相仿的往届同学会介绍她关于这门课的经验。她真切地讲述了自己如何运用不同的策略来管理压力、调整学习方法，从而最终圆满完成了这门课。同时，她所描述的情况与在座其他同学的境遇非常相似。另一半学生则需要凭空想象出一位在这门课上表现出色的学生，然后猜想他所运用的时间管理策略、学习方法，以及压力管理技巧。研究结果显示，参加了经验分享会的同学对统计学的自我胜任感得到了提高（请参考章节O），而那些想象出成功榜样的学生自我胜任感反而降低了，或许是因为他们在自己与榜样之间无形地划出了一条无法逾越的鸿沟。因此，如果把"明星学生"作为众人效仿的榜样，人们很可能会认为成功是普通人无法企及的事情，这样就起到完全相反的作用了。[1]

能力与毅力

感受自身的成功是提升自我胜任感的一个重要途径。如果人们接二连三地失败，再怎么加油鼓劲也会显得苍白无力。因此除了提高人们的斗志，还要增进他们的技艺，靠实力说话。本书中描述的不少方法都能提高人们在阅读学习、兴趣爱好等方面的能力。研究人员也研究过能否通过自我调节学习[2]的方式来提升人们应对学校任务的能力（Zimmerman & Schunk, 1989）。能够自我调节学习的学习者认为他们能够掌控自己的学习过程。他们会为自己设定目标、整理内容，并自我评估学习效果。而那些不进行自我调节学习

---

1. 成功也是一样，要尽可能近距离地了解成功背后的故事。——译者注
2. 自我调节学习（self-regulated learning）：主动、系统地使用各种策略来调节自己的认知、情感和行为，使其朝向特定的学习目标的一种学习方式。

的人，就会缺少一种对学习的感知，比如隔壁老王家的小孩儿，每次考完试都自我感觉良好，结果试卷发下来之后分数却总是很尴尬。

在一项有关自我调节学习的早期研究中（当时甚至还不叫自我调节学习），申克和冈恩（Schunk & Gunn，1985）给一群9～11岁的小学生讲解他们还不太熟悉的除法运算。学生们一共要学习4天，其中每天都会有大人来给他们示范如何解题。该项研究在成年人示范环节有两种实验条件，第一组条件是学生是否接受相关训练，建立自己能出色完成的信念。比如大人会说，"那些擅长除法的学生会相信自己能够解决各种问题，而且会不断提高自己，越来越擅长除法运算。比如这道题，一上来你就会想'没问题，我肯定做得出来'，然后在解题过程中，你会告诫自己'如果用心思考就能得出答案'，直到完成的时候，你会想'我真是越来越擅长做除法了'"。第二组条件是学生们是否接受关于解题策略重要性的训练，比如"那些擅长除法的学生会在做乘法和减法时都非常细心。"虽然这项研究的规模不大（每个条件组只有10位参与者），但结果却十分惊人。学生们都完成了包含18道除法题的实验前测和后测，并为自己做题时的自我胜任感进行了评分。

表 Y.1　9～11岁儿童在学习除法的过程中获得的自我胜任感和算术技巧（Schunk & Gunn，1985）

	自我胜任感的提升		算数能力的提升	
	接受成就感训练	未接受成就感训练	接受成就感训练	未接受成就感训练
接受解题策略训练	53%	36%	47%	43%
未接受解题策略训练	26%	15%	17%	20%

表 Y.1 展示了四个条件组在前后测之间的成绩提升。由此可见，提高自我胜任感的关键是，既要树立自己能出色完成的信念，又要学习解决问题的方法。如果只有信念却不见方法，效果并不会太明显。一种解释是说，出色完成的信念在一开始可能会发挥作用，但是如果没有解题方法进行跟进，学生遇到问题时就会感到手足无措，再怎么鼓励"你能行"也无能为力啊！

娴熟的表现是迈向成功的有力证明，也会相应地提高学习者去尝试的积极性。不过遗憾的是，很多时候我们感知不到自己的进步，也就更谈不上感受成功的感觉了。所以我们需要借助某种形式让学习者的进步看得见。如果你是一位大学老师，且希望提高学期末学生对你和你的课程的评分，那么就让学生在学期伊始和学期结束时完成同一份题目吧！将两份成绩放在一起比较就能让学生明显感受到自身的进步，那么他们自然也会为立下头功的老师给出更慷慨的分数了。

如果不想让人完全靠自己的力量学习，我们还可以为他们提供合适的反馈，指出他们的进步和成功。申克和莉莉（Schunk & Lily，1984）展示了一个非常简单的范例。参与实验的中学生学习了一种新的运算方法（无须除法直接得出余数）。随后他们需要完成一系列虽具挑战性、但终归能解答出来的问题。学生们每回答完一题，就会得到简短的反馈，得知正确答案。研究人员发现在任务初期，女孩比男孩表现出更低的自我胜任感，但是随着过程中她们不断获得反馈，"自己能行"的事实不断得以证明，自我胜任感就逐渐上升到与男孩相当的水平。当然，该实验并未回答一开始性别之间自我胜任感的差异从何而来，这很可能源自于美国文化中"女孩不擅长数学"这种带有偏见的刻板印象（请参考章节B）。老师应当肩负起自己的职责，在学习过程中尽早采取措施，改变因刻板印象或其他负面影响而导致的自我胜任感低下。

Ⅲ. 运用我能行会产生什么效果

自我胜任感既会影响我们选择去做什么事情，也会影响我们对事情的解读方式及应对策略。自我胜任感经证实会在下面的情境中发挥重要作用：①着手处理问题的过程[1]，包括职业生涯的选择（Hackett，1995）；②坚持不懈的过程，包括面对逆境或苦难时的坚持与努力；③对努力付出所做出的反

---

1. 包括一个人如何选择处理问题的策略，从哪个角度切入等。此外这里既包括微观上解决一个棘手的问题，也包括宏观上实现目标的战略，甚至整个职业生涯发展的路径，等等。——译者注

应，包括感到有压力和沮丧（Bandura，1997）。随着时间的积累，积极的自我胜任感会把学习者带入一个螺旋上升的良性循环中，不断向着更高的目标进发。

下面这个例子来自于一项关于商业活动的研究项目，其中职业经理人需要参与决策过程模拟演练（Bandura & Wood，1989）。刚开始的时候，大部分经理人都展现出水平相近的自我胜任感。随后，研究人员让其中一半经理人相信，复杂决策是一项是可以通过练习而获得的技能，即以成长型思维看待问题。而对于另一半经理人，研究人员则引导他们向着固定型思维靠拢：复杂决策的能力取决于天生的认知水平，而模拟演练只是"测量潜在认识能力的一种手段"（p.410）。不妙啊！

随着实验的不断推进，成长型思维组的职业经理人在参与模拟演练时，自我胜任感会节节攀升；而固定型思维组经理人的自我胜任感却每况愈下。此外，前者还能逐渐更加有效、系统地运用分析策略，同时还会为自己设定更具挑战性的目标。最后结束时，成长型思维组经理人在模拟任务中表现出的工作效率要比固定型思维组平均高出20%。自我胜任感真可谓是成就自我的源源不竭的动力啊！

IV. 如何培养我能行的能力

帮助人们自我调节做事动机的方法，大多会涉及某种形式的自我归因提示语，比如心里对自己说"即便过程艰难，但我的脑力是可以提升的。"经研究证明，这些计策都会有所帮助。走出学校，人们依然需要不断为自己设立人生的小目标，此时遵循一些技巧方法，这些小目标就能成为增强自我胜任感的"聪明"目标。例如，明确具体（specific）、可衡量（measurable）、可实现（achievable）、相关性（relevant）、及时性（timely）等，他们放在一起刚好组成了SMART（聪明）。

然而在多数情况下，我们内心提示自己的时候，正是诱惑占据上风、理性跌入谷底的时刻。前进动力的油箱已经见底，理性意志的能量也所剩无几（Baumeister & Vohs，2007）。于是奥佩泽和施瓦茨（Oppezzo & Schwartz，2013）研究了一种在最后关键时刻无须自我提示的分散式调节策略。研究人员找到一群高中生，并为他们制定了"多吃水果蔬菜"的膳食目标。然后他们教会学生如何把激励物散落安放在周围的环境中，比如在冰箱和屋门上贴上提示便签，或是在连续三天不吃零食后买本喜欢的杂志作为奖励，等等。如果是在减肥任务中，类似的策略就是把易发胖的食物请出门，并请亲朋好友来监督自己。研究结果显示，相比于只学会自我提示的学生来说，懂得用实际行动做好预防机制的学生会主动吃更多的蔬菜水果。[1]

V. 运用我能行容易出现的问题

自我胜任感的问题就好比硬币的两面。一方面，低估自我胜任感的重要性会削弱学习者的自主性。另一方面，盲目或以错误的方式鼓励它则会导致学习者误入歧途。下面我们来做具体分析。

将责任归咎于学习者

坚信只有努力和坚持才会取得成功这一观点，与苦行者修行时的信念如出一辙。那么问题核心就在于，一旦学习者没能取得成功，是否会过分怪罪自己不够努力。教育工作者或是家长应当尽量避免把责任完全归咎于个人，而忽略学习环境在其中的关键影响。因此，如果学习环境本身就存在着系统性缺陷，那么我们就应当客观看待学生付出的努力，既不该强人所难，也不该落井下石，而应从改善学习环境来着手。

---

[1]. 意识要与方法并行。——译者注

这里就不得不提到"习得性无助"[1]这一概念。很多动物在认定自己无法逃离严峻环境的时候，就会彻底投降。在一项研究中（Seligman & Maier, 1967），研究人员将狗狗放在围栏里，并给地板通上电流，狗狗受到电击却无能为力。随后，它们被转移到另一个围栏里，地板同样通着电。但这次它们旁边有一块用障碍物分隔出的安全地板，只要纵身跃过障碍物就能逃脱电击，然而它们却一动不动，继续忍受着电击的折磨。而换作之前未经历过电击的狗狗们，则会主动尝试跃过障碍逃离险境。这种习得性无助在人类身上也会出现，使得我们在面对相似情境时也常会选择放弃，比如邻居家叮叮咣咣装修，你可能宁愿忍受一上午，也不愿去尝试沟通，看能否换个时间再弄；或是飞机上邻座的小孩一直吵闹个不停，你宁愿一路忍着也不愿去提醒他的妈妈，看能否试着哄他睡着。总之人们常会放弃从各种令人厌恶的环境中逃离出来（e.g., Thornton & Jacobs, 1971）。举个和学习相关的例子，严厉的钱庄老东家认定刚招来的小传福必须在柜上先待三年，跟着老掌柜学习待客之道。而到了第二年，老东家决定把生意全盘交给年轻的少东家掌管，此时天资聪颖的小传福也已在老掌柜的指点下，学会了如何从容面对各路主顾，但他却不敢和少东家提出把自己安排到账房去，换个环境继续学习。这样，当面对不适合自己却又无法改变的学习环境时，孩子们的自我胜任感很可能会彻底崩塌。即使换到新环境中只要提出自己的想法就有机会改变学习方式，孩子们也可能依然会选择沉默。

认为自我胜任感永远是对的

自我胜任感、思维模式、坚持力这些概念均可以运用到生活的各个方面，当然这就会包括那些不太光彩的事情。举个例子，希特勒几乎是历史上最"坚持不懈"的人。第二次世界大战最后，直到各路战线节节败退、后方补给

---

1. 习得性无助（learned helplessness）：个体经历某种学习后，在面临不可控情境时形成无论怎样努力也无法改变事情结果的不可控认知，继而导致放弃努力的一种心理状态。

困难、全球民众反对的情况下，还执意坚持着自己的目标。当然，几乎每个人都会认定希特勒的"坚持"绝对是一条通往黑暗的绝路。因此一个人的行事动机不仅需要强大的动力源泉，更需要正确的方向指引。

赞许学习者天资聪颖，而非后天努力

类似"你真聪明"，或是"你真漂亮"这样针对学习者自身特质的赞扬很可能会适得其反，因为它会在无形之中让人们相信成功依靠的是天生才能而非后天努力。研究人员让一群五年级小学生完成了一套简单的益智题，然后对他们给予表扬（Mueller & Dweck, 1998）。其中一半学生得到的表扬针对他们的智力，"这些题都能做出来，你一定非常聪明"。另一半学生得到的表扬则针对他们的努力，"答出这些题肯定花了不少工夫，你真厉害"。接下来，学生们需要选择挑战一道困难题或简单题，这时努力受表扬组之中有92%的学生选择了困难题，而智力受表扬组中只有33%的学生做出了同样的选择。

如果看的时间尺度更长一些，研究人员还发现，在1～3岁时更多受家长表扬行为举止的孩子（如"你在打喷嚏的时候知道捂住嘴巴，这么做很好哦"），在七八岁时也会展现出更多的成长型思维（Gunderson et al., 2013）。虽然研究人员没有给出其中的因果关系，但这种联系却让我们产生了浓厚的兴趣。

VI. 好例子，坏例子

科诺和同事（Corno & Xu, 2004）曾经把家庭作业称作孩子们的一份工作。家庭作业确实与真实世界的工作有着异曲同工之妙，比如需要自我约束、不断激励自己，以及（请允许我们斗胆说出来）空洞而麻木的重复劳动。因此，身为家长该如何培养孩子们在做作业时的自我胜任感呢？

糟糕（固定型思维）："呃……数学我也搞不定啊，咱先差不多做完再说吧。"

糟糕（表扬智力）："哇！这么难的题你都能做出来！宝贝儿真聪明！"

优秀（表扬努力）："哇！你在这道题上下了那么多功夫！果然有付出就有回报！"

一般（只提到了意志力）："这确实得花点儿时间才能琢磨明白，还得勤加练习才行。不过我相信只要你努力，就一定能做出来。"

优秀（提到意志力和技能）："这确实得花点儿时间才能琢磨明白，还得勤加练习才行。不过我相信只要你努力，就一定能做出来。要不先看看讲义里的方法吧。"

我能行
Yes I Can

核心的学习原理是什么

帮助学习者相信他们自己拥有成功的能力，从而勇敢面对挑战、坚持得更持久，并在失败面前更加坚韧不拔，愿意主动迎接更多挑战，直到实现更大的成就。

对学习什么有帮助，举个例子

作为自我胜任感这一概念的提出者，阿尔伯特·班杜拉曾有一句充满智慧的话，"相信自己并不一定会确保成功，但是不相信自己必定会导致失败"（1997，p.77）。那些自我胜任感较高的攀岩初学者，会选择看上去挑战性更强的路径，即便中途失手被安全绳悬在半空中，他们也会立刻回到岩壁上继续尝试。自我胜任感较低的初学者们则只会在迫不得已的情况下才去尝试新路径，一旦不慎跌落，就会立刻放弃挑战转而投奔更容易的路径。

为什么会有用

在人们动机的计算公式中，一部分是成功所能带来的回报，另一部分则是人们是否认为自己能够取得成功，而对于后者，人们会进行归因推理，搞清楚成功或失败究竟是谁的原因。因此如果归因方式变得更加客观，人们就会更乐于接受挑战性的任务、过程中也会更加锲而不舍。

能解决什么样的学习问题

- 人们认为自己不可能进步，所以干脆"放弃治疗"。
  - "我数学特别糟，根本就不是做数学那块料。"
- 人们把失败的原因都归咎为外界因素。
  - "我在公司做什么根本没人在乎。我的员工对我说的话听而不闻，就算听了也当耳旁风。"
- 人们为了避免遭遇挑战而选择不去尝试。
  - 小朋友只想尝试回答自己认为会做的谜题。

使用的范例

- 学生们认为自己无论多么努力，也无法把数学搞明白。
  - 向他们解释，只要努力尝试就会在大脑中构建起神经元的连接，即便遇到失败也无妨。

- 步履蹒跚的幼儿在学习解决生活问题。
  - 表扬他们的努力和行为（"你真努力，回报是应得的"），同时尽量避免表扬特质（"你好聪明"）。
- 学习者身边的榜样就是最鲜活的例子。
  - 在为刚刚出狱人士而开展的生活技能课上，邀请一位年龄相仿且背景相似，出狱后成功过渡到正常生活的演讲嘉宾。请他讲述自己在过程中遇到的挑战以及相应的应对策略，以及如何取得最终的成功。

容易出现的问题

- 老师或者家长可能会过度关注学习者自身的态度，而忘记自己需要为他们创造良好的学习环境。
- 不顾及目标而盲目构建自我胜任感，可能会导致自负心理。
- 表扬智力或天赋可能会在不经意间把学习者导向更为简单的任务，让他们刻意躲避困难与挑战。

睡上一觉
Zzz——
巩固一天的记忆

顾名思义，Zzz 讲的就是睡觉[1]。半个多世纪前，约翰·斯坦贝克（John Steinbeck）就曾写道，"前一天晚上还难以解决的问题，第二天早上就已经被睡眠委员会解决了"（1954，p.54）。近 15 年来有关睡眠的研究中，这一现象不断被证实。如今我们知道，睡眠能够加深记忆，提高身体技能，还能促进深层理解。作为本书的最后一个章节，我们用一条最基本的建议来做个总结：要学好，先睡饱。

人人都睡觉，那是因为人人都需要睡觉，但人们还总是想着在睡眠上投机取巧。然而每次面对困意顽强抵抗，最后还是会败下阵来，取得最终胜利的还是睡眠。当然这对于学习来说绝对是利好消息，因为睡眠至少能为学习带来两大好处。第一，睡眠让我们恢复精气神，醒来的时候思维会更

---

1. 睡眠（sleep）：高等脊椎动物周期性出现的自发、可逆的静息状态，表现为机体对外界刺激的反映性降低和意识的暂时中断。

加敏捷，有助于学习新事物。第二，睡眠能巩固白天的记忆，将其转化为长期记忆。这个过程不只是强化，还能增加我们从记忆中找出潜在规律的概率。

睡眠能够帮我们寻找信息中所蕴含的规律。这一点在劳等人（Lau, Alger, & Fishbein, 2011）开展的一项有关西方人士学习汉语的研究中得到了证明。中文学习者经常是记住了不少汉字却不知道其中的结构规律，比如与某一概念相关的汉字会拥有相同的偏旁部首，图 Z.1 就展示了 3 个水字旁的汉字，它们均与"水"这一概念相关。在实验中，参与者要记忆的汉字则是混杂在一起的，不容易一眼看出其中的结构规律。在记完汉字及其含义后，一部分参与者会打个盹儿睡上一觉，而另一部分则保持醒着的状态。结果显示，睡了一觉的参与者更容易从之前学过的汉字中提取出共同的字形结构。而且当再次见到包含之前见过的偏旁部首的新汉字时，他们也更善于推测汉字的字面意思以及偏旁部首本身的含义。

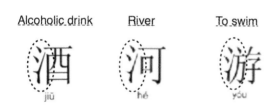

图 Z.1　三个汉字中的"水"字旁

I. 睡眠的原理

人的睡眠由不断循环的周期组成，每个周期持续 90 分钟，期间两种睡眠状态交替出现：充满梦境的快速眼动睡眠[1]，以及深度的慢波睡眠[2]。图 Z.2 展示

---

1. 快速眼动睡眠（rapid eye movement sleep，REM）：睡眠过程的两个时相之一，表现为眼球快速运动、肌肉几乎完全松弛和做梦。
2. 慢波睡眠（slow wave sleep）：睡眠过程的两个时相之一。特征为闭目、瞳孔小，颈部肌肉仍保持一定紧张性，脑电波呈高幅慢波。

了几个典型的睡眠周期。刚睡着时人们会很快进入深度慢波睡眠，随后过渡到快速眼动睡眠，然后整晚就在这两种模式之间不断切换。刚刚入睡的头几个小时，慢波睡眠占主导，醒来之前的最后几个小时，快速眼动睡眠占主导（见图 Z.2）。

巩固记忆主要发生在无梦的慢波睡眠期间。白天当人清醒的时候，大脑的回路都在忙于处理各种纷繁复杂的事务。随着夜幕降临，大脑在进入缓慢波动睡眠后，便会收起白天的万千思绪，为神经信号开辟出空间，任由其翩翩起舞。大面积的神经元网络会协同运作，在激活与关闭之间不断切换，一秒一个周期。神经元激活时会发出一波强烈的神经信号，关闭时则会保持沉默，**慢波睡眠**也因这种波动而得名。研究人员之所以认为慢波睡眠与学习有关，是因为他们发现如果一天学习了很多东西（比如备考、工作期间），晚上睡眠时波动的信号就会比较强；而如果一天没学什么东西（慵懒地晒了一天太阳），波动信号就会弱一些。同时这些波动出现在大脑中的区域也是可以预测的：假设白天学的是一套肢体动作（比如一套课间操的动作），晚上大脑中负责处理运动的区域就会呈现出幅度更大的睡眠波动（Huber, Ghilardi, Massimini, & Tononi, 2004）。

慢波睡眠阶段中出现的协同波动还能将记忆重新激活。假如一个人需要熟记一条新的驾车路线，并预计以后会经常走这条路。当他最初认识这条路线时，大脑中的一系列神经元会被激活，将这条路线编录为记忆。随后在慢波睡眠的"激活"阶段，相同的神经元会再次激活，驾车路线会像快进播放一样不断重复。这个过程从海马体（即大脑中与事件性记忆相关的部分）开始，经过短暂延迟，再与大脑中其他与长期记忆相关的区域形成共鸣。有证据显示，记忆实际上正是从海马体传输到大脑其他区域的，这也就会将一天的短暂记忆存储到长期记忆之中。

最后，这些规律性的神经活动会塑造神经元，即使其发生物理变化。这种现象多年以来人们只是假设它的存在，直到最近才真正观察到。在学习之后的睡眠过程中，神经元会长出新的刺状突触[1]，并从周边的神经元接收信息。这些新形成的树突[2]强化了神经元之间的交流，是大脑构建新知识的方法之一。在研究中人们还发现了一个有趣的现象，如果在慢波睡眠期间用药物阻碍记忆重新激活，突触的生长就会受阻（Yang et al., 2014），而如果在快速眼动睡眠期间使用有阻碍作用的药物（且药物不会影响慢波睡眠阶段），突触则会照常生长。这样，研究人员就证实了在慢波睡眠阶段记忆的重新激活可以塑造大脑中的神经结构，而且这种变化是可测得的。

在复杂的睡眠之舞中，神经元悄无声息地跳动着曼妙的舞步，顺其自然地成就了学习，而这一切还毫不耗费你的意识。这就像童话里常出现的场景："当修鞋匠睡翻在一旁时，小精灵们纷纷出现，勤劳地帮着他干活。"

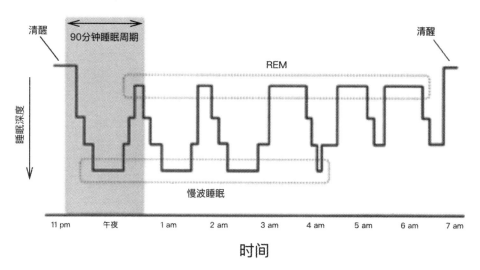

图 Z.2　一串典型的夜间睡眠周期。慢波睡眠是程度最深的睡眠，主要发生在睡眠前段。快速眼动睡眠较轻，梦境也常在此发生，主要发生在睡眠后段

---

1. 突触：一个神经元的冲动传到另一个神经元或传到另一细胞间的相互接触的结构。刺状突触就是树突。
2. 树突（dendrite）：从神经元的胞体发出的多分支突起。其功能是整合自其他神经元所接收的信号，将其传送至细胞本体。

II. 如何运用睡眠来促进学习

所有的哺乳动物都需要睡眠。虽然睡觉的时候很容易把自己暴露在危机之中，比如迷迷糊糊中被其他动物攻击，等等。但睡眠的风险回报比很高，在几百万年进化史中还是确保了它的王者地位。那么既然一定要睡，不如借鉴一些策略，帮助我们更有效地利用这段时间。

睡就睡饱

人如果 24 小时不睡觉，对大脑的认知造成的损伤相当于血液中酒精含量达到 0.1% 的水平（这已超过了法定酒驾的限度[1]）。如果你一直缺觉，欠的债还会一直欠下去，就算后面补了 8 个小时的觉，能让身体机能正常运转了，其效力也会大打折扣，坚持不了一天还得犯困（Cohen et al., 2010）。所以在睡觉上投机取巧都是自欺欺人，还是要努力争取在一天 24 小时这个周期中获得充足的睡眠。

那么睡多久才算够呢？这的确因人而异。不过你可以通过"多次睡眠潜伏期测试"[2]来了解自己是否缺觉（Carskadon et al., 1986）。在白天的时候，找个能拉上窗帘让屋子暗下来的卧室，在床边的地上放一个盘子。然后躺到床上，手握一把勺子（或其他掉落能发出较大声响的物品），胳膊搭在床边，让手松开时勺子刚好能掉到盘子里（见图 Z.3）。这时看一下时间，然后闭上眼睛想办法入睡。当你马上要失去意识进入睡眠的时候，手就会不由自主地

---

1. 我国《车辆驾驶人员血液、呼气酒精含量阈值与检验》（GB 19522-2010）中规定，每百毫升血液酒精含量大于 80 毫克即为醉酒驾车。北美的 0.1% 等于每百毫升酒精含量 100 毫克，已经高于醉酒驾车的标准。——译者注
2. 多次睡眠潜伏期测试（multiple sleep latency test, MSLT）：一种睡眠紊乱诊断工具，用来测量一个人从刚开始打盹到第一次出现进入睡眠的征兆时所经过的时间（即睡眠潜伏期）。这项测试背后的想法是，一个人越困，睡着得就越快。

松开，勺子叮咣叮咣落入盘中就会把你吵醒，这时再看看时间，两次时间差就是睡眠潜伏期。如果这个时间不到 5 分钟，那就说明你睡眠严重不足，如果是 15～20 分钟，那说明睡眠这笔账的"余额"还算充足。

图 Z.3　多次睡眠潜伏期测试

聪明地打盹儿

打盹儿的关键在于能否合理利用睡眠周期的特点。一开始是轻度快速眼动睡眠，然后过渡到深度慢波睡眠，再回到轻度快速眼动睡眠，如此反复。如果你从慢波睡眠中醒来，就可能会感觉昏昏沉沉，而且这种状态可能会持续长达半个小时。千万不要小觑这一点，下面我们来看看研究得出的最优睡眠时长（见表 Z.1）。

表 Z.1　不同睡眠时间带来的影响

打盹儿时长	结果
10~15分钟	记忆效果得到暂时提升：小睡10分钟可以提升对之前学习内容的记忆效果；一周之后提升记忆的效果逐渐消失 思维变得更敏捷 不会迷迷糊糊
30分钟	比10分钟打盹后的记忆效果更好 但醒来后大约会迷糊30分钟
60分钟	记忆提升更持久 迷糊感减少（慢波睡眠阶段已经结束）
90分钟	完成了整个睡眠循环，可以带来全部好处，包括情感型、步骤型（新学的一组舞蹈动作）和陈述型记忆（一组电话号码）的提升，增加创造力等。 伴随着轻微的迷糊

如果你无法抽出一个小时以上的休息时间，那么简短睡个15分钟是性价比最高的选择。还想再多补充些能量？那就在小睡之前先来杯咖啡吧！（Horne & Reyner，1996）15分钟后，醒来之际也正是咖啡因开始发挥作用之时。

睡眠时通过提示再次激活记忆

学习是辛苦的，光阴是短暂的，要是有办法边睡边学就好了！虽然这听上去很像是天方夜谭，但科学研究已经通过**加以提示的记忆激活**这种手段，让我们离这个目标更近了一步。例如在一项研究中（Ngo, Martinetz, Born, & Mölle, 2013），参与者首先需要背诵一些单词，随后当他们睡着时，研究人员追踪大脑在慢波睡眠阶段发出的信号，然后按照同样的节奏设置了一个节拍器"嗒嗒嗒"地打出响声，这会反过来增强大脑的波动幅度。结果显示，这项措施把睡眠对提升单词记忆的功效近乎提升了一倍。

记忆再激活还可以在慢波睡眠期间通过提示大脑来实现。安东尼等人（Antony, Gobel, O'Hare, Reber, & Paller, 2012）展示了如何利用这种方法辅助人们学习一段简单的钢琴旋律。研究人员要求参与者通过游戏式教程（à la Guitar Hero，类似太鼓达人）自学两首曲子。随后，在慢波睡眠期间给他们循环播放其中一首曲子，让旋律的记忆在参与者的大脑中重新激活。结果令人惊喜：虽然睡觉前练习两首曲子的时间相同，弹奏水平也相仿，但参与者醒来后再弹那首睡觉时听过的曲子会更加得心应手。参与者也都表示并没有意识到自己睡觉时听过重放，说明这项"额外练习"真的是得来全不费功夫！

还有一项颇为有趣的技巧，能够帮助人们记忆卡牌摆放的位置（Rasch, Büchel, Gais, & Born, 2007）。当实验的参与者们正在记忆卡牌位置的时候，研究人员暗地里喷洒了玫瑰香氛。随后在他们睡着的时候，再次喷洒香氛就会唤起相关的记忆，并加深参与者对卡牌位置的印象。

也许此时你已按捺不住内心激动的心情，已经开始为自己设计激活记忆的睡眠工作台了！少侠且慢，让我们至少先了解一下这种方法的应用范围。首先，尽管很多望子成龙的家长们都热衷于给熟睡中的宝宝播放古典音乐，但是却没有任何科学证据显示，人们在睡觉的时候能够获取新的记忆。换言之，**睡眠只能强化之前学过的东西的记忆**[1]。如果白天不学习，只在晚上睡觉时听听外语录音，这是无法帮助人们进步的。但如果白天学过，睡觉时再播放朗读白天所学单词的音频，或许会提升记忆效果（Schreiner & Rasch, 2014）。其次，睡眠时记忆受到外界激活是否会产生副作用还不得而

---

1. 先学习再睡眠 = 温故而知新。——译者注

知。比如虽然激活巩固了一段记忆，但很可能同时也妨碍了对其他记忆的强化（Antony et al., 2012）。不过千万不要被这些局限浇灭了热情！睡觉与学习之间可能存在的关联还有着巨大的探索空间，最近有关睡眠学习的研究也不断涌现，让人们对各种实际应用充满了期待。

III. 运用睡眠能产生什么效果

从健康的角度来说，睡眠能防止疲劳、抵御疾病、避免死亡。例如当你入睡时，大脑会把一天新陈代谢积累的有毒物质排出去（Xie et al., 2013）。睡眠对学习还有很多积极的影响，下面我们列举一些。

减少遗忘：一项经典的研究表明，人们在学习了一些无规律的音节之后，保持醒着的状态要比打个盹儿更容易造成遗忘。即便是学习之后只过了1小时就立刻测试，这段时间醒着的参与者也比睡了一小时觉的参与者遗忘得更多（Jenkins & Dallenbach, 1924）。有趣的是，似乎不同阶段的睡眠倾向于提升不同类型的记忆：情感型、隐晦型、步骤型的记忆更容易在快速眼动睡眠阶段得到提升；而陈述型记忆以及从学习中获得的重要领悟则更多受益于慢波睡眠阶段。

更强的运动表现：马等人（Mah, Mah, Kezirian, & Dement, 2011）要求斯坦福大学篮球队的运动员们晚上多睡2小时，每晚至少（独自）就寝10小时。马和同事们发现，尽管运动员在实验刚开始的时候都会认为自己已经处于巅峰状态，但在过了大约6周时间之后，他们的短跑速度、罚球精准度、三分球命中率依然会有进一步提升。那么，就为了提升这10%的投球命中率，每天用白天2小时训练换晚上2小时安稳觉，这么做值得么？对于这个问题可能不同风格的教练会各有自己的判断吧。

加深领悟：睡眠是原创想法的天然孵化器。平时看似无关的经历在睡眠时汇聚一堂，巧妙的思路也就会浮现其间。下面是我们最为欣赏的两项研究。其中迪克曼等人（Diekelmann, Born, & Wagner, 2010）要求研究的参与者们记住由三个词语构成的词语组合（比如 night(夜晚),dark(黑暗),coal(煤炭)）。每组词语实际上都暗含着与一个主题词相关（如 black(黑色)）。随后，研究人员要求参与者们回忆词语。如果他们在不经意间蹦出了主题词，那就表示他们已经把这三个词语的主旨和暗藏的主题紧密联系在一起了。如果参与者在背诵单词和回忆单词之间睡了一觉，在回忆时就更有可能下意识地说出主题词。或许正是因为睡眠对记忆的固化作用，让人把最新学到的内容与已经具备的知识体系整合在了一起。这种整合帮助人们建立了词语之间的相互联系。

贝杰明尼等人（Beijamini, Pereira, Cini, & Louzada, 2014）的研究显示，睡眠还能帮助人们获得解决游戏问题的灵感。研究人员让参与者们玩一款逻辑推理的电脑游戏，目标是用鼠标控制主角小人逐步靠近气球。游戏会一关比一关难，如果参与者在某一关用时超过 10 分钟则游戏结束。紧接着，一半参与者们会睡上 90 分钟，另一半则保持不睡。实验结果显示，那些睡了一觉的人，比没有休息的人更容易打通之前未完成的关卡，这说明人们很可能在睡眠中酝酿出了通关的思路。

IV. 如何培养睡眠的能力

保证充足的睡眠，保持敏锐的思维，巧妙地安排打盹儿……这当然是所有人梦寐以求的状态。不过快节奏的生活总会让这样的美好愿望知易行难。在睡眠时通过自我提示的方法对记忆进行激活从理论上讲是行得通的，但目前这方面的证据还以奇闻轶事为主，尚未有经过验证成体系的方法。此外如果你总是睡不着或者睡不深，我们推荐你参考（美国）国家睡眠[1]上面的建议，助力健康睡眠的生活方式。

---

1. National Sleep Foundation，网址：http://www.sleepfoundation.org。——译者注

V. 安排睡眠方面容易出现的问题

显而易见，最容易出现的问题就是人们无法保证充足的睡眠时间，这个问题在青少年群体中尤其突出。根据国家睡眠基金会的统计，正常情况下青少年每晚至少需要睡 9 小时，但实际上他们平均只睡 7 个小时。每当身体开始分泌褪黑素的时候，我们就会感到倦意。对于普通美国青少年来说，身体会在晚上 11 点到第二天清晨 8 点间分泌褪黑素。不巧的是，这就与学校的安排冲突了。因为学生们通常必须在早上 6 点到 6 点半之间起床，才能确保准时赶到学校。当然，晚上的就寝时间是非常灵活的（可以问问那些照顾新生儿的家长们），所以为什么不能让孩子们早点睡觉呢？这真是个好问题……完成课后作业、和小伙伴们玩耍、打游戏、参加课外辅导班等因素，都让孩子们很难做到"两耳不闻窗外事，一心只数催眠羊"啊！就算 10 点钟躺在了床上，孩子们也会发现，"完全不困啊！起来嗨！"结果呢？第二天早上的课就只好困得发呆了。实际上有些学校已经开始尝试早晨推迟 1 小时上课的做法，这些学校的学生们表示他们能睡得更饱，白天也困得更少；老师们也普遍反映学生们变得更机敏了；学校方面的统计也显示学生们的出勤率更高了（Wahlstrom，2002）。

睡眠欠佳导致的另一个问题是容易产生虚假记忆。假设一个人在清晨目睹了一桩犯罪，然后在事发后立刻向他灌输一套不同版本的事件经过。那些在目睹犯罪前一整晚都没睡的人，会更容易把虚构的版本记住，而搞不清自己亲眼所见的过程（Frenda, Patihis, Loftus, Lewis, & Fenn, 2014）。这也是为什么目击者在接受讯问时，警察、律师等人士不能对其给予强烈暗示的原因之一。万一目击者昨天晚上没睡好，就很容易被这些暗示所误导。

那么睡得太多会有问题吗？很多人会把打盹儿之后迷迷糊糊的感觉归罪为睡得太多，但这很可能只是因为你醒来之前不巧正处于慢波睡眠阶段。对于一个健康的正常人来说，尚不清楚是否存在睡得过多这一问题。有项研究表明，那些习惯每日睡觉超过 9 小时的人群，更容易出现各种健康问题，包括糖尿病、超重、中风等（Liu, Wheaton, Chapman, & Croft, 2013）。不过这项研究只表明了其中的相关性，因果关系很可能刚好相反，即因为患有健康问题才导致睡眠时间变长。

VI. 好例子，坏例子

好例子：打盹儿 15 分钟以内或 90 分钟以上来恢复精力，让思路更清醒、记忆更清晰。

好例子：保持与昼夜节律和谐统一的规律作息。

好例子：利用光疗法来倒时差。晚上接受强光照射延长清醒时间，早晨再提早用强光将人唤醒。

坏例子：睡觉前喝咖啡或者饮酒会影响睡眠，别再惦记睡前令人沉醉的美酒与夜色了。

坏例子：在一天中大脑最清醒的时候小睡，或是在晚上睡前的几小时内打盹儿，只会适得其反。人在白天最清醒的时候，因为昼夜节律的力量，不可能睡得很沉。而下午 3 点以后打盹儿，则会妨碍晚间睡眠，让你晚上真正需要睡觉的时候只能两眼直勾勾地盯着天花板。

坏例子：选择彻夜不眠会加快遗忘的速度。相反，我们应当选择"带着问题入睡"，这不仅会帮助我们巩固陈述型记忆，也更利于发现问题和记忆中蕴含的规律。

睡上一觉
Zzz

核心的学习原理是什么

睡眠能够帮助人们把短期记忆固化为长期记忆,并将学习内容与自身知识融为一体。

对学习什么有帮助,举个例子

选择午后打盹儿或是保持规律的睡眠作息,可以促进对白天学到内容的记忆,还能帮助人们从自身的经历中发现规律。

为什么会有用

睡眠就像个人版的赛后总结。睡眠过程中大脑沉静下来,进入自我审视的模式,不再接受新信息和新挑战。一天的记忆被重新激活,一遍又一遍地快进播放,与长期记忆中储存的知识逐渐形成关联。这就会减少遗忘的发生,并且显露出不同想法之间暗藏的关系。

能解决什么样的学习问题

- 上课瞌睡,上班犯困。
- 被难题所困的人,离破局还差一点

点顿悟，那就带着问题睡上一觉吧！

使用的范例

- 打盹儿 15 分钟，迅速激活大脑。打盹儿 60～90 分钟，获得记忆带来的更多福利。

容易出现的问题

- 睡得不够：24 小时不睡觉会让人变成像喝醉一样，状态相当于血液中酒精含量达到 0.1%（100mg/L，都超过醉酒驾车的标准了）。连续几天或是数周缺觉则会对思考敏锐度、警惕性、记忆力和心理状态产生显著的负面影响。
- 从慢波睡眠中醒来会导致犯迷糊。为了避免打盹儿后会出现迷迷糊糊的状态，尽量避免将午休闹钟定在二三十分钟后，要么睡 15 分钟就醒，要么好好睡上一个小时。

附录一

学习问题章节索引

问题	章节
回避具有挑战性的事情	B R Y
学习习惯不好	N
群体中存在对某一类人群的偏见	B N L P
遇到困难总是埋怨别人	Y
演讲或讲座让人昏昏欲睡	J X
团队讨论让人觉得无聊，容易走神儿	L Q
团队意见不一	L N
对学习内容的理解出现差错	S U
概念出现混淆	C
只会被动接受知识，不会主动学习	I M Q
需要纠正具体做法中的错误	F R
需要端正学习行为	N P
需要纠正思维上的错误	F U
难以着手，不知从何开始学习	O P R W
理解抽象概念时遇到困难	A C H
团队合作时遇到困难	L N
看不出事物或概念之间的内在联系	J M Q
不把学习当回事儿	M T U
不知道何时应用所学内容	A C J Q
不善于在思维中建立知识点间的联系	E S T
不善于监控自己学习的进程	F S T

(续)

学习问题					
觉得自己无法融入集体中	B	N			
记不住学过的内容	E	G	Z		
在团队中混水摸鱼	L	N	T		
面对挑战过早放弃	Y				
难以激励学习行为	N	R	P		
提升技能水平时遇到瓶颈	D	F			
不重视反馈	F	R	T		
理解不够精确，不够严谨	C	E	J	V	
遇事缺乏思考，冲动行事	I	R			
注意力难以集中	X				
问题问不到点上	F	O	Q		
教学过程低效	K	J	W		
缺乏独立思考	I	K	M		
缺乏真知灼见，创意枯竭	V	Z	I	K	
对学习提不起兴趣	M	P	R	T	
讲解的内容发挥不了作用	J	X	C		
在集体中感到孤独	B	P			
学习时总习惯于直接看答案	G	J			
自信不足	B	Y			
关键知识点被埋没	A	C	J	X	
遇到记忆相关的问题	E	G			
概念错误或混淆	A	U			
（老师）对学习者的潜能估计不准确	P				
抓不住大局，迷失学习目的	A	P	V		
脱离学习群体	B				
过于自信，导致学不进去新的东西	L	S	U	V	F
信息量过大，认知过载	J	V	W		
情感汹涌，情绪过载	B	Y	X		
对细节的辨识力不足	C				
怎么读也读不懂	E	G	S		
学着学着就犯困	X	Z			
知识点都懂，却在综合测试中发挥得不好	C	J			
练习技能的时候不认真	D	F			

(续)

只会套用公式,不求甚解	H　J　K　W
表现不佳,发挥失常	B　D
没有动力去做出尝试	B　R　Y
做出不切实际的期望	D　Y
遇到不常见的情况不知该如何应对,或不知该表达何种情绪	O　R
道理讲不明白	R
用语言描述说也说不明白	H　O

附录二

动 物 索 引

Alligator，短吻鳄

Bear，熊

Cow，奶牛

Deer，鹿

Elephant，大象

Frog，青蛙

Giraffe & Gorilla，长颈鹿和大猩猩

Hippopotamus，河马

Iguana，鬣蜥

Jaguar，美洲豹

Kangaroo & Koala，袋鼠和树袋熊

Lion，狮子

Mouse，鼠

Numbat，袋食蚁兽

Ostrich，鸵鸟

Panda & Penguin，大熊猫和企鹅

Quail，鹌鹑

Rhinoceros & Raccoon，犀牛和浣熊

Saint Bernard，圣伯纳德犬

Toucan，巨嘴鸟

Uakari，秃猴

Vulture，兀鹫

Warthog，疣猪

Xenarthra，贫齿目（食蚁兽、树懒等）

Yak，牦牛

Zebra，斑马

致　　谢

《科学学习：斯坦福黄金学习法则》是我人生中翻译的第一本20万字以上的英文书籍。我之所以进行这样的尝试，是因为从第一眼看到的那刻起就真心觉得这本书实在是太好了！我坚信本书的内容能够让每一位教育工作者、家长，以及热爱学习的人更深入地了解科学的学习方法。本书中的方法只要合理运用，无论是在工作中、学习中，还是生活中都一定能大受裨益。所以，我衷心地希望自己能够把这阳光般的能量传递给更多的人。

从最开始在课堂上拿到英文书籍的样章，到看到出版后的英文书籍，再到把书牵线搭桥引进到国内，我和我的团队经历了漫长的翻译过程，其中不乏编辑、校对、设计等各种工作，为的就是把最好的样子呈现给我们的广大读者。此时此刻我的心情是激动的，因为两年多的努力终于有了结果。同时我的心情也是澎湃的，因为这并不代表事情的结束，而是一个全新的开始！

在整个的过程中，我们的工作之所以能够更加顺利地进行，得益于很多前辈、好友，甚至是从未谋面的朋友的支持与帮助，因此在这里我衷心地表示感谢，大家的支持是我们前进最好的动力！

首先我要感谢我的家人对我的无私支持，是他们鼓励我在追求梦想的路上要踏实地做好每一件事。感谢我在清华大学工作期间的同事王德宇老师，他在本书的翻译过程中做出了非常重要的贡献。感谢与我直接合作的机械工业出版社的编辑，是他们和我一起将本书引进到了国内并给予了我极大的信任。感谢原作者们，丹尼尔 L. 施瓦茨教授与他的两位联合作者杰西卡 M. 曾和克里斯滕 P. 布莱尔的杰出工作，以及我的老师丹尼尔 L. 施瓦茨教授对我的大力支持！

非常感谢著名教育学家顾明远教授为本书作推荐序。非常感谢为本书作推荐语的新东方教育集团创始人俞敏洪老师，正和岛创始人、中国企业家俱乐部创始人刘东华先生，北京师范大学心理学部部长刘嘉教授。感谢酷我音乐创始人雷鸣老师、斯坦福大学北京校友会秘书长史颖、新加坡国立大学商学院助理教授李坚白、58集团副总裁冯米、樊登读书会对本书的建议与推荐。同时非常感谢我的朋友们，利亚德教育事业部总经理董国光、清华大学终身学习实验室主任徐迎庆教授、蓝象资本合伙人宁柏宇、刘泽坤、刘禹琦、张轩铭、梁正、单子非、陈凯、汪逸、程毅南、屈洋对我的各种支持与帮助。感谢在本书出版过程中一起奋斗的伙伴们，设计封面与版式的奇文云海的李晓斌老师、为本书提供 IT 技术支持的北京美聚科技有限公司创始人杨琨先生、机械工业出版社的郑琳琳老师以及所有参与本书工作的小伙伴们。

感谢支持本书的你，希望《科学学习：斯坦福黄金学习法则》能够助你进入学习新境界，实现人生新高度！

郭曼文
2018 年 3 月 17 日

高效学习

《刻意练习：如何从新手到大师》
作者：[美]安德斯·艾利克森 罗伯特·普尔 译者：王正林

销量达200万册！
杰出不是一种天赋，而是一种人人都可以学会的技巧
科学研究发现的强大学习法，成为任何领域杰出人物的黄金法则

《学习之道》
作者：[美]芭芭拉·奥克利 译者：教育无边界字幕组

科学学习入门的经典作品，是一本真正面向大众、指导实践并且科学可信的学习方法手册。作者芭芭拉本科专业（居然）是俄语。从小学到高中数理成绩一路垫底，为了应付职场生活，不得不自主学习大量新鲜知识，甚至是让人头疼的数学知识。放下工作，回到学校，竟然成为工程学博士，后留校任教授

《如何高效学习》
作者：[加]斯科特·扬 译者：程冕

如何花费更少时间学到更多知识？因高效学习而成名的"学神"斯科特·扬，曾10天搞定线性代数，1年学完MIT4年33门课程。掌握书中的"整体性学习法"，你也将成为超级学霸

《科学学习：斯坦福黄金学习法则》
作者：[美]丹尼尔·L.施瓦茨 等 译者：郭曼文

学习新境界，人生新高度。源自斯坦福大学广受欢迎的经典学习课。斯坦福教育学院院长、学习科学专家力作；精选26种黄金学习法则，有效解决任何学习问题

《学会如何学习》
作者：[美]芭芭拉·奥克利 等 译者：汪幼枫

畅销书《学习之道》青少年版；芭芭拉·奥克利博士揭示如何科学使用大脑，高效学习，让"学渣"秒变"学霸"体质，随书赠思维导图；北京考试报特约专家郭俊彬博士、少年商学院联合创始人Evan、秋叶、孙思远、彭小六、陈章鱼诚意推荐

更多 >>>
《如何高效记忆》 作者：[美]肯尼思·希格比 译者：余彬晶
《练习的心态：如何培养耐心、专注和自律》 作者：[美]托马斯·M.斯特纳 译者：王正林
《超级学霸:受用终身的速效学习法》 作者：[挪威]奥拉夫·舍韦 译者：李文婷

斯科特·H.扬系列作品

1年完成MIT4年33门课程的超级学神

ISBN: 978-7-111-59558-8

ISBN: 978-7-111-44400-8

ISBN: 978-7-111-52920-0

ISBN: 978-7-111-52919-4

ISBN: 978-7-111-52094-8